비판청소년학(critical youth studies) 총서 5

청소년지도방법론 : 적극적 관점

Youth Work Practice: Positive Perspective

천정웅 이채식 안명선 박주현 이지민 공저

신정

머리말

청소년지도방법은 청소년지도자, 청소년 참여자, 지도과정 및 지도상황이라는 구성요소들 간의 유기적인 관계 속에서 청소년지도의 목적을 달성하는 데 필요한 이론적 지식과 실행력으로 볼 수 있다. 여기에서 '지도'라는 용어를 '남을 어떤 목적이나 방향으로 가르치어 이끄는 것'으로 정의하면, '청소년지도'는 청소년발달을 위한 전문적인 조력활동으로 그 의미를 규정할 수 있을 것이다. 청소년지도란 개념에는 일정한 목적 지향성, 가치 함축성이 담지되어 있기 때문이다. 이런 점에서 우리 사회가 갖는 청소년에 관한 설정이나 청소년지도자에 의한 청소년지도의 목적, 지도 내용 그리고 지도방법은 많은 영향을 받게 된다. 청소년지도라는 용어 자체는 성인중심적이고 구시대적인 인식을 포함할 수도 있다는 비판을 받는 것도 이와 맥락을 같이하는 것이다.

이 책의 제목을 "청소년지도방법론: 적극적 관점"으로 한 것은 청소년지도의 개념과 목적을 어떻게 이해하고, 설명하며 또 규정하는가 하는 것은 부분적으로 관점의 선택과 관련되며 동시에 그러한 관점에 따른 결과적 산물이라는 점에 착안한 것이다. 더구나 이러한 지도방법을 적용받는 청소년은 복합적으로 이해될 수 있기 때문에 이러한 관점의 선택은 우리의 일반적 생각과 전문적 가치에 영향을 끼치게 된다는 점을 생각할 필요가 있다. 청소년지도방법에서 뿐만 아니라, 청소년업무 전반에서 어떠한 관점을 선택하는가의 문제는 그에 따라 각기 다른 결과를 가져다주는 사안이란 점에서 매우 중요한 의미를 갖는다.

우리 사회에서 청소년에 대한 설정은 다소 부정적인 용어들을 특징으로 하고 있다고 보는데, 이는 청소년을 문제와 희생으로 보는 관점에 따른 것이다. 이와 달리, 적극적 관점이란 청소년을 잠재성, 자산, 및 자원을 가진 존재로 보고 청소년들이 직면한 많은 문제들의 경우에도 청소년 개인들의 잠재력, 가족, 그리고 지역사회에서 그 해결책을 발견할 수 있다는 점을 강조하고 청소년지도의 실천현장에서도 그러한 긍정적 관점과 환경적 측면을 고려한 종합적 접근을 중시하는 특성을 갖는다.

이 책은 세계청소년학아카데미(World Academy for Youth Studies: WAYS)가 기획하는 비판청소년학 총서의 다섯 번째로 발간된다. WAYS는 2006년 이후 격년마다 청소년학 월드포럼(World Forum on Youth Studies)을 개최하고 있으며 국제적 차원의 청소년연구를 위한 지적 공동체로 활동하고 있다. 비판청소년학(critical youth studies)은 청소년이란 개념이 만들어지는(construct) 사회정치적 상황과 역사적 상황을 해석하는데 초점을 두는 사회학적이며 문화인류학적 이론과 연구들로 구성되는 연구정향을 의미한다. 우리는 이 용어를 청소년과 관련한 학문분야에서 기존과 다른 접근과 비판적 담론 또는 기존과 유사하지만, 최근의 내용을 포함하는 적극적 연구를 말하는 것으로 사용한다. 이 책이 담고 있는 청소년지도방법에 관한 논의가 적극적 관점의 접근을 지향하고 긍정청소년개발, 청소년 참여와 파트너십, 민주시민교육지도, 온라인세상과 청소년지도 등에 대해 논의하는 것 등도 비판청소년학에 부합하는 특성을 갖는 것이다.

이 책을 함께 저술한 5명의 저자들은 한국에서 청소년학을 직접 공부하거나 그 발전과정을 1980년대 중반 이후 지켜보았으며, 청소년분야의 이론탐구와 정책연구, 그리고 실천현장에서 일한 경험들을 가지고 있다. 저자들은 또한 한국과 미국 등에서 청소년관련 학문을 공부하고 연구하였으며, 현재는 대학의 청소년 및 사회복지 관련 학과에 재직하고 있는 중견학자들이다. 각기 다른 학문적 전공분야를 가지고 있으나 모두가 학제적 연구분야로서의 청소년학이라는 하나의 구심점을 향해 접근함으로써 앞서 말한 새로운 비판청소년학에 대한 시대적 요구와 기대에 부응하고자 노력하고 있다.

이 책의 구성은 크게 13개장으로 구분하고 청소년지도와 적극적 관점에 대한 내용을 제1장으로 하고, 국제교류와 청소년지도라는 실천현장과 관련한 내용을 제13장으로 하는 흐름을 갖도록 하였다. 제1장 청소년지도와 적극적 관점과 제3장 청소년 참여와 파트너십의 활동지도는 천정웅 교수가 집필했으며, 제2장 긍정청소년개발과 지도방법, 제6장 사이버공간과 청소년지도, 제11장 청소년집단의 지도방법 등은 이채식 교수가, 그리고 제7장 청소년 프로그램 개발과 평가, 제12장 청소년 동아리활동 지도, 제13장 국제교류와 청소년지도 등은 안명선 교수가 집필하였다. 또한, 제5장 청소년지도방법의 원리, 제8장 청소년지도의 단계과정, 제10장 집단중심지도의 이해는 박주현 교수가 맡아 하였고 제4장 민주시민교육지도방법, 제9장 개인지도 등은 이지민 교수가 집필하였다.

집필자들이 기본적인 집필체제를 맞추고 분량 등을 지키려고 노력했지만, 각 장별 주제의 특성이 다르기 때문에 전체가 일관성을 갖도록 하기는 쉽지 않았다. 그럼에도 불구하고 이 책은 기존의 책에서 다루지 않은 주제들을 포함하였으며, 유사한 주제들의 경우에도 그 내용에서 최근의 동향과 내용을 반영함은 물론, 역량개발적인 새로운 접근을 하였다. 그러나 일부 주제의 경우에는 필자들의 집필시간 부족 등으로 더 좋은 자료들을 반영하지 못한 아쉬움이 있으며, 향후 더욱 깊이 있는 연구를 통해 보완될 것을 기대해 본다. 각종 인용내용에 대해서는 출처를 최대한 밝히고자 노력하였으나, 일부 누락되거나 잘못된 부분이 있으면 수정하여 보완할 것을 약속드린다.

아무쪼록 이 책이 새로운 변화를 요구하는 청소년분야의 기대에 부응하면서 한국 청소년학의 발전에 조금이나마 기여하기를 희망한다. 끝으로 비판청소년학 시리즈 발간을 위한 연구에 참여하고 있는 국내외의 교수들과 연구자들에게 고마움을 전하며, 이 책의 발간을 흔쾌히 맡아주신 도서출판 신정의 최용구 사장님과 직원 여러분께 감사의 마음을 전하면서 머리말에 대신한다.

2016년 12월
저자들을 대표하여
천정웅 씀

차례

PART 01

지도방법의 관점

01

chapter

청소년지도와 적극적 관점

1. 청소년지도의 개념
2. 청소년지도의 목적과 등장 배경
3. 청소년지도의 이론적 관점
4. 적극적 관점과 청소년역량개발
5. 청소년역량개발과 청소년지도의 내용
6. 적극적 관점과 청소년지도의 방향

01 청소년지도와 적극적 관점

1. 청소년지도의 개념

청소년지도란 용어는 우리 사회에서 비교적 최근에 등장한 개념이지만 그 이전에도 청소년생활지도·학생진로지도·학업지도 등과 같은 유사한 용어들이 사용되어 왔다. 조금 더 폭을 넓혀서 생각해 보면, '지도'가 개념의 핵심을 이루는 것으로 농촌(생활)지도, 행정지도 등과 같은 용어도 일찍부터 사용되어 왔다. 그럼에도 불구하고 '청소년지도'라는 용어를 접할 때 약간은 진부하고 권위적인 느낌을 가질 수 있는데, 이는 청소년 생활지도, 농촌지도, 행정지도 등이 훈육, 계몽, 지시와 같은 어감과 교사, 학교, 공무원, 국가에 의한 수직적이고 권위적인 행위라는 느낌을 주기 때문이다.

특히 청소년지도라는 용어 자체가 성인 중심적이고 구시대적인 인식에서 나온 것이라 주장하고 용어 사용에 신중을 기하려는 경우도 많이 있다(천정웅·김민·김진호·박선영, 2013). 그러나 지도(guidance)란 원뜻을 중심으로 그 개념을 살펴보면 '발달을 위한 전문적인 조력활동'이란 의미를 갖고 있음을 알 수 있다. 실제로 많은 연구자들은 청소년과 함께 사용하는 청소년지도란 개념을 이런 개념적 정의로부터 출발하고 있다(김진화, 2004; 천정웅 외, 2013). 예를 들면 김진화(2004)는 "청소년지도는 청소년들이 그들의 생활세계에서 직면한 여러 가지 문제(교육적·가정적·사회적·직업적·신체적·정서적 문제)를 해결할 수 있도록 적극적으로 개입하고 지원하며, 청소년들의 능력(인지적 · 사회적 · 정서적 · 신체적 영역)이 바람직하고 건전하며 온전한 상태로 성장할 수 있도록 조력하고 지원하는 조직적인 일련의 과정"을 말한다고 하였다. 한상철(2004)은 "청소년지도는 전문지도사(guide of mentor)가 청소년을 지도하는 행위 또는 과정으로서 상담의 의미를 내포하고 있으며, 청소년들로 하여금 자기주도적 능력을 갖도록 환경을 조성하고 안내하고 지원하는 일련의 조력활동"이라고 하였다(김정렬, 2015).

이와 같이 '청소년지도'에 대한 다양한 개념 정의와 함께 그 의미를 보면 다음과 같은 몇 가지로 이해할 수 있다. 첫째, 청소년지도란 개념에는 일정한 목적지향성, 가치함축성이 담지되어 있다. 청소년지도는 몰가치적이거나 자유방임적인 어떤 것이 아니라 일정한 가치와 목적을 지향한다. 이런 가치지향성은 청소년지도가 청소년을 위한 어떤 고유의 가치를 함의하고 있는 활동이라는 것이다. 이런 가치와 목적은 사회학적 개념인 청소년이란 용어의 다변성을 감안하더라도, 변하지 않는 어떤 고유한 가치와 목적을 함의하고 지향함을 뜻한다. 따라서 청소년지도에는 청소년이 아무리 변화하는 세대라 해도 변하지 않은 어떤 가치를 지향하는, 이른바 청소년의 바람직하고 건강하며 온전한 상태로의 성장과 발전을 지원하는 목표지향적인 활동을 상징한다(김진화, 2004).

둘째, '지원', '조력', '조성', '안내' 등과 같은 용어에서 보듯이, 청소년지도의 실체적 지도활동 내용을 담고 있다. 즉, 청소년지도의 실체는 청소년활동을 지원하고 안내하는 과정이며 어떤 이념이나 가치, 내용을 처방적으로 지시하거나 주입하는 것이 아니라는 점이다. 또한 청소년지도는 정태적 · 일시적, 비체계적인 것이 아니라, 과정을 통해서 이루어지는 동태적 · 지속적 · 체계적인 일련성을 지닌다는 점이다(김영인 · 김민, 2016).

셋째, 청소년지도의 주체와 객체를 포함하고 있다. 청소년지도의 주체는 '전문지도사', '청소년지도자', '전문적인 청소년지도 인력' 등의 용어에서 보듯이, 전문적 능력과 경험을 갖추고 있는 청소년지도사, 청소년상담사로 대표되는 청소년지도 전문가를 의미한다고 할 수 있다. 청소년지도의 객체는 당연히 청소년이다. 따라서 청소년지도는 청소년에 대한 활동이다. 여기에서 유념해야 할 점은 청소년지도에서 주체와 객체의 개념을 사용해서 청소년지도 전문가를 주체, 청소년을 객체로 분류한다고 해서 이 양자의 관계가 일방적이고 수직적이며 분리적인 것을 의미하는 것은 아니라는 것이다. 청소년지도를 기획하여 출발시키는 동력으로서 주체, 그리고 이러한 청소년지도가 지향하여 변화를 일으키는 지점을 가리키는 방향성으로서 객체를 나타내는 것으로 청소년지도는 주체인 청소년지도 전문가와 객체인 청소년의 수평적이고 유기적인 상호 작용 관계 속에서 이루어진다고 볼 수 있다. 오늘날 청소년지도에 있어서 청소년의 참여 기회가 다양하게 주어지면서 청소년의 참여가 강조되는 것도 청소년지도에서 주체와 객체의 유기적인 관계성을 나타내는 것이라 할 수 있다.

이상에서 열거한 '청소년지도'에 대한 정의에는 청소년지도의 공간적 범주에 대한 언급이 없다. 따라서 청소년지도 전문가가 청소년의 전인적인 성장을 위해서 조력하는 활동이라면 어느 곳에서 이루어지든지 청소년지도에 해당하는가 하는 의문이 생길 수 있다. 만약 장소를 따지지 않고 청소년지도 전문가가 청소년의 전인적인 성장을 위해서 조력하는 활동을 모두 청소년지도에 포함된다고 하면 청소년지도의 외연이 지나치게 확장되어 개념의 범주가 모호해져 다른 개념과 구분되지 않을 위험성이 생기게 된다. 반면, 특정 장소에서 이루어지는 것으로 국한한다면 청소년지도의 외연이 지나치게 축소되어 개념의 유용성이 떨어질 가능성이 발생한다(김정렬, 2015).

이런 위험성을 피하기 위해선 '청소년지도'의 개념 내포에 '적절한' 장소적 속성이 포함되어야 할 것이다. 여기에서 '적절한' 정도를 판단할 명확한 객관적인 기준을 마련하기는 어렵지만, 학교 교육과 대비되어 청소년지도의 개념이 발생한 역사성, 청소년지도가 주로 이루어지고 있는 공간에 대한 현실부합성, 청소년지도라는 개념을 통해서 청소년 현상을 설명할 수 있는 유용성 등의 '적절한' 정도를 판단기준으로 생각해 볼 수 있다. 이런 기준에 입각해 보면, 청소년지도에 포함될 장소적 속성으로 청소년시설과 단체 등을 들 수 있다. 여기에서 청소년시설은 구체적으로 「청소년기본법」에 명시된 청소년활동, 청소년복지, 청소년보호에 제공되는 시설을 의미하며, 청소년단체는 청소년활동을 위해서 조직된 결사체이다.

한편, 청소년지도라는 개념과 관련해 유사한 용어로 청소년교육, 청소년육성, 청소년개발이란 용어를 고찰할 필요가 있다. 이러한 모든 개념들이 "청소년에 대한 이해를 기반으로 청소년의 건강한 성장과 발전을 목표로 삼아 청소년의 삶에 대한 긍정적인 개입(intervention)을 지향"한다. 그러나 각각의 개념을 언어적 차원에서 살펴보면 상이성을 찾을 수 있다.

흔히 '지도'는 자연스러운 안내, '육성'은 자연스러운 생물학적 성장, '교육'은 인위적인 가르침과 자연스러운 인간 성장을 의미한다. 그리고 '개발'은 청소년의 잠재성 개발과 함께 궁극적으로 건강한 성인으로서의 편입을 전제하는 의미로 기능한다. 언어적으로 볼 때 '교육'이 가장 포괄성을 가지며, '지도'와 '육성'은 '교육'과 관련을 갖는 부분적인 기능이며, '개발'은 이런 행위의 궁극적 목표이자 수단적 개념이라고 할 수 있다(천정웅 외, 2013).

청소년학계와 교육학에서는 오래전부터 청소년교육(youth education) 혹은 평생교육적 관점에서 청소년사회교육이란 개념을 사용하였다. 여기서 청소년교육은 청소년의 전인적인 성장을 돕기 위한 청소년교육자와 청소년 사이에서 이루어지는 비형식교육으로 보는 견해도 있다. 하지만 이렇게 청소년교육 개념을 규정하게 되면 청소년교육의 외연은 매우 넓어져 형식교육의 범주에 속하는 학교교육은 물론이고 비형식교육의 범주에 속하는, 청소년을 대상으로 하는 모든 사회교육이 모두 포함되게 되어 청소년교육이 아닌 것이 없게 된다.

따라서 청소년교육이란 개념은 전통적으로 "평생교육 체제 속의 통합적 부분으로서 학교 외의 사회과정으로 9세에서 24세의 청소년들을 대상으로 행하여지는 조직적인 교육활동"을 의미한다. 즉, 이런 관점에서의 청소년교육은 주로 공교육 제도에 의해서 규제되는 학교교육의 틀을 벗어난 사회교육의 모습을 띤다. 하지만 앞서 언급한 바와 같이 최근 들어 학교교육과정의 일부에 청소년 전문지도인력의 활동 기회가 넓어지면서 학교 외 활동에 대한 경계선 개념이 다소 모호해지고 있는 실정이다.

한편, 청소년육성(youth fostering)은 1980년대부터 한국의 청소년정책이 본격 수립되면서 청소년교육 분야와 대응하는 새로운 정책 영역으로서 청소년정책의 성격을 규정하는 의미로 등장하여 지금까지 사용되고 있는 용어이다. 현재 「청소년기본법」에 청소년육성에 대한 정의가 제시되어 있는데 "청소년의 복지를 증진하고 청소년의 수련활동을 지원하며, 청소년 교류를 진흥하고 사회 여건과 환경을 청소년에게 유익하도록 개선하여 청소년에 대한 교육과 상호 보완함으로써 청소년의 균형 있는 성장을 돕는 것"으로 규정하고 있다. 특히 처음부터 법령에 근거한 제도적 개념으로 출발하였기에 청소년육성은 수련활동을 중심으로 학교교육 이외의 장면에서 주로 이루어지는 다양한 활동과 체험학습을 의미하였다. 그러나 육성의 개념이 이론적 차원과 법적인 장면에서 새롭게 정립되고, 단지 학교 외 교육 장면이 아닌 다양한 청소년활동 장면을 포괄하게 되면서 청소년육성이란 개념에 대한 새로운 개념 정립 시도들이 등장하였다.

또한 청소년교육은 초기의 협의적 개념으로써 '청소년지도'라는 용어로 사용되었음을 기억할 필요가 있다. 따라서 이상의 내용을 종합적으로 보면, 청소년지도는 "청소년의 긍정적인 성장과 발전을 위한 다양한 조력활동"이란 광의적 의미에서부터 "전문적인 청소년지도 인력에 의해 지도하는 행위"란 협의적 의미까지 정의되고 있음을 알 수 있다. 그러나 최근 들어 청소년지도라는 용어는 청소년교육 전반을 의미하는 개념이라기보다는 청소년을 위한 실제 지도 행위로 제한함으로써 주로 "목적을 위한 구체적인 방법과 행위"를 강조하는 개념으로도 인식되고 있음도 사실이다.

다른 한편, 최근 청소년교육은 당초의 개념에서 벗어나 학교교육을 포함하는 넓은 의미로 인식되고 있다. 즉, 학교교육 외의 장면에서 정의된 청소년교육의 개념이 이제는 학교교육을 포괄하는 광의적 개념으로 넓혀지고 있는 것이다. 특히 최근에는 인적자원개발(HRD) 개념과 연동하여 청소년개발(youth development)이란 개념이 확산되고 있는 실정이다(이광호, 2003). 청소년개발은 "청소년의 잠재능력을 보다 바람직한 방향으로 성장시키고 개발하는 일련의 적극적인 과정"으로 정의된다. 여기에서 "청소년지도는 덕 · 체 · 지를 겸비한 도덕적이고 전인적인 인간으로 청소년이 성장할 수 있도록 청소년지도사, 청소년상담사와 같은 청소년지도 전문가에 의해서 청소년시설, 청소년단체 등에서 청소년활동 프로그램을 중심으로 이루어지는 지속적이고 체계적인 안내 · 지원활동"이라고 정의하기로 한다.

2. 청소년지도의 목적과 등장 배경

청소년지도의 개념 정의에 대한 포괄적 이해를 바탕으로 그 목적을 보면, 청소년지도란 청소년이 개인적이며 사회적 발달을 지지하고 청소년의 목소리가 공동체와 지역사회에 영향을 갖도록 함으로써 의존에서 상호작용적인 청소년의 성장을 지원하고 촉진하는 것이다(National Youth Agency, 1999; 이채식 외, 2013). 청소년지도는 동등한 기회의 책임, 파트너로서 청소년의 학습과 의사결정, 청소년들이 자신의 가치를 갖도록 개발하기 등을 포함하는 신념들의 장으로 구성된다. 청소년지도는 다음의 질적 성격으로 구성된다(Daives, 1996). 첫째, 청소년지도는 참여를 선택할 수 있는 곳에서 적합한 서비스를 제공한다. 둘째, 청소년지도는 청소년이 자신의 경험과 청소년을 둘러싼 세상에 대해 비판적으로 행동하도록 이끌어준다. 셋째, 청소년지도는 공동체 안에서 청소년의 개인적 책임성에 대한 올바른 선택을 하도록 돕는다. 넷째, 청소년지도는 청소년이 학업에 대한 성취와 잠재력을 발휘해 나갈 수 있도록 한다. 다섯째, 청소년지도는 다른 분야의 사람들과 함께 청소년의 요구를 사회가 반영하도록 만든다.

청소년지도의 목적을 이와 같이 폭넓게 정의하면, 우리 사회에서는 부모, 기성세대 등과 같은 성인에 의한 넓은 의미의 청소년지도 행위가 일찍부터 존재해 왔음을 알 수 있다. 전통 사회의 가정, 마을과 같은 지역사회의 일상생활 속에서 자연스럽게 이루어지는 청소년에 대한 지도 행위는 관습과 문화상 지극히 당연한 것이었으며 세대 간의 전통을 계승해 가는 힘이었다고 할 수 있다. 그렇지만 전통 사회의 청소년지도 행위를 오늘날 같은 전문적인 청소년지도 행위라고 하기는 어렵다(김영인 · 김민, 2016).

오늘날과 같은 청소년지도는 일제강점기에 청소년의 계몽과 지도를 위한 왜관소년회(1919), 천도교소년회(1921), 스카우트 정신을 바탕으로 한 조선소년군(1992), 색동회(1923), YMCA의 조선척후단, 흥사단의 청소년 계몽활동 등과 같은 청소년 운동 단체, 해방 이후 미국에서 태동한 4-H운동의 도입을 통한 농촌 4-H클럽, 1965년 한국 청소년단체 협의회 설립 등과 같은 청소년단체, 1961년 「미성년자보호법」 제정, 1964년 청소년의 달 지정과 청소년 보호대책 위원회 설치, 1977년 청소년 대책 위원회 등과 같은 국가적 관심에 의한 청소년 관련 제도 마련에서 그 단초를 찾을 수 있다. 그러나 이 당시에는 오늘날 같은 학문적 차원에서 청소년육성이나 청소년지도와 같은 개념이 논의되거나 정립되지 않았고, 막연한 차원에서의 청소년지도, 청소년을 미래 세대로 키운다는 생각에서 청소년에 대한 육성이라는 용어를 사용하였다는 점에서 청소년지도가 본격적인 개념으로 등장하였다고 보기 어렵다.

청소년지도 개념은 청소년육성이란 용어의 사용과 더불어 학교시설 외의 '청소년의 심신 단련과 정서 계발을 목적으로 설치된 시설'로서 청소년시설을 규정한 1987년 「청소년육성법」 제정, 1991년 「한국청소년기본계획」 수립, 1991년 「청소년육성법」을 대체한 「청소년기본법」 제정 등을 통해서 본격적인 등장의 발판을 마련하였다. 당시 학계에서는 입시 교육을 위한 지육(知育)에만 치우쳐 청소년의 전인적인 성장을 저해하고 있는 학교 교육을 비판하고, 덕육(德育)을 중심으로 이를 보완할 수 있는 이론 및 실천 체제를 모색하였다. 이 결과 학교 교육에 대응한 청소년육성이라는 개념을 창출하였다. 그리고 '학교 교육-학교-교육과정-교사-교수활동(教授活動)'이라는 기존 학교 교육체제에 대응하여, '청소년육성-청소년시설-청소년 수련 활동 프로그램-청소년지도사-청소년지도'라는 청소년육성체제를 고안하였다. 이런 논의의 결과 청소년육성을 위한 한국 청소년기본계획이 1991년에 만들어졌다. 청소년육성이란 용어를 법의 명칭으로 사용하고 있음에도 불구하고 청소년육성의 개념을 명확하게 하지 못했던 「청소년육성법」을 대체하여 같은 해 만들어진 「청소년기본법」에서 청소년육성의 개념을 "청소년육성이라 함은 청소년의 복지를 증진하고, 청소년의 수련활동을 지원하며, 청소년 교류를 진흥하고, 사회 여건과 환경을 청소년에게 유익하도록 개선하여 청소년에 대한 교육과 상호 보완함으로써 청소년의 균형 있는 성장을 돕는 것을 말한다."고 규정하였다.

이런 청소년육성체제의 핵심은 청소년지도라고 할 수 있다. 청소년지도라는 전문적이고 능동적이며 지속적인 교육적 활동을 통해서 청소년의 균형 있는 성장이라는 청소년육성의 목표 달성이 가능하기 때문이다. 청소년시설을 중심으로 한 현장에서 청소년지도를 전문적이고 효율적으로 수행하기 위해서 청소년지도사라는 청소년지도 전문가 국가공인 자격 시스템을 마련하였다. 학문적으로도 청소년지도의 이론적 발전을 모색하기 위해서 1991년에 처음으로 4년제 대학교에 청소년지도학과가 설치되었고, 같은 해 한국청소년학회가 창립되었다. 이후 학계와 실천 현장 모두에서 청소년지도에 대한 이론적, 실천적 현상은 지속적으로 발전하였다.

3. 청소년지도의 이론적 관점

청소년지도의 개념과 목적을 어떻게 이해하고, 설명하며 또 규정하는가 하는 것은 부분적으로 관점의 선택과 관련되며 동시에 그러한 관점에 따른 결과적 산물이다. 더구나 청소년은 복합적으로 이해될 수 있기 때문에 이러한 관점의 선택은 우리의 일반적 생각과 전문적 가치에 영향을 끼치게 된다(천정웅 · 이용교, 2007). 이 점에서 서구 사회에서 나타난 청소년지도에 대한 이론적 관점에 대해 살펴볼 필요가 있다.

먼저, 청소년지도에 관한 이론적 접근은 크게 문제중심접근법(problem-based approach)과 강점중심접근법(strength-focused approach)으로 나눌 수 있다. 문제중심접근법은 청소년지도에 대한 전통적인 이론적 관점이자 체계라고 할 수 있다. 청소년을 대상으로 보아 위험 요인으로부터 보호하고 격리함으로써 청소년 문제와 비행 발생을 억제하는 데 청소년지도의 주안점을 둔다. 이에 비해, 강점중심접근법은 문제중심접근법이 청소년을 부정적이고 수동적으로만 보고 소극적인 입장에서 지도하는 것을 비판하면서 청소년의 문제와 비행에 초점을 맞춘 청소년지도에 의해 청소년 문제와 비행의 발생률이 감소하지 않은 것에 대한 반성에서 최근에 등장한 새로운 청소년지도의 이론 체계이다(천정웅 외, 2013).

강점중심접근법은 적극적 청소년개발(positive youth development)과 일맥상통한다(Small & Memmo, 2004). 적극적 청소년개발은 청소년을 문제나 비행의 원천이 아니라 잠재성, 자산, 자원을 가진 존재로 여긴다. 청소년의 성장을 위해 문제 예방만으로는 충분하지 않다고 보기 때문이다. 적극적 청소년개발에서는 청소년의 건강과 삶의 질에 기여하는 조건과 적극적인 개발의 증진을 강조한다. 또한 청소년이 자신의 잠재력을 완전히 펼쳐내도록 하는 것이 문제나 비행에 빠지지 않도록 하는 가장 좋은 방법이며, 성공의 경험을 가지도록 지원하는 것이 필요하다고 한다.

강점중심접근법은 청소년을 긍정적이고 능동적인 점에서 사회적 자원 또는 변화의 주체로 보고 적극적인 입장에서 지도한다. 이 입장에서는 청소년의 잠재력을 개발하기 위해서 청소년의 적극적인 사회참여와 주도적인 활동을 장려한다. 양자의 입장을 간단히 정리하면 〈표 1-1〉과 같다. 이런 서구 사회의 이론적 관점에 입각해서 보면 우리 사회의 청소년지도의 흐름은 문제중심접근법에서 강점중심접근법으로 서서히 변화되고 있다고 할 수 있다.

표 1-1 ▪ 문제중심접근법과 강점중심접근법의 비교

문제중심접근법	강점중심접근법
청소년의 문제, 일탈, 결점 등 부정적인 것들에 초점을 둠	청소년의 잠재력, 아이디어, 장점 등 긍정적인 것들에 초점을 둠
청소년을 객체, 대상으로 봄	청소년을 주체, 행위자로 봄
보호와 격리, 지적과 처방, 문제에 대한 수동적인 반응, 단기적인 개입을 중시함	지역사회 현안에 대한 참여와 역할 부여, 격려와 칭찬, 미래 지향적인 전향성, 장기적인 지원을 중시함
청소년을 성인, 가족, 이웃, 학교, 지역사회 등의 사회적 맥락과 분리하여 고려함	성인, 가족, 이웃, 학교, 지역사회 등의 사회적 맥락과 청소년의 유기적 연관성을 고려함
청소년시설, 단체 등의 활동이 고립 또는 경쟁적인 것이 되게 함	청소년시설, 단체 등의 활동이 협동적인 것이 되게 함
청소년지도의 성공을 청소년 문제의 감소로 측정함	청소년지도의 성공을 긍정적인 행동, 태도·기능의 증가로 측정함
전문가의 전문성과 지도에 주로 의존함	전문가, 지역사회 인사 등 사회구성원에게 적절한 지도 역할을 부여함

출처: 천정웅 외 (2013). p. 184.

4. 적극적 관점과 청소년역량개발

청소년지도와 관련한 서구의 이론적 관점에 대한 이해는 청소년을 위한 학교교육이나 사회복지와 관련한 청소년복지 영역 등 여타의 다른 정책이나 실천현장과 구별되는 '청소년업무(youth affair)'와 관련된다. 즉, 청소년지도와 관련한 강점중심의 적극적 관점은 청소년실천 현장을 포함한 정책적 영역으로서의 청소년업무 전반의 특성과 정체성을 규정할 수 있는 이론적 접근이란 의미를 갖는다.

청소년업무는 청소년에 대한 직접적인 서비스의 제공, 발달적 역할, 사회변화적 역할 등의 3가지 측면에서 중요한 역할을 수행한다. ① 직접적 서비스 역할(direct service role)은 주로 청소년 개인의 욕구를 충족시켜 당면한 문제를 직접 해결해 주는 역할로서 기본적인 생활여건을 마련해 주고, 건강 · 보건 · 빈곤문제 등을 해결해 주는 일, 카운슬링 등을 통해 고민을 해결해 주는 일 등을 말하는 것으로 볼 수 있다. ② 발달적 역할(developmental role)은 청소년을 정서적, 경제적, 사회적으로 자립할 수 있도록 도와줌으로써 미래의 바람직한 성인으로 발달시키며 준비시키는 일이다. 교육기회와 직업훈련 기회를 제공하고, 단체활동을 통한 사회적응력을 함양시키는 일 등이 여기에 속한다. ③ 사회변화적 역할(social change role)은 청소년을 둘러싼 환경여건을 개선하고 사회적 변화를 유도하는 일로써 유해환경을 제거하거나 실업문제를 해결하는 일, 입시위주의 교육풍토를 개선하는 일 등을 예로 들 수 있다(Youth Sector Training Council, 1990).

청소년업무는 또한 그 특성에 따라 유기적 활동, 전문화된 활동, 운동중심활동 등 세 영역으로 분류하고, 청소년활동을 다시 사교 및 여가, 개인 및 사회적 발달, 복지, 인격형성, 정치화, 구제 등 몇 가지 분야로 구분한다. ① 사교와 여가분야는 유기적 청소년활동(organic youth work)의 영역으로 분류된다. 청소년들의 동아리클럽 활동장이나 오락이나 사교장 등에서 이루어지는 자유스러운 사교활동들과 비교적 조직적인 시설과 프로그램에 따라 이루어지는 개인의 흥미 충족을 위한 스포츠 및 취미활동이 포함된다. ② 개인 및 사회적 발달분야와 복지분야는 전문화된 청소년활동(professional youth work) 영역으로 분류된다. 개인 및 사회적 발달 분야에는 청소년 개개인들의 사회적응능력 함양과 자아실현을 촉진시키기 위한 제반 활동과 아울러 지역사회의발전과 관련제도 및 구조개선을 통한 청소년권리의 신장을 도모하는 다양한 활동들이 포함되며, 복지분야는 문제에 처한 청소년들이나 청소년집단을 대상으로 행해지는 지원적 성격의 활동들과 관련된 사회사업, 개인 및 가족치료 중심의 케이스워크(case work), 카운슬링 등의 활동이 포함된다. ③ 인격형성, 정치화, 구제 등의 사회적 변동이나 이데올로기 등과 밀접히 관련된 활동은 운동중심 청소년활동(movement-based youth work)에 포함된다. 인격형성(character building) 분야는 훈련을 통해 청소년에게 사회규범에 부합하는 품성, 가치관 형성을 위한 리더십 훈련이나 집단활동 등 제반 정신교육과 훈련들을 의미하며, 정치화(politicizing)는 청소년에게 정치적 이해와 행위능력을 향상시키며, 세계정세와 사회변화의 안목을 키우는 활동들을 일컫는다. 구제(rescuing)는 주로 종교적 차원에서 이루어지는 활동들로서 개인의 내면적 성향과 정서를 중심으로 사상적 개조나 도덕적 무장을 강조하는 활동을 포함한다(Smith, 1988).

한편, 청소년업무와 관련한 이러한 다양한 이해는 최근 청소년이슈에 대한 이론적 관점의 중요성과 함께 청소년 역량개발에 대한 관심이 선진외국은 물론 우리나라에서도 높아지고 있고, 청소년지도와 관련한 정책개발과 실천현장에서 주요한 주제로서 논의되고 있다는 점을 주목할 필요가 있다(Cheon, 2009). 특히, 청소년업무에서 어떠한 관점을 선택하는가 하는 문제는 그에 따라 각기 다른 결과를 가져다주는 중요한 사안이란 점에서 매우 중요한 의미를 갖는다.

실제로 앞서 언급한 적극적 관점에 의하면, 청소년을 문제와 희생으로 보는 견해와는 달리 청소년을 잠재성(potential), 자산(assets) 및 자원(resource)을 가진 존재로 본다. 사실 청소년들은 성공적인 성인기로의 전이를 위해서 또 그들이 받는 서비스의 질을 높이기 위해서도 이러한 적극적 관점이 필요하다고 볼 수 있다 (Matareses, McGinnis, & Mora, 2005). 적극적 관점에서 보면, 청소년들이 직면하고 있는 많은 문제들의 경우도 바로 청소년 개인 자신들의 잠재력, 가족, 그리고 지역사회에서 그 해결책을 발견할 수 있다는 점을 인식하고 청소년지도의 실제에 있어서도 그러한 긍정적 관점과 환경적 측면을 고려한 종합적 접근을 강조한다(Maton et al., 2004).

청소년에 대한 문제중심적 관점이 모두 잘못된 것만은 아니지만, 중요한 사실은 문제중심적 이해가 지나치게 지배적이었다는 것이다. 지나친 문제중심의 청소년에 대한 접근은 청소년의 "사회적 활력(social agency)"을 방치한 것이 그 한 결과였으며(Mayall, 2002), 사회는 청소년들을 계속해서 긍정적인 궤도(tranjectory)에 있도록 하는 중요한 기회를 상실했던 것이다.

5. 청소년역량개발과 청소년지도의 내용

여기서 우리는 앞서 언급한 청소년개발에 의한 적극적 관점은 건강한 조건의 존재를 특히 강조하고 건강이란 개념을 기술(skills), 친사회적 행태 및 장차의 고용, 교육, 시민생활에서 성공하는 데 필요한 역량(competence)을 포함하는 것으로 확대하고 있음에 유의할 필요가 있다(Bazemore & Terry, 1997). 청소년의 역량은 일부 취약계층 청소년을 포함하여 모든 청소년들이 다양한 측면에서 역량개발의 기회를 갖게 될 때 전사회적 역량으로 전환될 수 있다.

특히, 청소년업무 중에서 청소년활동(youth activity)은 바로 이러한 청소년역량개발의 가장 중요한 기반과 수단이 되는 정책영역으로 자리매김하고 있는 것으로 향후 보다 더 강화되고 확장될 필요가 있을 것이다. 적극적 관점에서의 청소년활동을 통한 청소년의 역량강화는 바로 이러한 인식에서 그 의미가 있다. 여기서 청소년활동이란 청소년들이 주어진 환경 속에서 개인적 또는 사회적 가치나 목표를 실현하기 위해 행하는 모든 정신적·신체적 행위 일반을 지칭하는 것으로 볼 수 있다. 선진 외국의 경우, 청소년활동을 청소년서비스(youth service)라는 영역으로 관장하고 있으며, 청소년활동을 수행하는 관련기관, 협회, 조직, 관련사업 및 청소년지도자를 총칭하여 청소년부문(youth sector)으로 지칭하고 있음을 알 수 있다. 이렇게 보면 청소년활동은 청소년업무의 대표적 영역 전반을 지칭하는 것으로 이해된다(천정웅 외, 2013).

우선 '역량(competence)'에 대한 개념정의는 다양하게 이루어지고 있지만, 청소년역량개발(youth development)의 관점에서 보면 다음과 같은 7가지가 특히 중요하게 논의된다(Pittman & Irby, 1996). 첫째, 시민적 역량(civic competence)으로 청소년이 민주시민으로서 사회적 선을 위하여 타인과 협력하고 공동체 구성원으로서 역할과 책임을 다하는 역량이다. 둘째, 사회적 역량(social competence)로서 주변사람들과 우호적 관계를 유지할 수 있는 능력으로 의사결정기술, 대화기술, 책임성, 헌신적 참여, 갈등해결능력 등을 의미한다. 셋째, 문화적 역량(cultural competence)으로서 집단 간 또는 개인 간에 존재하는 사회적, 문화적, 경제적 배경과 흥미의 차이를 인정하고 수용할 뿐 아니라, 다른 문화를 이해하고 존중하는 것이다. 넷째, 신체적 건강(physical health)으로서 영양섭취, 다이어트, 운동, 피임, 위험행동 등에 대한 합리적 의사결정을 통해 선체적 건강을 유지하는 것이다. 다섯째, 정서적 건강(emotional health)으로서 자신의 감정상태를 조절하고, 주변의 다양한 상황에 긍정적으로 반응할 뿐 아니라 다양한 여가활동에 참여함으로써 스트레스를 관리하는 역량이다. 여섯째, 지적 역량(intellectual competence)으로 학교교육, 그 밖의 교육기관으로부터 학습을 통해 기초지식, 비판적 사고, 창의력, 문제해결력 등을 습득하고, 자기주도적으로 학습할 수 있는 역량을 말한다. 일곱째, 취업능력(employability)으로서 자신이 원하는 진로목표를 달성하는 데 필요한 지식, 기술, 태도를 갖춘 역량을 말한다.

청소년역량개발의 핵심요소에 대한 논의도 다양하다. 예컨대 청소년활동 프로그램과 관련하여 Little(1993)은 생활기술(life skill) 역량의 개발, 성인지도자와의 연결(멘토링, 튜터링, 지역사회봉사, 지도력 개발), 인격함양(의사결정, 가치, 정직성, 고결성), 및 자신감 개발(희망과 자존감, 목표설정과 부합) 등의 네 가지를 강조했다. Delgado(2002)는 역량개발의 다양한 논의들을 종합하면서, 건강(health), 정서(emotional), 사회적(social) 역량, 인지적(cognitive) 역량, 도덕적(moral) 역량 및 영적(spiritual) 역량의 6가지로 요약한 바 있다.

Bloom(2000)은 미국 주류사회의 경우 사회적으로 역량을 갖추었다는 것은 다음과 같은 것을 포함한다고 말한다. ① 긍정적 자존감, ② 타인과 상호작용하며 새로운 업무와 도전에 응하는 것, ③ 윤리적으로 행동하며 타인에 대해 책임 있는 행동을 하는 것, ④ 다인종 사회의 혜택에 대해 감사하며, 타인의 가치를 존중하는 것, ⑤ 대인 간의 접촉 및 상호작용을 할 수 있으며, 타인과 잘 지내며, 장기간의 인간관계를 진전시키는 것, ⑥ 건전한 작업습관, 동기 및 가치를 개발하는 것, ⑦ 건강을 증진하며 유지하기 위한 행동을 하는 것, ⑧ 또래・가족・학교・지역사회에서 긍정적이며, 기여하는 구성원으로서의 역할을 수행함으로써 향후 바람직한 시민이 되도록 하는 것, ⑨ 학대, 원치 않는 임신, 에이즈, 사회적 고립, 신체적 상해, 학업중단, 우울, 자살, 실업, 범죄 등 부정적 결과를 초래하는 행위에 가담하지 않는 것 등이다.

또한, Delgado(2002)는 청소년역량개발을 위한 새로운 장(new frontier settings)과 관련하여, 박물관, 도서관, 동물원, 수족관 등 일 년에 한 번 정도 방문하는 곳이거나 머물기보다 그저 지나치는 곳이었던 지역사회 공간들을 활용할 필요성을 강조하고 있다. 이러한 장소들을 방문하여 공부나 일에 활용하는 것이다. 여기에서는 교사나 상담가, 사회복지사 등 통상적으로 만나는 사람들이 아닌 새로운 분야의 전문가들을 만나게 되고, 청소년들은 새로운 도전을 하거나 보상을 얻게 된다고 본다. 따라서 청소년들이 이러한 장소에 접근할 수 있도록 지리적, 심리적, 문화적,

제도적 접근성을 보장하는 노력이 필요함을 지적하고 있다.

보다 구체적으로 보면, 청소년활동 또는 청소년지도에서 청소년의 역량개발을 위한 논의들이 있어 왔는데, 청소년분야에서 청소년역량은 청소년기에 갖추어야 할 보편적인 능력으로 본다. 학생의 본분으로서 학업수행능력, 생활에 도움이 되는 자질과 도덕적 기준과 가치관, 태도 등 청소년의 성장과 발달과정에서 부족한 점을 반드시 충족해야 하는 생애역량의 개념과 맥을 같이한다.

청소년활동의 역량군에는 자아역량, 갈등조절역량, 문제해결역량, 성취동기역량, 대인관계역량, 리더십역량, 신체역량, 시민성역량 등 8개 역량군으로 나누어진다(권일남・최창욱, 2011).

① 자아역량군은 인간의 내면적 잠재성을 구성하는 요소로 자아 정체감, 자아존중감, 가치관, 행복추구, 자기통제 및 조절 등이 해당한다.

② 갈등조절역량군은 청소년기의 신체적이며 정신적 변화 속에서 관계형성과 유지에 영향을 미치는 갈등을 효과적으로 다루어 친구를 사귀고 친구관계를 유지하게 하거나 자신과 관련된 사람과의 긍정적 관계를 형성하고 계발해 나가도록 하는 능력으로 가족이해, 학업스트레스 등이다.

③ 문제해결역량군은 자신에게 주어진 상황이나 현상을 적극적으로 해결해 내는 힘으로서 단순한 문제를 파악하는 것에서부터 인지적이고 심리적 연속선상에서 주어진 문제의 연결을 할 수 있는 힘을 보완해 내는 능력으로 문제해결력, 원인분석력, 창조적 사고, 설득, 종합적 사고력 등이다.

④ 성취동기역량군은 훌륭한 과업을 달성하는 과정에서 만족을 느끼고 지속적으로 성취 목표를 달성하기 위하여 노력하는 내적 의욕 또는 내적 성향으로 동기유발, 성취지향성, 학습실행력 등이 해당한다.

⑤ 대인관계역량군은 서로의 관계를 원활하고 긍정적인 관계로 형성하도록 유지하며 타인과의 간극을 좁히기 위한 개인의 적응력으로 관계형성, 대인의사소통, 대인이해 등이다.

⑥ 리더십역량군은 구성원으로서의 자신의 역할과 책임을 충분히 인식하고 최선을 다해 할 일을 수행하며 책임회피와 전가를 하지 않고 끝까지 목표를 완수하는 능력으로 책임성, 언어표현능력, 의사결정, 자신감 등이 해당한다.

⑦ 신체역량군은 건강한 신체와 그 관리능력을 포함한다.

⑧ 시민성역량군은 민주시민으로서의 자질과 능력을 바탕으로 청소년으로서의 권리의식과 사회참여를 위해 노력하며 이타성과 봉사적 감각을 수반하고 지역사회에 건전한 사회인으로 성장할 수 있는 능력으로 사회성, 지역사회 기여, 참여의식능력 등이 해당한다.

표 1-2 ■ 청소년활동의 역량

역량군	역량
자아역량	자아정체감, 자아존중감, 가치관, 행복추구, 자기통제 및 조절
갈등조절역량	가족이해, 학업스트레스
문제해결역량	문제해결력, 원인분석력, 창조적 사고, 설득, 종합적 사고력
성취동기역량	동기유발, 성취지향성, 학습실행력
대인관계역량	관계형성, 대인의사소통, 대인이해
리더십역량	책임성, 언어표현능력, 의사결정, 자신감
신체역량	건강한 신체/관리능력
시민성역량	사회성, 지역사회 기여, 참여의식능력

출처 : 권일남 · 최창욱 (2011).

이상에서 살펴본 청소년역량개발과 관련한 청소년활동지도에 대한 논의는 청소년의 역량개발을 위해서는 보다 확장된 이해가 필요하다는 점을 시사하고 있다. 정책업무에서는 물론, 청소년활동의 실천현장과 지도의 실제에 있어서도 역량개발의 적극적 관점에 입각할 경우 그 범위와 종류가 다양하고 광범위해질 수 있음을 알 수 있다.

이 점에서 청소년역량개발을 위한 적극적 접근이 기존의 접근과 다른 특징은 다음과 같이 요약할 수 있다. 달리 말하면 이러한 특징들에 입각한 접근이 청소년역량개발에 보다 유용한 의미를 갖는다는 것이다. 예컨대 기존의 접근이 현재의 조건들을 변화시키기가 쉽지 않았다면, 역량개발 접근은 뭔가 새로운 것을 창출하는 강점을 증대시킴으로써 그 조건을 개선한다. 기존의 접근이 힘 있는 전문지도자 아래 청소년들은 그들에 좌우되는 존재라는 "힘의 차이"가 있었다고 한다면, 역량개발 접근은 지도자와 청소년 간에 동반자적 관계에 입각한 "힘의 균형"을 갖는 특징이 있다는 것이다.

표 1-3 ▪ 적극적 관점의 청소년 역량개발지도의 기본 특성

기존의 접근에 따른 청소년활동지도	적극적 관점의 청소년 역량개발 활동
문제중심	자산과 역량중심
일시적 제공	지속적 전개
힘의 불균형을 재강화	힘 관계의 균형 유지
소극성의 증진	역량과 주도성의 증진
전문지도자에 의존	동반자관계에 의존
청소년은 문제를 가짐	가능성에 대한 상호적 소유
청소년은 의존적	상호 이해관계가 같은 사람들을 연결
욕구에 부응하기 위해 재능을 사용	재능과 자극을 능력으로 받아들임
없는 것이 무엇인가에 촛점	가능한 것이 무엇인가에 촛점
주기를 원함	구축하기를 원함
"이것이 우리가 할 수 있는 최선"이라고 믿음	"우리가 무엇이 될 수 있는가?"를 물음
현재의 조건의 유지	현재의 조건을 변화
서비스를 받음	새로운 기술을 획득함

출처: Homan, M. S. (2007). Promoting community change: Making it happen in the real world. Pacific Grove, CA: Thomson Brooks/Cole. p. 67에서 재구성

6. 적극적 관점과 청소년지도의 방향

지금까지 청소년지도와 적극적 관점(positive perspective)에 관한 개념 정의와 배경, 이론적 관점과 청소년역량개발의 의미 등에 대해 알아보았다. 최근 청소년의 역량개발이 청소년업무에서 강조되고 있지만, 이론적 이해나 그에 입각한 정책적 접근과 실천 노력은 부족한 실정이다. 청소년의 역량강화를 강조하지만 얼마나 청소년업무, 특히 청소년지도의 이론과 실제에 관련하여 제대로 노력하고 있는지는 또 다른 과제이다.

사회일반은 물론, 청소년업무에 종사하는 경우에도 아직까지는 청소년을 사회적 지위와 역할의 관점에서 보기보다는 하나의 인간발달적 시기로서 보는 기존의 관점이 지배적이다. 청소년을 해결해야 할 문제의 대상으로 보는 이른바 "문제로서의 청소년(youth as problems)"의 이미지가 일반 담론에서는 물론 정책과 전문적 실천 분야, 학문연구 분야에도 많이 남아 있다(Checkoway, 1998; Scales, 2001).

청소년업무의 발전, 특히 청소년지도방법에 관한 이해가 청소년문제 또는 문제 청소년 이슈와 무관하지 않지만, 오늘의 청소년들은 그들이 가진 잠재성과 역량에도 불구하고 기존의 선입견, 편견 및 고정관념 등으로부터 자유롭지 않다는 점을 기억할 필요가 있다. 청소년지도와 관련한 개념적 의미도 청소년에게 자기결정의 장을 주며, 청소년에게 자기 성취감을 느끼게 만들며, 청소년에게 다른 사람과의 유대감을 갖게 만들기 위해 중요한 것으로 이해된다. 또한, 청소년지도방법의 실제에서 요구되는 청소년지도에 관계된 지식, 태도, 그리고 기술에 대해서도 대체로 사회성은 물론, 도덕성, 진로지도, 보건, 여가지도, 지역사회 봉사, 국제교류에 관한 것 등 다양하게 논의되고 있다.

더욱이 청소년활동지도는 청소년업무의 정체성을 부여하고 독립적인 정책으로 자리매김하는 핵심적인 영역으로써 그에 대한 개념적 이해나 정책적 접근, 실천적 노력은 청소년분야의 발전수준을 가늠해 주는 것으로 볼 수 있다. 이 점에서 우리나라 청소년분야의 발전은 "일부 특정 청소년"에서 "모든 청소년"으로, 청소년문제에 대한 "사후처방"에서 "예방적 접근"으로 전환되어 왔으며, 청소년의 권리와 자율적인 참여의 기반확충과 함께 자기 자신의 "잠재역량 개발"을 강조하는 것으로 진전되어 왔음을 기억할 필요가 있다.

특히, 청소년활동은 그 법적 정의에도 불구하고 청소년의 역량개발을 위한 정책적·실천적 노력을 포함하는 것으로 새롭게 이해될 필요가 있다. 이렇게 보면, 적극적 관점에서의 청소년(역량)개발(youth development)에 대한 접근은 청소년지도에 대한 이론적이며 실천적인 이해의 기반을 제공할 것이다. 나아가 청소년지도에 대한 적극적 관점의 접근은 청소년업무의 정체성을 보다 뚜렷하게 정립해줄 것으로 기대된다.

02

chapter

긍정청소년개발과 지도방법

1. 긍정청소년개발의 이해
2. 사회변화와 긍정청소년개발의 확대
3. 긍정개발적 접근의 청소년지도

02 긍정청소년개발과 지도방법

청소년지도방법은 간단하게 표현하면 청소년을 대상으로 지도하는 방법에 관한 것이다. 청소년지도방법은 여러 학자에 의해 정의되어왔으나 학문적 배경 또는 특정 법령이나 규정에 기초해 제시되었기에 청소년지도방법에 관한 학문적 이해는 높지 않은 상황이다. 청소년지도방법을 이해하기 위해 청소년, 지도, 방법이라는 개별 명사들의 의미를 살펴보고자 한다. 종합적인 의미 구성을 통해 조금 더 이해하기 쉽고 체계적인 정의를 할 수 있을 것이다.

지도(指導)는 다른 사람을 어떤 목적이나 방향으로 가르치고 이끄는 것이라고 정의할 경우 교육과 유사한 의미구성을 나타내기도 한다. 교육은 교수자, 학습자, 교육과정, 교육상황이라는 구성요소들 간의 유기적인 관계에 의해 형성된다. 방법은 어떤 목적을 염두에 두고 있으며 목적에 도달하기 위한 이론적 지식과 이를 실현할 수 있는 실행력을 포함하는 것으로 본다(변영계 · 김영환 · 손미, 2007). 이를 청소년지도방법에 응용해 본다면, 청소년지도방법은 청소년지도자, 청소년(참여자), 지도과정 및 지도상황이라는 구성요소들 간 유기적인 관계 속에서 청소년지도의 목적에 도달하기 위한 이론적 지식과 실행력이라고 할 수 있다. 이러한 청소년지도방법에 관한 보다 체계적인 이해를 위해 청소년에 관한 설정이나 논의가 필요하다. 우리 사회가 갖는 청소년의 상 또는 설정에 따라 청소년지도자에 의한 청소년지도의 목적, 지도 내용 및 지도방법에 많은 영향이 미칠 것이다.

우리 사회에서 청소년에 대한 설정은 다소 부정적인 용어들로 둘러싸여 있다. 청소년에 대한 사회적 관심이나 이슈는 청소년에 의한 문제행동인 위험행동의 발생이 많으며, 이에 관한 원인 및 대책을 찾고자 하는 형태가 된다. 청소년은 미숙하기에 불안하며 제대로 관리하지 못하면 위험행동이나 문제행동을 하게 될 것으로 여겨지기도 한다. 이러한 설정은 사회의 사건들을 다루는 미디어를 통해 끊임없이 지속된다. 역사적 배경이나 공동체에 따라 사회적으로 구성된 담론임에도 불구하고, 대체로 청소년에 관한 사회 이슈의 특정한 모습이나 성향에서 출발하는 고정된 설정이 반복적으로 확대 재생산되고 있다. 청소년은 현재 사회의 주요한 구성원이자 자연스럽게 다음 세대를 이어가는 세대이다. 따라서 청소년의 성장 또는 변화는 우리 사회의 변화와 발전에 중요한 영향을 미치게 된다. 청소년에 관한 연구와 실천은 우리에게 익숙한 특정한 영역으로 제한받기보다는 사회의 흐름과 변화를 고려하여 보다 다양하고 풍부하게 이해될 필요가 있다.

인간은 전 생애를 거치면서 끊임없는 변화를 경험하게 된다. 특히 청소년기는 다른 시기에 비해 큰 폭의 변화를 경험하는 시기이다. 청소년은 삶의 전반적인 영역에서 변화를 경험하며 새롭게 살아가게 된다. 청소년은 신체적, 인지적, 심리정서적, 사회적 영역에서 자기 내적인 변화를 경험하는 한편 환경으로부터 요구받거나 강제되는 변화 속에 놓이게 된다. 청소년은 자기 삶의 주인으로서 정체성을 만들어가며, 살아가기 위해 기존 질서와 관계에 대해 끊임없이 질문을 던지고 상호작용을 하게 된다. 가정에서, 학교에서, 지역사회에서, 사이버 공간에서 청소년은 자신들의 모습이나 주장을 때로는 적극적으로 때로는 소극적인 형태로 나타내며 표현하기도 한다. 이러한 다양한 청소년의 모습은 폭넓게 다루어지지 못하고 '청소년은 불안하고 위험할 수 있다'는 정치적 수사로 활용되면서, 우리 사회의 관심은 청소년들의 문제행동 감소와 예방을 위한 정책이나 관련 주요 사업으로 반영되어 왔다 (Peter, 2002). 그러나 결핍에 근거한 청소년에 관한 문제론적 접근은 20세기 초의 시대적 상황에 기초한 설정된 하나의 이론으로서 한계성이 지적될 수밖에 없다. 21세기는 과거보다 훨씬 시대의 변화가 빠르다. 그에 맞춰 청소년에 관한 설정이나 담론도 새롭고 풍부하게 전개되어야 한다. '새 술은 새 부대'에 담아야 하듯이, 변화된 사회를 주도적으로 열어가기 위해 청소년담론은 전반적인 사회 변화의 흐름과 특징에 부합하는 청소년, 청소년지도, 청소년지도방법을 모색하고 만들어가야 한다.

1. 긍정청소년개발의 이해

사회 변화의 흐름은 청소년에 대한 설정을 새롭게 정립하고 점차적인 변화를 모색하고 있다. 이전까지 전개되었던 청소년의 결핍과 문제행동을 강조하며 특정 청소년에 대한 사후처지 및 예방적 개입에서 벗어나 청소년의 역량과 건강한 행동에 주목하며 전체 청소년을 대상으로 기회와 지원을 통한 긍정청소년개발적 접근이 제시되고 있다. 청소년 문제 예방에서 청소년개발 촉진으로의 전환은 청소년프로그램과 정책분야의 개발, 실천 및 평가 등의 여러 영역에서 근본적인 변화를 가져오는 것이다(이채식 외, 2013).

1) 긍정청소년개발의 접근

청소년발달에 대한 과학적 연구의 기초(Hall, 1904) 이후에 청소년기에 대한 지배적인 개념은 질풍노도기(storm and stress) 또는 규범-발달적 혼란의 개체발생기(Freud, 1969)였다. 청소년학에서 질풍노도는 청소년의 불안정성과 불안함을 나타내는 것으로 설명되며, 이러한 결핍요소는 유전적이거나 성숙 결정에 있어 생물학적 환원주의모델에 근거를 두고 있다(Erikson, 1958, 1959). 결핍모델에 의하면 청소년은 이미 손상되었거나(broken) 손상될 위험이 있으며(Benson, Scales, Hamilton, &

Sesma, 2006), 위험하거나 이미 위험에 직면해 있으며(Anthony, 1969), 관리되어야 할 문제들(Roth, Brooks-Gunn, Murray, & Foster, 1998)로 묘사된다.

Hall(1904)은 인간의 개체발생을 계통발생으로 바라보는 진화론적 시각을 수용하여 청소년기를 질풍노도의 시기로 보았다. 인간의 진화는 동물적인 것으로부터 문명화된 존재로 변화하는 것이며, 청소년기는 이에 대응하는 시기라고 하였다. Hall의 입장은 대변동과 스트레스의 시기라는 청소년기의 일반적 개념화에 많은 영향을 주었다. 또한 Freud(1969)는 청소년기를 변동의 상태에서, 가족과 친구관계에서, 자아에 있어, 가치와 태도에 있어 대변동에 있는 발달론적 혼란의 보편적 시기라고 보았다. Erikson(1959, 1968)은 청소년을 정체성의 위기에 빠진 시기로 보았다. 이처럼 연구자들과 과학자들은 청소년을 비문명화되고 문제적 방식을 갖는 위험(at risk)으로 간주하였으며 그들 자신과 다른 사람에게 위험스러운 존재로 규정하였다.

그러나 이미 1960년대 초에 이르러 Hall의 입장이 보편적 사실이 아님을 밝히는 연구가 전개되었다(Bandura, 1964; Douvan & Adelson, 1966; Offer, 1969; Block, 1971). 이들은 Hall의 주장과 달리 대부분의 청소년은 10대에 격심한 혼란을 겪지 않는다고 하였다. 청소년기의 자녀가 부모보다는 친구들과 함께 보내는 시간이 증가하였더라도 여전히 많은 청소년은 그들의 부모와 친밀하고 상호작용적 관계를 하고 있다. 청소년은 부모와 유사한 사회적 정의, 삶에 있어 교육의 중요성 등의 핵심가치를 가지고 있으며, 청소년은 이러한 핵심가치를 공유할 친구를 선택하였다. 청소년은 이 시기 동안 다양한 삶의 경로를 갖고 있으며 단지 소수의 청소년이 질풍노도적인 변화를 보인다고 하였다. 그러나 청소년에 대한 이러한 입장은 이전까지의 주류적인 입장을 극복하지 못했고 인지발달, 학습이론, 심리분석과 같은 주요한 이론이나 경험적 연구를 형성하지 못하였다(Lerner, 2002).

이후 사회적 발달이나 청소년-맥락적 관계에 있어 청소년발달에 대한 역사적 맥락의 효과(Nesselroade & Baltes, 1974; Elder, 1974), 부모-청소년의 관계(Steinberg, 1988; Steinberg, Mounts, Lamborn & Dormbusch, 1991) 등을 연구한 학자들이 있었

다. 이들은 10대를 거치는 개인의 발달에 관한 경험적 작업으로 청소년에 대한 연구와 청소년의 생활을 향상시키는 것에 대한 이해와 열정의 증가를 이끌어내었다. 청소년기에 대한 연구가 발달과학의 범위에서 중요한 영역으로 자리잡고 대중화되도록 하였으며 청소년 분야의 성숙을 이끌었다. 긍정적인 청소년개발과 인간발달의 발달시스템이론의 정교화를 위한 경험적 기초를 마련할 수 있었다(Lerner & Steinberg, 2004).

청소년발달은 본질적으로 인간발달의 광범위한 연구에 관한 이론적 발달의 주요한 영역이다. 청소년기에 해당하는 10대는 기초적 연구와 긍정적 인간발달을 촉진하는 실천을 위한 이론으로 이해될 수 있다. 청소년의 발달은 사춘기, 인지・정서적 특성, 사회적 기대 등 자신의 변화와 가족과 또래집단관계, 제도적 변화의 변경에 대한 적응에 관여한다. 모든 청소년들이 동일한 방식, 동일한 속도나 경쟁적인 산물로 이러한 변화를 경험하는 것은 아니다. 개인적 차이는 청소년발달의 중요한 영역이며, 생물학적, 심리학적, 사회적 요인 간 연계에 따라서 시기적 차이가 발생한다. 발달적 궤적에 있어 다양성의 주요 요소는 가족, 또래집단, 학교, 직장, 이웃, 공동체, 사회, 문화 및 역사 등의 사회적 맥락 안에서 청소년이 맺고 있는 핵심인물과 제도의 체계적 관계이다(Lerner, 2002). 청소년기를 거치면서 개인-맥락적 관계는 복잡한 경로로 나타난다(Offer, 1969). 발달시스템이론은 ① 관계적 메타이론, ② 조직화 수준의 통합, ③ 개체발생에 관한 발달적 규정에서 개인과 맥락 간의 상호작용의 영향력, ④ 통합적 행위이며 개인과 맥락적 관계의 상호작용에서 인간발달 내의 분석이 기본단위, ⑤ 인간발달에 있어서의 유연성과 임시성, ⑥ 상대적 유연성, ⑦ 개인적 변화에 있어 개인적 변화와 개인 내 차이, ⑧ 발달과학의 실천으로서 낙관주의와 긍정적 인간발달의 촉진, ⑨ 변화-감성적 방법을 위한 다원리적 접근 등을 특징으로 하고 있다. 이러한 발달시스템이론 내에서 청소년에 대한 연구는 긍정적 청소년개발의 정교화를 이루도록 하였다.

2) 문제론적 접근과 긍정개발적 접근

청소년은 살아가면서 많은 어려움과 역경을 경험하게 된다. 청소년의 역경(adverse)에 대한 대응방식으로는 좌절, 상처의 생존, 회복, 적응유연, 활력 등 여러 가지가 있다(OLeary & Ickovies, 1995).

첫째, 역경에 의한 초기의 해로운 결과가 개인의 좌절이나 굴복으로 이어지는 것이다. 둘째, 개인이 상처와 피해를 가진 채로 생존하는 상태이다. 셋째, 급격하거나 점차적으로 원래의 기능이 회복되는 적응유연적 상태이다. 회복은 나쁜 경험 이후의 대응으로 감기에 걸리면 회복의 시간이 필요하듯이 일시적으로 기능이 저하된 상태에서 점차적으로 일상적인 기능으로 돌아가거나 회복하는 것이다. 회복은 일상적인 기능수준으로 올라가기 위해 치료와 강화의 과정이 필요하다. 한편 적응유연은 역경에 직면하여 상대적으로 안정적인 균형을 유지하는 능력 정도를 나타낸다. 적응유연은 회복과 구별되며 대부분의 사람들에게 일반적으로 나타난다. 적응유연은 간혹 예상치 못한 경우도 있으나 명료한 방법으로 이루어진다. 적응유연적인 사람은 의도적인 행위를 위해 다른 사람들과의 만남이나 조언 등의 다양한 기회를 이용하거나 인식할 수 있다. 다른 사람과의 연계는 회복이나 적응유연성에 있어 중요하다. 적응유연성은 희귀하거나 특별한 것이 아니라 일상적인 가족이나 친구관계를 통해 규범적이며, 인간 자원들, 청소년의 신체나 두뇌활동 등과 관련된다. 넷째, 기능의 회복을 넘어 활력의 성장을 갖는 것이다. 역경에 대한 잠재성의 발현으로서 활력(thriving)은 역경이 회복을 넘어 이익(benefit)을 가져오는 것으로 이해된다. 활력은 주위 환경이 긍정적이며, 일어난 일에 대한 이해를 통해 능동적인 개발을 모색하며, 자신이 보다 나아지도록 하는 효과적인 방식을 발견하고자 할 때 치료의 과정 이후 일어나는 보다 나은 도약이다. 치료는 특별한 과정에서 오는 것이 아니라 일상적으로 지속되는 다른 사람의 보살핌을 통해서 이루어진다(이채식 외, 2013).

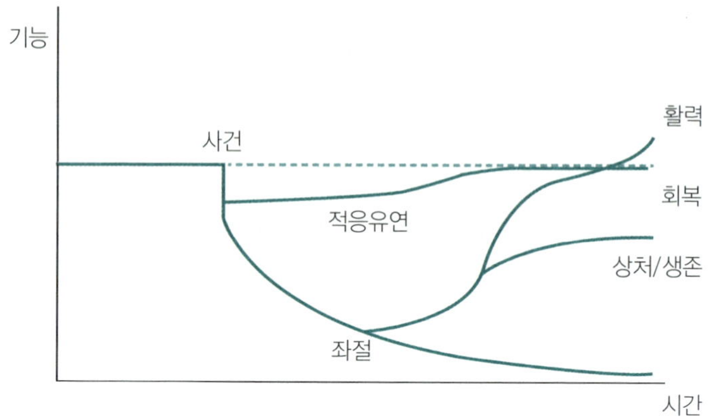

그림 2-1 ■ 사건(역경)에 대한 대응방식

출처: OLeary & Ickovies (1995); 이채식 외 (2013).

청소년 문제에 대한 집중과 위험, 위기에 대한 강조는 병리학과 관련 증상에 기초한 결핍과 위험에 대한 생각을 바탕으로 일어난다(Benson, 2003). 이러한 사회적 현상의 얽힘은 결핍-환원주의 패러다임의 현재적 지배에 의해 나타난다. 청소년의 전형적 행동으로서 결핍모델은 긍정적 청소년개발을 부정적 행동이 없는 것이라고 생각하게 만들었다(Pittman & Fleming, 1991).

관리되어야 할 문제로서의 청소년의 특성이나 교정(fixing)이 필요한 존재라는 생각은 청소년이 위험이나 부정적 행동에 참여하도록 만드는 인격이나 성격에서 부족한 부분을 전제하는 결핍-토대적 생각을 반영하고 있다. 결핍적 전제하에서 청소년이 고려해야 할 행위는 청소년이 직면하게 될 불가피한 문제의 실천을 예방하는 것이다. 정치가와 실천가는 문제행동을 감소시키는 행위에 주목한다.

표 2-1 ■ 문제론적 접근과 긍정청소년개발 접근

문제론적 접근	긍정청소년개발
결핍적	능력, 건강성
문제중심적	긍정적 산출물
반응적	순향적(pro-active)
특정 청소년	모든 청소년
서비스 수용자	적극적 참여자
단일문제-단일프로그램	지역사회 반응시스템 변화
전문가 중심	지역사회 구성원
위험청소년에 대한 다른 개입	모든 청소년에게 동일한 긍정지원과 기회
청소년문제예방/처치의 외부공적 제도/시스템	청소년지원시스템(가족, 학교, 이웃, 지역사회)

출처: CNYD (2001); Search Inistitute (2001)을 종합하여 제시

한편, 긍정청소년개발은 청소년의 능력과 건강성을 강조하고 있다. 청소년을 위한 비전은 끈기 있는 과학적 과정을 통해 진화되어 왔다(Lerner, 2004; Lerner et al., 2002). 자신, 가족 및 지역사회의 긍정적 개발을 위한 자원으로서 청소년의 특징에 대한 새로운 개념화는 청소년의 발달과 본능에 대한 반대적 접근이다. 개인과 맥락의 통합, 기초와 응용의 통합 및 긍정적 개발을 위한 잠재력을 가진 청소년은 개발의 관계적 모델에서 정당화된다(Damon, 1998).

긍정적 청소년개발은 특정 대상이 아니라 모든 청소년을 대상으로 하며, 대중보건이나 청소년범죄보다 포괄적이다. 청소년에 대한 잘못된 오해에 대한 동의나 합의보다는 올바른 것에 대해 확인하고 인정하게 된다. 사회적 문제에 대한 동의에 이르는 것은 집중할 가치가 있으며, 정치적으로 복잡하게 이루어진다. 반면에 청소년개발에 대한 광범위한 긍정적 집중은 정치적이며 제도적으로 다른 집단이나 프로그램과 조직단위에 매력적인 개념화를 제공하게 된다. 자산토대적 프레임은 청소년실천가와 지역사회 리더들에게 유용하다. 청소년개발프로그램과 정책의 기획, 사고에 대한 프레임을 이해하기 쉽고 공통된 용어를 통해 제공한다.

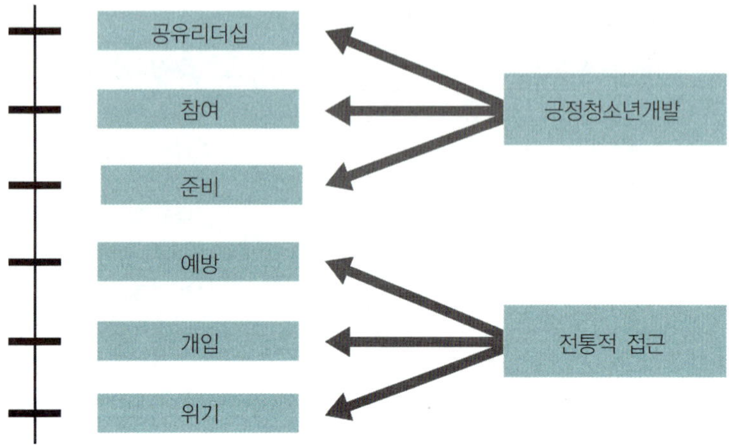

그림 2-2 ■ 전통적 접근과 긍정청소년개발의 접근
출처: Pittman (2005); Dotterweich (2006).

이러한 긍정적 청소년개발은 지역사회가 청소년을 지지하여 발달시기에 맞게 건강하게 자라며 잠재력을 최대한 발휘할 수 있도록 도와주는 일련의 지침을 촉진하는 철학 또는 접근법이다. 긍정적 청소년개발 접근법의 특징은 다음과 같다.

첫째, 긍정적 결과에 주안점을 둔다. 이 접근법은 긍정적이고 건강한 결과를 강조한다. 대부분의 부모는 자녀들에게 보여주고 싶은 긍정적 특성과 행동에 대해 분명한 생각을 가지고 있지만 긍정적 결과가 무엇인지에 대한 명확성은 부족한 상황이다. 바람직한 청소년개발 결과의 예로는 학업, 사회, 직업기술 등의 역량, 자신감, 지역사회, 친구, 가족과의 건강한 관계와 애착, 도덕적이거나 윤리적인 헌신적 성격, 배려와 연민 등을 들 수 있다.

둘째, 청소년의 소리이다. 청소년개발은 적극적인 참여자로서 청소년을 필수적으로 포함시켜야 한다. 그 과정에서 동등한 동반자가 되어야 한다. 청소년 참여는 성인들에게 커다란 도전을 안겨주고 청소년들이 프로그램 개발 및 실행, 계획에 어떻게 참여하는지 재고할 필요가 있다.

셋째, 모든 청소년을 포함시키는 것을 목표로 한다. 청소년개발 전략은 일반적으로 모든 청소년을 대상으로 한다. 모든 청소년을 위해 지지적이고 풍요로운 환경을 조성하면 부정적인 결과가 줄어들 뿐만 아니라 바람직하고 긍정적인 결과로 이어질 것이다. 전문가들은 보편적 접근법과 청소년들이 추가로 직면하는 문제를 겨냥한 접근법을 조화시킬 필요성에 대해 인식하고 있다.

넷째, 청소년의 장기적 참여이다. 청소년개발은 장기적 노력을 가정한다. 활동과 지지 관계에 대한 효과가 나타나려면 오랜 시간이 소요된다. 단기간에 긍정적 결과가 보일 수 있도록 구축될 필요도 있지만, 아래에 언급된 두 가지 지역사회 조직 모델은 15~20년 동안 결과가 측정되지 않을 수도 있다. 청소년개발 전략은 장기적 참여를 위해 청소년 스스로 포용하고 준비해야 한다.

다섯째, 지역사회 참여이다. 청소년개발은 청소년이 성장하고 발전하는 방법에 영향을 미치는 보다 큰 사회 환경의 참여가 중요하다는 것을 강조한다. 여기에는 가족과 친구들뿐만 아니라 그들이 사는 지역사회도 포함된다. 지역사회는 공공부문 및 청소년단체, 학교, 법 집행기관 이상으로 사업, 신앙 및 시민단체, 어떤 단체에도 소속되어 있지 않은 민간인을 포함한다.

여섯째, 협력에 주안점이 있다. 청소년개발을 위해서는 다양한 기관 및 커뮤니티 그룹의 사람들이 함께 작업해야 한다. 협력은 자원과 전문성을 함께 공유함으로써 하나의 공동 목표를 달성하기 위해 연합을 형성하는 공동사회그룹에 보조금 제안서를 작성하기 위해 함께 모이는 기관과 같이 다양한 형태로 표현할 수 있다.

긍정청소년개발을 통해 청소년은 그들 자신이 할 수 있는 최고가 되도록 격려받고, 지지적 돌봄 환경에서 성장할 자격이 있다. 가족, 학교 및 지역사회는 건강하고 활력 있는 청소년에 대한 책임을 공유한다. 학교는 지지적 학습 환경, 긍정적인 동료 및 어른과의 관계에 대한 접근방법, 지역사회와의 연결을 제공할 수 있다. 지역사회는 건강관리, 가족 지원 서비스 및 청소년의 삶을 풍요롭게 하는 건설적인 기회에 대한 접근방법을 제공할 수 있다. 가족은 건강하고 활력 있는 청소년을 위한 토대가 되는 사랑과 보살핌의 가장 중요한 요소를 제공한다.

긍정청소년개발을 통한 활력 있는 청소년의 특징으로 여섯 개의 상호 관련된 기능 영역은 청소년의 발달 진행을 위한 표식을 제공한다. 이러한 영역에는 청소년의 신체적 안녕과 운동발달, 사회적 정서적 발달, 학습 접근방법, 언어 및 읽고 쓰는 기술, 인지 능력이 포함된다. 이러한 기능 영역 내에서 건강하고 활력 있는 청소년들은 연령에 적합한 행동과 발달을 보인다. 장애가 있거나 발달지연이 있는 청소년들은 자신의 능력에 따라 개발하고 성장할 때 건강하게 성장한다. 활력 있는 청소년은 신체적 안녕과 적절한 운동 발달을 보인다. 또한 신체적 기술과 능력을 개발하고 있다. 활력 있는 청소년은 친구들을 사귀고 서로를 만날 수 있는 사회적 역량을 지니고 그룹 활동에서 다른 사람들의 요구와 자신의 요구 사이에 균형을 맞춘다. 다른 사람에게 해를 입히지 않고 좌절감과 분노를 처리하며, 다른 사람의 마음을 끄는 데에서 즐거움을 찾고 다른 아이들과 긴밀한 우정을 쌓는다.

활력 있는 청소년은 자신감과 개인적인 행복을 느낀다. 일반적으로 기분이 좋고, 열정적이고, 많은 다른 것들에 흥미를 가지고 있으며 다른 사람들에게 공감을 표시한다. 그들은 내적 통제력을 통해 나이에 맞는 방식으로 자신의 행동을 조절하고 통제할 수 있는 역량을 갖추고 있다. 활력 있는 청소년은 모든 문화의 아이들이 학습을 극대화할 때 보이는 호기심, 창의력, 학습동기 및 끈기의 중요한 특성을 가지고 있다. 목표를 설정하고 그것을 수행하는 역량을 가지면서 성공할 것이라는 확신을 가진다. 나이에 맞는 언어기술을 사용하여 다른 사람들과 효과적으로 의사소통하고 그들의 생각, 감정 및 경험을 표현한다. 그들은 어른이나 다른 사람들과 생각, 감정 및 개념을 주고받는 것을 즐긴다. 활력 있는 청소년은 관계와 방식들, 원인과 결과를 포함한 기본적인 정보를 이해하고 일상생활에서 문제를 해결할 수 있다(National Educational Goals Panel, 1992; Zero to Three, 1992).

2. 사회변화와 긍정청소년개발의 확대

1) 교육의 변화와 긍정청소년개발

교육은 사회변화에 맞춰 다양한 흐름의 변화를 보여주고 있다. 교육흐름의 변화를 교육 1.0, 교육 2.0, 교육 3.0으로 구분하여 살펴보면 다음과 같다. 교육 1.0은 본질주의적, 행동주의적, 교수자 중심의 교육이다. 교수자의 교육에 따라 학습자들은 자신의 공책에 필기하고, 텍스트를 학습하고, 인쇄물을 작성하게 된다. 학습자는 그 지식을 담는 용기로 간주되며 자신만의 독특한 특징 없이 모두가 똑같이 대해진다. 교육 1.0은 표준화되고 하나로 통일된 교육방식이다. 교육 1.0에서의 교육은 교사가 학생에게 정보를 전달하는 과정이다. 기계적 과정을 지원하기 위해 만들어진 교실과 같은 전통적인 교육 장소에서 학습은 마스터해야 할 일련의 단계처럼 취급된다. 학생이 기계조작법을 배우는 것과 같으며, 어떤 경우에는 학생들 스스로 작업을 수행하도록 프로그래밍된 기계처럼 움직인다. 이러한 기계적인 과정을 수행하는 궁극적인 목적은 효율성이다. 목표는 가능한 한 많이, 가능한 한 빨리 배우는 것이다. 이러한 학습-기반 접근방식에서 표준화는 목표를 달성할 수 있는 합리적인 방법이며, 테스트는 결과를 측정하는 합리적인 방법이다. 목표에 도달하기 위해 필연적으로 거치는 과정은 그 자체로는 별로 중요하지 않은 것으로 간주된다. 과정에 뒤따르는 결과만이 가치 있다는 것이다.

교수적 접근에서 지식은 학습자와 독립적으로 존재하며 교사에 의해 학생에게 전달된다. 교사중심모델은 학생이 교사가 제시한 정보와 지식을 수동적으로 받아들일 것을 요구한다. 이러한 교육적 접근방식은 전 세계의 각급 학교에서 지배적인 교수 학습 모델이다. 인터넷과 관련 기술은 이 모델을 뒷받침했다.

표 2-2 ■ 고등교육의 시대별 특징

구분	교육 1.0	교육 2.0	교육 3.0
학습자	초보자	클라이언트	공동개발자 & 공동연구자
학습	수용	형식, 무형식	평생
지식	전달	사회구성적	열린 맥락적 재발명된 응용
교육	권위적 전문가	촉진, 지지자의 지원	학습디자이너 & 리더
교수	교수→학생	동반적 지지	공동구성 & 창조
졸업	학위취득의	현장실천의 허가	불확실 다양한 경력 준비
교육기술	고정된	신중한 응용된	디지털 모바일
장소	고정적 지속	혼합적, 유연한	어느 장소에서 가능

출처: Salmon, G. (2005).

교육 2.0은 성인교육적(andragogy) 형태이며, 적극적이고 경험적이며 실제적이고 관련이 있으며 사회적으로 네트워크화된 학습 경험의 원리가 수업에 들어 있는 구성적인 교육 방향이라는 특징을 가진다. 많은 교사들은 이 교수자중심의 접근에 불만을 갖고 학습자들을 보다 적극적으로 배우는 과정에 참여시키려는 더 나은 방법을 추구한다. 교사들은 학생들 스스로가 자신의 문제를 공식화하고 해결하도록 동기를 부여받았을 때, 스스로 질문을 던지고 호기심이 생겨 여러 가지 방법으로 정보를 찾고 수집할 때, 정보를 이해하고 그들 자신의 생각을 바꾸기 위해 시간을 투자할 때 더 잘 배울 수 있다는 걸 알고 있다. 이러한 현실화 또는 시선의 변화로 인해 교사는 교실 안팎에서 학생들을 가르치기 위한 새로운 전략을 수립하여 학습자가 학습에 대해 보다 구성주의적으로 접근하도록 할 수 있다. 이 시점에서 교사들은 학습자가 스스로 찾아내고 서로 배우도록 하기 위해 가이드 또는 촉진자로서의 역할을 하게 된다.

교육 2.0은 웹 2.0과 유사하게 콘텐츠와 사용자 간, 그리고 사용자 간 상호 작용을 허용한다. Web 2.0을 사용하면 사용자는 정보 및 콘텐츠에 접근하는 것에서 벗어나 교실 내부 및 외부의 학습 활동에 코멘트를 달고, 리믹스, 공유하거나 공유/재형성을 지원하는 소셜 미디어 플랫폼 등의 기술을 이용해 직접 상호 작용할 수 있다. 사용자가 동기식 및 비동기식으로 서로 직접 통신하거나, 텍스트, 오디오, 비디오, 음악, 사진, 애니메이션 등 다양한 방식으로 콘텐츠를 만들 수 있게 해주는 기술들이 있다. 웹 2.0처럼 교육 2.0은 교사와 학생 간, 학생과 학생 간, 학생과 콘텐츠 간 등의 더 많은 상호 작용을 포함한다. 인적 요인이 학습에 중요한 역할을 하는 교육 2.0은 진보적이고 인본주의적인 토대를 갖추고 있다. 교사와 학생 및 학생과 학생 관계는 학습 과정에서 필수적인 것으로 간주된다. 교육 2.0은 의사소통, 공헌, 공동작업 및 공동창작에 중점을 두고 있으며 구성주의적 원칙을 중심으로 형성된다. 학습 과정은 인지 과정일 뿐만 아니라 사회적, 신체적, 정서적 과정일 수 있다.

교육 3.0은 의사소통과 학습의 새로운 시대에 들어서고 있다. 향상된 연결성은 정보와 지식을 찾고, 사용하고, 개발하고, 배포하고, 새로운 의미와 이해를 창출해 우리의 행동과 습관을 변화시키는 핵심이다. 사회 시대는 새로운 이해를 공동 생성하기 위한 목적으로 관계를 형성해 자신의 관심사, 지식을 공유하고자 하는 개인들을 연결함으로써 지식, 이해, 학습과 관계한 가치를 창출한다. 사회 시대는 웹 2.0 기술로 시작되었지만 점점 더 빠르게 멀리 퍼져 나가는 광대역, 와이파이, 3G+4G 기술로 인해 개인 학습 네트워크 내의 무한한 정보 자원과 개인 지식에 언제 어디서나 연결할 수 있게 되었고, 그 결과 웹 3.0으로 변모하고 있다.

교육 3.0은 가르치고 배우는 데 있어서 보다 실용적이고 연결주의적인 접근방식이다. 교사, 학습자, 네트워크, 연결성(connection), 미디어, 자원, 도구들은 개별 학습자, 교육자부터 사회적 필요까지 충족시킬 수 있는 독특한 실체(entity)를 만든다. 교육 3.0은 각 교육자와 학생의 여정이 독특하고, 개인화되고, 스스로 결정된다는 것을 인정한다. Gerstein은 교육 3.0의 실용적이고 연결주의적인 학습 환경에 대한 유용한 요약을 제공한다. 학생은 학습 결과를 바탕으로 자신이 배우고자 하는 것을 결정하고 자신의 학습 목표를 개발하며, 학습 기본 자료 및 기술을 사용하여 학습 방법을 결정한다. 또한 교육자가 제안한 소셜 네트워킹 툴을 사용하여 자신의 학습 커뮤니티를 구성한다. 이때 어플리케이션을 사용할 수 있는 네트워크로는 페이스북, 트위터, 에드모도, 인스타그램, 블로깅 사이트, 유튜브 및 기타 소셜 네트워크가 있다. 한편 학습환경은 교육자 및 학습 커뮤니티의 다른 회원들의 전문 지식을 활용하여 콘텐츠 관련 리소스를 소개하고, 학생들이 학습 유물을 시연하고 제작하는 데 사용할 수 있는 Web 2.0 및 기타 온라인 도구를 제안한다. 학습자들은 자신들에게 가장 잘 맞는 방법과 수단을 통해 학습한 것을 제시하는데 그러한 방법들로는 모바일 디바이스를 사용, 포토 에세이를 작성, 스크린캐스트, 비디오 제작, 팟캐스트, 그림, 노래, 춤 등이 있다. 교육자 및 동료들로부터 피드백을 얻기 위해 계획하며 그 의견을 활용하는 것은 그들의 선택에 달려 있다.

연결성과 연결주의는 교육 3.0의 기본 개념이다. George Siemens는 이러한 관점에서 연결주의의 특징을 정의했다. 학습과 지식은 다양한 의견에 달려 있으며 학습은 특별화된 노드 또는 정보자원을 연결하는 과정이다. 학습은 인간이 아닌 기기를 통해서도 가능하며 더 많이 알 수 있는 능력이 현재 알고 있는 것보다 중요하다. 지속적으로 학습할 수 있게 하려면 연결을 육성하고 유지해야 하며 의사결정 자체도 학습 과정에 포함된다. 무엇을 배울지, 정보가 무엇을 의미하는지 선택하는 것은 변화하는 현실을 통해 확인할 수 있다.

교육 3.0은 교육 2.0을 기반으로 하며 교육 2.0을 포함한다. 교육 3.0은 학습이 학문적 학습에 대한 공식적인 개념뿐만 아니라 개인적, 사회적, 비공식적이라는 생각을 보다 직접적이고 포괄적으로 포용하고 있다. 교육 3.0은 교육 설계 및 기관에서 기회가 제공되고, 학습자가 공유되는 지식 인공물의 창작자로서 중요한 역할을 수행하며, 소셜 네트워킹과 사회적 이점이 학습에 중요한 역할을 한다. 공간과 시간의 구별과 전문 학습자와 학생 학습자 간의 경계가 희미해짐에 따라 인공물, 사람과 과정의 구분이 흐려졌다. 교육 3.0은 교육 2.0의 의사소통, 공헌, 공동작업 및 공동창작의 4가지 C를 포함하고 있으며 연결, 집단 및 큐레이팅(집단 학습의 산물)의 추가 C를 포함한다. 교육 3.0은 교육 2.0의 구성론적 원칙을 포용하고 새로운 원칙인 연결주의를 추가한다. 학습자는 능동적으로 자신의 학습 생활을 만들어내고 동료를 돕는다.

교육 3.0은 공식적인 교육 기회가 있는 학습자의 관점에서 세계를 보도록 권장하지만, 학습자와 여러 조직, 커뮤니티 및 맥락이 공동으로 만들어낸 훨씬 더 풍부한 학습 경험과 기회를 제공한다. 교육에 대한 이 관점은 자율적이고 자기주도적이며 학생의 학습 환경을 지원해 주는 공식교육의 가능성을 열어준다. 이러한 상황에서 교사의 역할은 코치, 멘토 및 유효성 검사자의 역할로 학습자가 시각화하고 계획하고 기록하고 궁극적으로 그들이 주장하고 입증하는 학습 및 개발에 대한 인식을 얻을 수 있도록 지침과 비평을 제공하는 것이다. 이러한 형태의 지원은 특정 목표와 결과에 대해 학습자의 관심을 집중시키는 정도에 따라 다르며 학습자가 자신의 목표와 업적을 정의하도록 권장한다. 비슷한 과정에 있는 학습자 간의 상호작용을 장려하고 촉진하기 위한 지원도 제공될 수 있다.

2) 다양한 교육의 등장과 긍정청소년개발

형식교육, 공식교육 혹은 정규교육은 체계적이고 조직화된 교육 모델에 해당하며, 주어진 법률 및 규범에 따라 체계화되고 관리되며 목표, 내용 및 방법론에 관해 다소 엄격한 교육과정을 제공한다. 공식교육은 지속적인 교육과정이 특징으로 학교 및 대학에서 일반적으로 채택하는 교육과정이다. 공식교육기관은 행정적 · 물질적이며 교육과정으로 조직되고 학생들은 최소 출석해야 한다. 학생들이 다음 단계로 진급하기 위해서는 중간고사와 기말고사를 포함하여 교사와 학생 모두가 준수해야 하는 프로그램이 있다. 공식교육은 엄격한 규정에 따라 학위와 학위증을 수여한다. 이 방법론은 기본적으로 외부적이며 학생들이 원하는 행동 목표와 거의 관련이 없다. 평가는 관리 목적을 위해 일반적으로 이루어지며 교육과정을 개선하기 위해 사용되는 경우는 흔치 않다. 공식교육은 대개 학생을 자극해 교육과정에 적극적으로 참여하게 할 수 없는 단방향 방법론을 택하며, 대부분의 경우 실패는 학생 책임이다. 정규교육 시스템의 설립은 일반적으로 학생의 수준에서 시험/평가되지 않은 교육 시스템과 관련 있는 학생의 표준, 가치 및 태도와 효능 및 효율성을 고려하지 않는다. 학생이 10명이든 200명이든 비효율적이고 틀에 박힌 동일한 방법론이 채택된다. 정규교육의 경우 대부분의 교사가 가르치는 척하며 학생들은 배우는 척하는 것으로 표현되기도 한다.

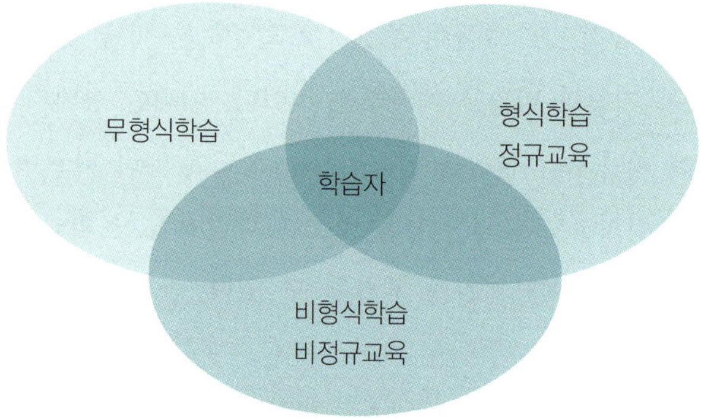

그림 2-3 ■ 형식-무형식-비형식학습의 통합적 학습맥락모델

위에서 볼 수 있듯이 정규교육은 잘 정의된 기능들의 집합을 가지고 있다. 그 중 하나 이상이 제외된 경우 정규교육과정이 비정규교육의 특징을 얻었다고 할 수 있다. 따라서 주어진 교육 시스템이 대부분 발표되지 않는다면 비연속적인 커뮤니케이션, 비공식교육의 특징을 갖게 된다. 비공식교육의 특성은 학생의 출석을 요구하지 않고 교사-학생이 함께 있는 시간을 줄였으며, 대부분의 활동이 교육기관 외부에서 이루어진다. 비형식교육은 유연한 커리큘럼과 방법론이 부여된 교육과정으로 학생의 필요와 관심에 따라 수업을 진행할 수 있다. 교육 시간은 사전에 정해진 요소가 아닌 학생의 작업 속도에 따라 달라지는 것이므로 공식교육과는 일치하지 않

으며, 소위 말하는 비정규교육에 적합하다. 교육과정에서 빠진 공식교육의 특징들에 비례하여 몇 가지 비정규 시스템을 찾는다. 이러한 예비적인 고려는 비정규교육의 기본적 특징을 명확하고 객관적으로 확립해야 할 필요성을 강조한다. 공식교육과 비공식교육의 함축적이고도 정확한 차이를 알기 위해서는 교육을 체계적이고 전체론적인 시각에서 볼 수 있어야 할 것이다. 비공식교육은 학생 개개인의 필요를 충족시킨다는 면에서 더 나은 것으로 보인다. 비공식교육의 주요 특징에 대한 체계적인 분석은 형식학교 교육에서부터 다양하게 진행되고 있으며, 학생들은 자신과 세상에 대해 더 깊이 이해하기 위해 필요한 정보를 얻고자 하는 것으로 보인다. 학교에서 제공하는 교육이 학생의 삶에 가치가 없고 일상적인 문제를 해결할 수 있도록 준비하게 해주지 못한다면 학생들은 그냥 사라지거나 아무리 잘 해도 다시 새로 만들어질 뿐인 프로그램에 참여하는 것을 거부할 것이다. 비정규교육은 학생에게 관심을 두고 있기에 교사에 의해 기획된 내용이나 절차에 관한 유연성을 갖고 있다.

무형식학습 또는 무형식교육은 비정규교육에서 상당히 다양하게 적용되고 있지만 특정 경우에는 두 교육방식과 긴밀한 관계를 유지할 수 있다. 무형식학습은 교육의 체계적이고 계획적인 견해와 일치하지 않는다. 이와 달리 비공식교육은 전통적 커리큘럼에 일반적으로 포함되는 목표 및 과목을 반드시 포함하지는 않는다. 일반적으로 수행하는 활동을 통제하지 않기 때문에 비공식교육은 학위 또는 학위 수여와 관련이 없다. 공식교육과 비공식교육을 보충하기만 하면 된다. 무형식교육 활동들의 체계화 정도가 높을수록 비정규교육에 가까워짐을 쉽게 알 수 있다. 이것은 무형식교육의 비정규교육으로의 전환 가능성을 제시하는 것인 만큼 유의미한 사실이다. 한편 교육적 행동이 정규적, 비정규적, 비공식적인 것 중 어느 것에 속하는지의 여부를 일반적으로 주장할 수 없을 수도 있다. 예를 들면 학업과 관련 없이 과학박물관을 방문하는 것은 학생의 개인적이고 자발적인 결정에서 비롯된 무형식교육의 한 사례일 수 있다. 그러한 방문이 커리큘럼의 일부이며, 학생들에게 보고서를 요구하고 교사의 평가를 포함하는 것이라면 정규 또는 비정규교육과 관련된 활동이 될 것이다.

3) 교수관점에서 학습자관점으로 전환

교실 관리는 물리적 환경의 구성, 규칙 및 루틴의 수립, 효과적인 관계 향상, 그리고 잘못된 행동에 대한 예방 및 대응을 포함하는 다각적인 개념이다. 일부 연구자는 교사중심에서 벗어나 학생중심으로 교실 관리 원칙과 관행을 보는 것이 도움이 된다고 제안한다. 한쪽 끝에는 교육자(교사중심)가 있고 다른 쪽에는 인본주의적 교육자(학생 중심)가 있다. 연속체의 양 극단은 다음과 같은 방식으로 기술할 수 있다. 교육자는 처벌을 통한 제재, 도덕적 인식, 학생들과의 비인격인 관계, 일반적인 불신의 태도 및 질서 유지에 중점을 두어 고도로 통제할 것이다. 보다 인본주의적인 성향을 가진 교육자는 적극적인 상호 작용과 의사소통, 학생들과의 친밀한 관계, 상호 존중, 긍정적인 태도, 규칙의 유연성, 학생의 자기 계발, 자기 결정 및 독립성을 유지하는 교실 분위기를 유지할 것이다(Willow, Eidell, & Hoy, 1967) 교사중심/학생 중심의 교실 관리가 연속체의 양 극단으로 보일 수는 있지만 교사가 순수한 형태로 교실 관리에 교사중심 또는 학생 중심의 접근방식을 구현하는 것은 거의 불가능하다. 그럼에도 불구하고 이것은 교실 관리의 주방향을 조사하는 유용한 방법이다.

교사중심의 교실에서는 제어가 가장 중요하며 권한은 피라미드 형태로 존재한다(Dollard & Christensen, 1996). 교사중심의 사고방식은 능동적인 학습자가 주도적인 태도를 취하는 것이 좋다고 말한다. 교사가 학생들을 통제할 수 있도록 강의, 안내된 토의, 시연, 실험과 같이 교사에게 초점을 맞추는 학습 방법이 자주 사용된다(Edwards, 2004). 이러한 형식의 수업은 교사가 교실 앞에 서서 모든 학생들이 동일한 과제를 수행하도록 하는 데 도움이 된다. 마찬가지로 교실의 물리적 디자인은 대부분 교사에게 초점을 맞추고 그 초점을 방해하는 학생의 활동을 제한한다. 모든 책상이 선생님과 마주하도록 앞을 보는 것처럼 공간이 구성되는 경우가 대부분이다. 또한 교사는 시스템을 학생과 함께 만들어 나가기보다는 의무적이고 명확하게 정의된 규칙 및 처벌 체계를 통해 통제권을 행사한다. 일반적으로 교사는 학교에 나온 첫 며칠 동안 정돈된 교실을 만들기 위해 필요한 규칙을 확인하고, 규칙을 알리기 위해 따로 시간을 투자한다. 학생들이 바람직하지 않은 행동을 보일 때 교사중심의 접근방식을 지지하는 사람들은 견책이나 특별한 특권의 상실과 같은 처벌을 이용한다. 마지막으로, 교사중심의 교실에서는 교사가 학생의 행동에 영향을 주기 위해 외재적 동기에 의존한다. 여기에서 수행해야 하는 과제의 완료는 사회적 보상, 활동 보상(자유시간, 컴퓨터 사용 시간 등) 및 유형의 보상(캔디, 스티커 등)과 같은 보상을 얻기 위한 전제 조건으로 간주된다.

한편 구성주의적 관점의 교사는 주로 아동이 문제와 쟁점을 다루고, 문제의 표면 아래까지 탐색하고, 가능한 다양한 해결방법이나 설명을 시도하고, 마지막으로 자신만의 의미를 구성하는 데 관심이 있다. 이러한 교사의 교수법, 전략에는 성찰적 사고, 탐구 토론, 역할 연기, 시연, 프로젝트 및 시뮬레이션 게임 등이 포함된다. 학생에게 권한을 부여하고 책임 의식을 강화하는 것이기 때문에 학생 중심의 교실 운영을 지지하는 사람들은 계층적 권력 구조와 제어를 포기할 것을 제안한다. 교사가 학생들과 자신의 권한을 공유할 수 있는 한 가지 방법은 교실 규칙을 생성할 때 학생의 참여를 유도하는 것이다. 학생들에게 출석이나 달력을 바꾸거나, 학급 애완동물을 돌보는 것과 같은 교실의 공동 과제를 분담하게 함으로써 책임을 분담하게 하는 것이다. 학생들은 화장실 사용시간을 결정하고 연필을 깎고 쓰레기를 버리는 자율권을 부여받을 수 있다. 긍정적인 학생-교사 관계는 통제의 필요성을 줄이고 교실에서의 모든 상호 작용의 토대가 되기 때문에 대인 관계의 발전은 학생 중심 접근법의 필수적 요소이다.

청소년 중심의 환경에서도 행동 문제가 발생할 수 있다. 이러한 상황이 발생하면 학생 중심의 교사는 학생들이 갈등해결 및 동료 중재 프로그램을 통해 자신의 행동을 규제하는 데 있어 책임감을 갖도록 한다. I-메시지, 교실 회의 및 커뮤니티 구축 활동과 같은 다양한 전략을 통해 학생들의 사회적 기술 개발에 중점을 둔다. 교실 관리에 대한 학생 중심의 접근방식을 지지하는 사람들은 교사가 학생의 동기 부여에 불리한 영향을 줄 수 있고, 교사에 대한 의존도를 높이며, 교사의 의지가 아니라 보상을 위해 적절한 행동을 장려하기 때문에 외부 보상의 사용을 최소화할 것을 제안한다. 대신에 교사가 학생들의 흥미를 높이고 학업 활동의 도구적 가치에 주의를 기울이고 게임과 같은 특징을 통합하고 자치권을 행사하고 선택을 할 수 있다.

표 2-3 ▪ 교수관점과 학습관점의 비교

구분	교수관점	학습관점
임무/ 목적	교수의 제공 교수자로부터 학습자에게 지식전달 교수의 질 향상	학습제공 지식의 구조와 탐구적 발견 학습 질의 향상
성공기준	투입, 요소 진입학습자의 질 교육과정, 확장 자원의 양과 질 교수자의 질, 교수	학습과 학습자 성공의 산출물 존재하는 학습자의 질 학습기술개발 성과의 양과 질 학습자의 질, 학습
교수/ 학습구조	개별적/원자론적 지속적인 시간, 학습자의 변화 교재 이해 학기 평가 평점은 누적된 시간에 비례	전체론적 지속적인 학습, 시간의 변화 특정학습결과 전기-과정-후기 평가 평점은 구현된 지식과 기술에 비례
학습이론	지식은 외부에 존재 교수자가 제공, 학습자 획득 학습은 누적적이며 선형적 학습은 교수집중과 통제의 교실과 학습은 개별적, 경쟁적 재능과 능력이 적음	지식은 학습자에게 존재, 개인적 경험 지식은 구성적이며 창조적 학습은 틀의 상호작용과 중첩 학습은 교수집중과 통제 학습환경과 학습은 협동, 협력, 지원적 재능과 능력이 풍부함

출처: Barr & Tagg (1995).

3. 긍정개발적 접근의 청소년지도

긍정청소년개발의 주요 영역으로는 신체적, 정신적 안전과 보완, 발달적으로 적절한 구조, 명확한 기대감, 의사결정 및 리더십 역할 수행 기회의 증가, 정서적 및 도덕적 지원, 지지적인 어른과의 관계를 경험할 수 있는 기회, 건강한 행동을 지지하고 강화하는 동료들과 친밀하고 강한 인간관계를 형성하는 법을 배울 수 있는 기회, 소속감과 가치를 느낄 수 있는 기회, 긍정적인 사회적 가치와 규범을 발달시킬 수 있는 기회, 기술 습득 및 숙달의 기회, 자신의 환경을 습득할 수 있는 자신감을 발달시킬 수 있는 기회, 문제의식을 개발하고 지역사회에 기여하도록 할 수 있는 기회, 가족・학교 및 광범위한 지역사회 자원 간의 강력한 연결 고리 등이 해당한다.

청소년지도자의 효과적인 지도방법의 원리는 다음과 같다.

첫째, 청소년지도자의 효과적인 지도방법은 일반적인 교육적 접근과 특정한 교수적 실천이라는 맥락하에 이루어진다. 효과적인 지도는 여러 방법을 절충하게 된다. 전문적인 지도방법은 하나의 방법에 의해 이루어진다는 생각에서 벗어나는 것이 중요하다. 청소년지도자는 안전한 가운데 모험시도적(risk-taking) 환경에서 지도방법의 적용 범위를 확대하도록 해야 한다.

둘째, 효과적인 지도방법은 청소년학습자의 학습경험의 성취와 직접적으로 연결되어 있다. 효과적인 지도는 학습자의 성취적인 학습경험을 위한 청소년지도자의 좋은 프로그램 개발과 뛰어난 지도를 통해 일어나게 된다. 청소년지도자와 학습자 간의 상호적이며 긍정적인 관계는 효과적인 지도에 필수 요소이다. 청소년지도의 교수-학습과정에 있어 청소년학습자는 적극적인 참여자로 설정된다.

셋째, 효과적인 청소년지도는 지도행위의 전문적인 실천으로써 권한보장(empowered)이 되어야 한다. 활동상황에서 청소년지도자의 지도적 판단이나 결정은 지지되고 이를 길러가야 하며, 청소년지도자는 다양한 청소년의 요구를 반영한 청소년지도의 적용에 필요한 유연성을 갖도록 해야 한다.

넷째, 청소년지도는 핵심적인 프로그램의 요소들을 통합적으로 이해해야 한다. 지도방법의 결정에 있어 청소년지도자는 특정프로그램의 주요 내용, 관점 및 절차들을 고려하도록 해야 한다. 그리고 청소년지도자는 개별적인 청소년학습자의 학습요구에 맞는 지도방법의 적용을 고려하는 결정이 이루어질 필요가 있다.

다섯째, 효과적인 청소년지도는 생산적이며 역동적이다. 여러 변화의 요소들은 청소년지도의 의사결정에 영향을 미치게 된다. 청소년지도자는 다양한 범위의 실천적 지식과 이론적 지식, 학습과정에서의 적극적인 참여자로서 청소년의 설정 등에 기초하여 보다 확대된 지도방법으로 실천해 가야 한다.

여섯째, 청소년지도자는 청소년지도를 과학이며 예술로써 인식하도록 해야 한다. 효과적인 청소년지도는 예술과 과학의 혼합으로 이루어진다. 과거에 지배적이었던 과학적 교수는 여러 예술적인 요소와 균형을 이룸으로써 보다 성공적인 청소년지도를 실천할 수 있다.

일곱째, 효과적인 청소년지도는 교수체계의 종합적인 이해가 있어야 한다. 청소년지도자는 개별적인 학습자를 관찰하고 면담을 통해 청소년의 요구, 관심 및 강점을 평가하게 된다. 이어 청소년지도자는 청소년의 학습능력과 학습유형을 고려하여 청소년에게 필요한 교수방법을 결정하여 제공하며, 청소년의 성장과 이해를 평가하게 된다. 이러한 교수체계는 청소년지도자의 자기성찰(self-reflection)과 청소년지도자와 청소년 간의 면담을 포함하여 이루어진다.

여덟째, 효과적인 청소년지도는 청소년지도자 자신의 전문적인 실천의 개발, 적용 및 개선 간의 종합적인 과정이다. 청소년지도는 전문성 개발에 관한 지속적이며 체계화된 관심을 통해 보다 향상될 수 있다. 청소년지도자는 자신의 동료지도자 및 상급지도자와의 공동작업을 통해 전문성 개발에 참여함으로써 지도 실천을 향상하게 된다. 이러한 전문성 개발 프로그램들은 청소년지도자의 개별적인 성찰을 포함해야 한다.

표 2-4 ■ 긍정청소년개발 영역과 구현방법

긍정청소년개발 영역	구현방법
신체적, 정신적 안전과 보완	• 학교에 프로그램을 설치 • 지역 경찰과 협력 • 샤프롱/셔틀 밴 제공 • 동료 간의 행동 강령 개발
발달적으로 적절한 구조, 명확한 기대감, 의사결정 및 리더십 역할 수행 기회의 증가	• 서면 규칙 작성/규칙핸드북 제작 • 계획 활동에 팀 개념 사용 • 청소년 위원회 구성 • 청소년이 프로그램을 평가할 수 있도록 허용
정서적 및 도덕적 지원	• 듣고, 듣고, 들어라 • 작은 성과에도 보상 • 청소년의 다른 활동에 관심을 가지기 • 나이 많은 아동에게 나이 어린 아동들을 가르쳐달라고 요청
지지적인 어른과의 관계를 경험할 수 있는 기회	• 성인-청소년의 시간을 매일 프로그래밍 하기 • 모든 구성원이 상호 작용하도록 독려하기 • 동료안전지대 밖에서 아이들 데려오기 • 소그룹 활동 개발
건강한 행동을 지지하고 강화하는 동료들과 친밀하고 강한 인간관계를 형성하는 법을 배울 수 있는 기회	• 팀워크 활동 수행 • 청소년에게 계획 및 수행 활동을 요청 • 갈등해결 훈련 • 긴밀한 신뢰 관계 모델
소속감과 가치를 느낄 수 있는 기회	• 프로그램 로고가 있는 티셔츠 등 나눠주기 • 나이 많은 아동에게 나이 어린 아동들을 가르쳐달라고 요청하기 • 청소년이 받은 것을 프로그램에 다시 기여해 줄 것을 요청하기 • 졸업생 모임, 열린 문 정책 유지
긍정적인 사회적 가치와 규범을 발달시킬 수 있는 기회	• 훌륭한 역할 모델과의 의미 있는 토론 시간 제공 • 동료 간 갈등해결 훈련 • 정체기 예방 워크숍/역할극
기술습득 및 숙달의 기회	• 실천으로써 학습을 촉진 • 여러 분야에서 고급 기술을 제공하는 그룹과의 협력 • 실수로부터 배울 수 있는 기회 제공

자신의 환경을 습득할 수 있는 자신감을 발달시키는 기회	• 적절한 기대감 유지 • 목표를 작은 단계로 세분화 • 자신만의 도전에 대해 이야기 • 실패에 대해 두려워하지 않기
문제의식을 개발하고 지역사회에 기여하도록 할 수 있는 기회	• 지역사회 개선에 대한 결정을 내릴 수 있도록 함 • 자원봉사 기회 제공 • 청소년에게 지역사회지도를 작성하도록 의뢰
가족, 학교, 광범위한 지역사회 자원 간의 강력한 연결 고리	• 프로그램 결정에 학부모 포함 • 모든 청소년이 하는 일에 관심 • 다른 지역 단체와 협력 • 정책 입안자와 협력

03

chapter

청소년 참여와 파트너십의 활동지도

1. 참여의 개념과 목적
2. 청소년활동 현장에서의 청소년 참여의 중요성
3. 청소년 참여의 영역과 유형
4. 청소년-성인 파트너십과 활동지도
5. 청소년 참여와 파트너십을 위한 지도자의 역할

03 청소년 참여와 파트너십의 활동지도

청소년 참여는 국가 청소년정책의 핵심 이념으로 자리 잡고 있을 뿐만 아니라 정책과 제도에서 보장하고 있는 것이기도 하다. 예컨대, 「청소년기본법」에서는 국가가 주관하여 매년 청소년과 전문가가 참여하는 청소년특별회의를 개최하여 청소년육성 정책과제를 설정·추진하고 점검하도록 하고 있다. 「청소년활동진흥법」에서는 청소년수련시설마다 청소년운영위원회를 설치하여 청소년시설 운영에 청소년이 참여할 수 있도록 하고 있다. 이에 따라서 청소년분야에서 청소년 참여의 당위성에 대한 공감대가 형성되고, 현장에서 사명감을 갖고 청소년 참여 활동을 전개하는 지도자와 청소년들도 많아지고 있다.

또한, 청소년활동 현장에서의 청소년 참여는 최근에 나타난 새로운 개념이 아니라 오래전부터 있었던 프로그램 개발과 운영의 기본 원리에 해당되는 것이다. 즉 청소년활동의 주체 또는 프로그램의 수요자인 청소년들의 요구에 부합하는 프로그램을 개발하고, 청소년들의 특성에 맞게 프로그램을 운영하고, 참여 청소년들의 의견을 통하여 프로그램의 성과와 문제점을 파악하고 개선대책을 마련하기 위해서는 청소년활동의 기획과 운영 및 평가의 전반적인 과정에 청소년들이 참여하는 것이 지극히 당연하고 자연스러운 것이었다(김정주, 2015).

1. 참여의 개념과 목적

참여(participation)의 개념은 두 가지로 해석된다. 일반적으로 어떤 활동에 단지 '참가하는 것'을 의미하거나 임파워먼트(empowerment)의 한 형태로서 '의사결정에 진짜 참여하는 것'을 의미할 수 있다. 청소년 참여 논의의 주요 관심은 두 번째 정의에 있지만, 첫 번째도 쉬운 일이 아니다. 예컨대 장애 청소년들의 경우에는 일상적 활동에도 참가하기가 어렵기 때문이다(McNeish & Newman, 2002).

이렇게 보면 청소년 참여는 대체적으로 의사결정 권한을 청소년과 성인이 함께 공유하자는 의미로 정리된다. 이러한 관점에서는 청소년 참여의 개념을 "청소년과 성인의 파트너십 형성"으로 정의하기도 한다. 파트너십의 형성이란 동등한 관계에서 함께 일하고 권한을 공유하는 것이 전제되므로 청소년과 성인이 동등한 지위와 권한을 갖고 함께 일하자는 의미로 해석된다. 그러나 현실에서 청소년 참여가 의사결정을 공유하는 단계 또는 청소년과 지도자와의 파트너십 형성의 단계로 발전하기에는 장애요인이 많은 것이 사실이다.

여기에서는 청소년 참여를 청소년들이 자신들의 삶과 지역공동체, 넓게는 사회생활에 영향을 끼치는 결정에 참여하는 의미로 정의하기로 한다. 따라서 단순히 일반적 활동에 참가하거나, 행사에 동원되는 것은 실질적 의미의 참여로 볼 수 없다. 실제로 이러한 것이 실질적 참여로 잘못 이해될 때 명목주의가 일어날 수 있으며, 그러한 혼동이 정책과 실제에서 참여의 개념에 대한 오해를 불러일으키고 있다(McNeish, 1999).

청소년 참여의 목적과 이유에 대해서는 다양한 논의가 있다. Sinclair와 Franklin(2000)은 참여의 목적을 ① 인권을 지키고, ② 법적 책임감을 완수하며, ③ 서비스를 개선시키고, ④ 의사결정을 개선시키기 위해, ⑤ 민주주의를 증대하며, ⑥ 아동보호 증진과, ⑦ 아동 청소년의 기술 향상, 그리고 ⑧ 자기존중감을 높이기 위해서 등 8가지로 제시한 바 있다. MacNaughton, Hughes, Smith(2007)는 성인들이 의사결정과정에 청소년을 참여시키는 이유는 일반적으로 윤리적 이유, 탁월성의 이유, 실용성의 이유 등의 3가지 중 하나 이상과 관련된다고 지적하고 있다. 첫째, 청소년을 의사결정에 포함시키는 결정은 청소년들이 자문협의를 받을 권리와 자신들에게 영향을 끼치는 결정에 참여할 권리를 갖는다는 윤리적 신념을 표현한다. 둘째, 청소년을 프로그램에 참여시키는 일은 그들의 욕구와 원하는 바를 충족할 가능성을 증대시킨다는 점에서 탁월성의 이유를 갖는다. 셋째, 실용적 이유는 청소년은 자신들이 참여한 정책을 더 많이 지지할 것이란 점과 관련된다.

Hart(1997)는 청소년들이 참여하는 기술이나 책임감에 대한 경험 없이 성인연령이 되어 갑자기 책임감 있고 참여하는 성인이 되기를 기대하는 것은 비현실적이라고 본다. 청소년 참여를 통해서 청소년이 성장·발달하고 더 나아가서 능동적으로 자신의 생활환경을 개선하는 데 참여하여 지역사회 전체를 활성화하는 촉매가 될 수 있다는 점을 강조한다.

참여는 또한 청소년의 삶의 질을 높이고, 권한 부여를 가능하게 하고, 정신적·사회적 복리를 격려한다(Thomas, 2007). Matthews(2003)는 시민성을 위한 교육, 청소년을 사회에 적응시키고, 청소년들의 성인에 대한 신분을 강화한다는 등의 3가지 측면에서 청소년 참여의 목적을 구분한다. 이들은 각각 참여가 모든 민주주의 사회에서 삶의 질을 높이는 필수적이며 도덕적인 요소라는 점, 임파워먼트를 가능하게 하고, 배제하지 않고 포함하는 느낌을 제공한다는 점과 관련된다고 지적한다.

2. 청소년활동 현장에서의 청소년 참여의 중요성

청소년의 참여는 최근 등장한 이야기는 아니다. 실제로 청소년이 자신의 학교교육이나 지역공동체에 참여하는 것을 중단한 적이 없었다. 가족생활을 통해서는 물론, 학교생활, 동료 간 그리고 지역공동체의 다른 사람과의 일상의 활동 등을 통해 항상 참여의 주제와 마주쳐왔다. 주변 환경과의 지속적인 관계 속에서 나름대로 변화에 영향을 미치고, 자신의 견해를 표현해왔다. 그러나 그러한 참여를 형식화하는 것, 성인의 역할과 제도적 구조, 그러한 참여에 대한 대중의 인정 등은 시간에 따라 각기 다르게 나타났다. 여기에서는 청소년활동 현장에서의 청소년 참여의 의의와 청소년활동에서의 청소년 참여와 관련한 동향을 고찰하기로 한다.

우선, 청소년활동에서 청소년 참여의 중요성은 크게 두 가지 측면에서 검토해 볼 수 있다. 이는 청소년 참여가 프로그램 개발 및 운영의 기본 원리로서 당연시되는 측면과 최근의 청소년문화의 변화에 따라 청소년 참여가 더욱 강조되고 있는 측면이다.

첫째, 청소년활동의 개발 및 운영의 기본 원리로서 청소년 참여를 당연하게 고려할 필요가 있다. 청소년활동은 활동의 주체인 청소년들의 요구와 흥미에 맞는 프로그램을 개발하고 청소년들이 활동주체가 되는 방식으로 운영되어야 한다. 청소년은 활동의 주체로서 또는 프로그램의 대상자로서 기획, 운영, 평가의 전반적인 과정에 참여함으로써 프로그램의 효과성과 효율성을 높일 수 있다. 따라서 청소년활동의 기획에서부터 최종 평가에 이르는 전 과정에 청소년 참여는 지극히 당연한 원리이다.

둘째, 청소년문화가 성인들의 지도나 교육을 수동적으로 따르기보다는 청소년 스스로의 참여를 통해 변화를 만들어 문화로 진화해가고 있다는 점이다. 최근 2016년도의 대통령 하야 요구 시국집회에서의 청소년 참여활동을 비롯하여, 2002년 월드컵 응원문화와 2008년도의 광우병쇠고기 수입반대 운동의 과정에서 나타난

바와 같이, 청소년문화의 특징은 청소년의 자발적이고 주체적인 참여라고 볼 수 있다. 청소년들의 선택의 기준도 '옳고 그름'보다는 '좋음과 싫음'으로 바뀌어가고 있다. 그리고 하기 싫은 것은 거부하지만, 스스로 원해서 하고 싶은 것은 매우 적극적으로 참여하는 양상이 확산되고 있다. 이러한 청소년문화의 변화는 청소년활동의 개발과 운영의 전반적인 과정에서 변화를 요구하고 있는데, 활동 현장에서의 프로그램이 성인들에 의해 기획되고 일방적으로 주어지는 것보다는 청소년 스스로의 참여를 기반으로 청소년지도자들의 전문성과 청소년들의 자발성이 화학적으로 결합하여 운영되는 활동이 요청되고 있는 것이다. 즉, 청소년시설 운영은 물론 청소년프로그램의 기획과 운영에서 청소년의 주체적 참여가 더욱 중요해지고 있다.

3. 청소년 참여의 영역과 유형

1) 청소년 참여의 영역과 청소년의 역할

청소년 참여의 영역은 청소년이 무엇(in what)에 참여하는가에 관한 것이다. 청소년발달에 영향을 주는 환경(context)이 곧 청소년 참여의 영역으로 볼 수 있다. 그러나 청소년 참여에 대한 이해를 위해 세부적으로 구분하면, 기준에 따라서 청소년 참여의 영역은 매우 다양하게 제시될 수 있다.

제도적(institution)인 측면에서 청소년 참여의 영역을 구분하면 가족, 근린지역사회, 지역사회, 학교, 경제, 정치적 과정, 대중매체, 지역사회개발, 정부, 복지서비스, 문화 등 다양한 형태로 구분할 수 있다. 또한 문제(issue) 중심으로 구분하면 교육문제, 환경문제, 보건문제 등과 같이 구분할 수도 있다.

한편 청소년 참여에 대한 인식이 부족하고 참여활동이 미흡한 우리나라에서는 청소년 참여를 활성화시켜야 할 정책적 필요성이 매우 크다. 이러한 필요성에 따른 청소년 참여의 주요 정책영역은 또래중심의 참여, 지역중심 참여, 정책과정 참여, 단체자율 참여, 사이버 참여 등으로 구분할 수 있다(천정웅, 1998).

또래중심의 참여는 청소년들이 또래집단에 참여하여 흥미와 관념을 개발하고 친밀한 또래관계를 형성하는 능력을 개발하고 부모에 대한 심리적 의존심을 버리는 데 도움이 된다. 이러한 형태로 또래중심의 자생적인 동아리활동이나 또래상담, 또래중심의 자율법정활동 등과 같은 또래 간의 상호작용에 기반을 두는 활동을 들 수 있다. 그러나 중요성에도 불구하고 또래중심활동은 특별한 지원이나 협력 없이는 이루어지기 어렵다.

지역중심 참여는 청소년들의 생활거점이며 관습과 태도, 가치관을 길러주는 실천적 현장인 지역사회에 참여하는 것을 말한다. 청소년 참여를 보는 관점은 청소년이 더 이상 성인으로부터 보호받아야 하는 존재가 아니라 지역사회 발전을 위해 기여할 수 있는 능력을 갖고 있으며, 또한 기여해야 하는 책임이 있는 사회구성원으로 인식한다. 지역사회를 중심으로 한 청소년 참여는 주로 자원봉사활동이나 지역사회 문제해결을 위한 참여활동을 들 수 있다.

정책과정 참여는 청소년들이 지역사회나 국가의 청소년정책이나 행정과정에 개입하고 영향을 미치고자 하는 활동을 말한다. 청소년 참여의 개념에서 보듯이 가장 중요하고 원천적인 청소년 참여활동의 영역이 된다. 위원회 참여, 시책모니터단 등과 같은 다양한 형태가 가능하지만, 정책참여에서 중요한 것은 청소년들이 의사결정권한을 어느 정도 갖는가 하는 점이다. 청소년들이 의사결정권한을 실질적으로 갖지 못한다면, 청소년 참여에서 가장 우려되는 형태인 명목참여(tokenism)가 될 가능성이 매우 많다.

단체자율 참여는 청소년단체나 청소년시설 등 조직적·집단적 활동에 참여하는 경우이다. 이러한 활동에서 청소년들이 단순한 프로그램의 수혜자가 아니라 프로그램의 기획·운영 등의 의사결정과정에 참여하거나 자율적인 활동을 기획운영하는 것을 의미한다. 그동안 시설중심 또는 성인중심의 일방적인 프로그램 제공과 대집단 단위 청소년의 수동적인 참여로 일반화된 수련활동 양식을 소집단, 청소년중심으로 변화시켜야 하는 청소년정책의 과제를 부여하는 것이다,

사이버 참여활동은 사이버공간이 정보화사회의 중요한 의사소통수단으로 대두되고 있고, 청소년들은 그 주역으로 부각되고 있는 현실을 바탕으로 하여, 청소년들이 사이버공간을 통하여 참여하는 것을 말한다. 예를 들어 청소년정책에 관한 의견을 제시하거나 청소년의 주요 관심사에 대한 토론의 공간을 마련하는 등 다양한 사이버공간 중심의 참여활동이 가능하다.

이러한 청소년 참여의 영역에서 청소년들이 실제적으로 담당할 수 있는 역할은 매우 다양하게 나타난다. 그중 중요한 것으로 의사결정자, 기획자, 상담자, 교육자, 모니터 및 평가자, 옹호자 등으로 구분할 수 있다.

의사결정자(decision-makers)로서 역할은 청소년이 정책과정이나 프로그램 수준의 활동에 참여하여 의사결정 권한을 행사하는 것을 말한다. 청소년들이 의사결정자로서 참여하는 경우는 위원회의 구성원으로서 성인들과 동등한 투표권을 행사하거나, 청소년들로 구성된 자생적 조직에서 의사결정을 하는 경우에 의사결정자로서 역할을 수행한 것으로 볼 수 있다. 현실적으로 청소년들이 전적으로 의사결정 권한을 갖는다는 것은 매우 드문 일이기는 하지만, 의사결정과정에 어느 정도 관여하는가 또는 의사결정 권한을 어느 정도 소유하는가 등이 청소년 참여의 정도를 파악하는 준거가 된다는 점에서 매우 중요한 의의를 갖는다.

기획자(planner)자로서의 역할은 청소년들이 자신이나 또래를 위하여 고안된 프로그램의 활동을 기획하는 것을 지원하는 것을 말한다. 청소년들이 성인과 함께 기획활동에 참가하여 청소년들의 의견, 아이디어를 제시하고 반영하는 경우이다. 청소년들이 기획자로서 참여하는 경우 청소년들의 요구와 흥미, 관심을 반영할 수 있고, 동시에 참여한 청소년의 주인의식을 개발할 수 있다.

상담자(counsellor) 또는 또래지원자(peer to peer support)로서 역할은 청소년들이

상담자로서 훈련을 받고 또래들의 약물남용이나 알코올, 성문제, 부모자녀관계, 또래압력, 학교에서의 문제, 기타 분노나 우울의 원인에 대해 이야기를 듣고 조언(listen and advise)을 하는 역할을 수행하는 것이다. 이러한 또래상담자는 문제를 상담하는데 있어서 또래들로부터 성인보다 더 깊은 신뢰관계를 형성하기도 한다.

교육자(educators)로서 역할은 청소년들이 자기보다 어린 청소년들을 위한 멘토(mentor: 후원자)가 되거나 성인들을 위한 교육활동에 참여하는 것을 볼 수 있다. 예를 들어 청소년들이 자기보다 어린 청소년들의 학습을 도와주거나, 문맹 성인을 위한 교육활동, 컴퓨터 활용교육 등에 교육자로서 참여하는 것을 말한다.

모니터 및 평가자(monitor and evaluator)로서의 역할은 청소년들이 현재 운영 중인 정책이나 프로그램의 목적과 활동에 대한 평가와 모니터를 지원하는 경우이다. 이러한 평가자로서의 활동은 기획과정에 참여하는 경우에 더 잘 나타난다고 볼 수 있는데, 우리나라의 경우 구정평가단과 같은 것을 들 수 있다.

옹호자(advocates)로서의 역할은 청소년이 자신들의 권리를 주장하거나 시급한 사회적 문제에 대한 실천을 요구하는 것을 말한다. 청소년들이 공공집회 및 캠페인, 정책보고서나 공공토론 등을 통하여 결집된 청소년 자신들의 요구를 주장하거나 지역사회의 문제 등에 대하여 주장을 전개하는 것이다.

이외에도 청소년들이 구체적인 업무를 위임받아 수행하는 업무담당자(administrators)로서의 역할이나 소득을 올리는 소득원(income generator)으로서의 역할 등 다양한 형태로 기여할 수 있다.

2) 청소년 참여의 유형

Checkoway(1998)는 지역사회에서 청소년 참여 유형을 〈표 3-1〉과 같이 청소년운동집단, 청소년개발기관, 근린지역사회중심 청소년사업, 근린지역사회 개발조직, 시민운동집단 등으로 구분하였다.

표 3-1 ■ 지역사회에서 청소년 참여의 유형

구 분	자생적 청소년조직	청소년 개발기관	근린지역사회 중심 청소년사업	근린지역사회 개발조직	시민운동집단
1. 지역사회 운동의 목적	사회변화를 위해 청소년에게 권한 부여	청소년의 긍정적인 발달 촉진	청소년개발과 지역사회개발을 동시에 추진	지역 내에서 주택공급, 경제적·물리적 개발,	사회변화를 위해 시민들에게 권한부여
2. 지역사회의 구조와 문제상황에 대한 가정	청소년이 다른 집단에 비하여 활동 중인 조직이나 정치적 자원이 적음	지원체계의 부족, 사회적, 경제적 문제	부적절한 고용과 교육, 물리적·사회적 요구의 충족 미흡	근린지역사회에 대한 저투자, 부적절한 서비스, 지역적 문제	불균형과 사회적 불공정
3. 기본 전략	사회적 정치적 운동을 위한 지역사회 조직	요구를 충족하고 지원을 강화하는 환경 창출, 총합적 서비스 전달체제, 보충교육	교육, 고용, 물리적 개선과 사회적 서비스의 통합	지역수준에서 프로그램 기획 및 자원개발	사회적 정책적 운동을 위한 지역사회조직화
4. 활동적인 성인 실천가의 역할	조언자, 협력자, 기금제공자, 목표집단	제공자, 상담자, 격려자, 교사	감동자, 교사, 지원자	기획자, 주택개발자, 서비스제공자	조직자, 운동가, 지지자
5. 중간 또는 단위 활동	자생적 청소년 집단, 몇몇 학교	청소년개인, 가족, 소집단, 사회지원체계	지역 집단, 공공기관, 청소년단체	근린지역조직, 비영리집단	지역사회 조직
6. 청소년 인구집단의 개념	시민	자원, 위기, 사회적 지원 필요	자원, 교육과 고용을 필요로 함	희생자, 수취자, 거주자	단일한 개념 없음
7. 청소년의 역할에 대한 개념	조직자, 옹호자, 운동가	고객, 멘토, 후견인, 또래상담자	건설자, 노동자, 학생	거주자	단일한 개념 없음
8. 청소년 참여의 기법	조직화, 기획, 옹호	위원회에 때때로 참여, "청소년을 위한 청소년"	위원회에 때때로 참여, 약간의 의사결정	적거나 없음	적거나 없음

(1) 자생적 청소년조직

자생적 청소년조직(youth action group)은 지역사회수준에서 청소년주도로 자신을 조직화하는 과정으로, 자생적인 청소년조직이라 할 수 있다. 이러한 조직을 통하여 청소년 스스로가 문제를 해결하고 프로그램을 기획하고, 서비스를 제공할 수 있다.

우리나라의 경우 청소년조직화는 대부분 자생적인 동아리활동과 같은 형태로 나타난다. 이러한 청소년 조직화는 청소년들이 집중되는 학교나 지역사회센터 등과 같은 기관에서 발생할 수 있으며, 청소년자신에 의한 자생적인 것이 될 수도 있다. 청소년들의 자생적인 조직화를 통하여 청소년들이 성인들의 지원을 얻을 수 있지만, 그러나 상대적으로 성인들로부터 독립을 유지할 수 있고, 또한 외부 기관으로부터 지원을 얻을 수도 있지만 독립성을 상당히 유지할 수 있다.

이러한 자생적인 청소년조직에서 청소년은 조직자, 옹호자, 운동가로서 역할을 수행할 수 있게 된다.

(2) 청소년개발조직

청소년개발조직(youth development agency)은 청소년의 결점을 극복하기 위한 것 보다는 청소년의 긍정적인 발달을 촉진하기 위한 노력을 전개하는 조직들이다. 이러한 조직들은 청소년이 욕구를 충족하고, 성인기를 준비하여, 생산적인 삶을 살 수 있도록 청소년자신의 자신감과 능력을 강화하는 환경을 조성하는 것을 목적으로 한다. 이것은 가족, 친구, 이웃, 학교, 지역사회집단, 그리고 다른 자원을 중요한 것으로 인식한다.

우리나라의 경우 청소년시설이나 청소년단체를 예로 들 수 있는데, 이러한 조직들은 청소년들의 결점을 극복하기 위한 다른 것, 예컨대 가정폭력, 십대임신, 약물 및 알코올 남용, 학교부적응, 청소년비행 등 청소년의 병리적 현상을 다루는 것들과 구분된다.

이러한 청소년개발조직에서 청소년들은 프로그램의 고객이 될 수도 있고, 다른 청소년을 위한 멘토, 후견인, 또래상담자 등의 역할을 수행할 수 있다.

(3) 근린 지역사회중심의 청소년사업

근린 지역사회중심의 청소년사업(neighborhood-based youth initiatives)는 청소년의 긍정적인 발달과 근린 지역사회 개발을 동시에 촉진하는 사업이다. 여기에서는 청소년들이 '실제적 활동(real work)'과 '실천적 학습(practical learning)'을 필요로 하고 근린 지역사회는 물리적 개선과 인간서비스가 필요하므로 이 두 가지 목적이 같은 프로그램에서 동시에 추구되어야 하는 것으로 인식한다.

우리나라의 경우 이러한 예들을 찾아보기 매우 어려운 실정인데, 지역사회개발사업에 청소년을 고용하여 구체적인 업무를 담당하게 하는 것이다. 이러한 방법을 통하여 청소년들이 책임감 있는 작업에 참여할 기회를 제공하고, 다양한 형태의 직무를 경험하게 하며, 규칙과 근로습관을 개발하고, 미래의 취업을 준비하게 할 수 있다. 또한 교육적 측면에서는 독해나 쓰기 같은 기본적인 학습기회를 제공하고, 직업적 성숙, 비판적 사고 및 팀워크 등을 개발할 수 있다.

이러한 근린 지역사회중심의 청소년사업에서 청소년들이 때로는 위원회의 구성원으로 참여하거나 약간의 의사결정에 참여하기는 하지만, 주로 고용된 사람으로서 건설자, 노동자, 학생 등의 역할을 수행하게 된다.

(4) 근린 지역사회 개발 조직

근린 지역사회 개발 조직(neighborhood development organization)은 근린 지역사회 수준에서 주민들 자신이 문제를 해결하고 프로그램을 적용하는 과정이다. 주로 주택재개발, 경제개발, 물리적 환경개선 등과 같은 다양한 활동을 포함하고 있다.

이러한 조직에서는 기본적으로 참여의 이념을 신봉하며, 리더십 개발의 중요성을 인식하고, 인간자원을 요구한다. 그러나 대부분의 경우 청소년 참여를 촉진하는데 별로 관심이 없다. 단지 고용이나 주택관련 프로그램에서 청소년 참여에 관심이 있으나 실제적인 활동 참여에는 관심을 기울이지 않는다. 청소년들은 단지 거주자로서 인식될 뿐이다.

(5) 시민운동

시민운동(citizen action)은 지역사회 수준에서 보다 강력한 시민이나 조직을 형성하여 변화를 창출하는 것을 목적으로 한다. 이것은 조직화를 통하여 사람들의 삶을 개선할 수 있다고 확신하며, 사람들이 자신의 힘을 더 잘 알게 하고, 지역사회에서 권력관계를 변화시킴으로써 가능하다고 믿는다.

시민운동을 통해 참여자들에게 권력의 의미를 알게 해주고, 사람들 사이의 권력관계를 변화시키고, 지역사회 변화를 창출할 수 있다. 청소년들도 참여하기는 하지만 주로 성인들이 참여하고, 또한 참여자들이 반드시 시민으로서 역할을 완전하게 수행하는 것은 아니다.

4. 청소년-성인 파트너십과 활동지도

1) 청소년-성인 파트너십의 개념

청소년 참여를 통해서 청소년 자신의 삶에 영향을 미치는 다양한 의사결정 권한을 성인이 독점하던 것에서 벗어나 청소년의 영향력을 점차 확대해 나가는 것이 청소년 참여의 의의가 될 것이다. 그런데 한 가지 주목할 것은 청소년 참여를 의사결정 권한의 공유라고 할 때 청소년이 갖게 되는 권한이 어느 정도까지 확대될 수 있는가에 관한 것이 될 것이다(김정주, 1998).

일반적으로 청소년이 주도하고 청소년이 모든 결정권한을 갖게 될 때를 가장 최고의 청소년 참여 단계로 생각할 수 있다. 그러나 청소년 참여 이론에서는 청소년에게 영향을 주는 의사결정 권한을 청소년이 독점하는 것을 최고의 단계로 보지 않는다. 청소년 참여의 최고의 단계는 청소년 주도로 성인과 의사결정을 공유하는 단계(child-initiated, shared with adult)가 된다(Hart, 1997). 이러한 측면에서 청소년 참여의 개념을 "삶의 모든 영역에서 청소년과 성인 간의 협력개발"로 규정하기도 한다(Australian Youth Foundation, 1999). 즉, 청소년 참여란 청소년-성인 간의 파트너십(youth-adult partership)의 개발이라고 볼 수 있다(김정주, 1998).

이러한 관점에서 본다면, 청소년활동의 기획과 운영 및 평가에서 청소년 참여는 청소년과 지도자 간의 파트너십을 개발하는 것이 될 것이다. 청소년-성인 파트너십의 개념은 전통적인 청소년-성인의 관계가 아동과 부모의 관계, 학생과 교사의 관계 등과 같은 구조 속에서 파악될 수 있다. 청소년-성인 파트너십은 기존의 청소년-성인의 관계에서 벗어나 청소년과 성인이 강력한 공동체를 이룸으로써 함께 일하고(work together), 권한을 공유하고(sharing power), 서로에게서 배우는 것을(learning each other) 의미한다(Justinianno & Scherer, 2001). 즉 청소년과 성인 모두가 제안하고 의사결정할 수 있는 기회를 가지며, 각각의 기여가 가치 있게 인정받는 것을 말한다. 특히 청소년-성인 파트너십은 청소년들이 당면하는 문제(issue)나 청소년들에게 영향을 미치는 프로그램이나 정책과 관련하여 성인들이 청소년들과 완전하게 파트너십의 관계를 갖는 것을 강조한다.

청소년활동에서 청소년-성인 파트너십은 청소년들에게 제공되는 활동의 형성에 청소년들이 참여할 권리가 있고, 청소년들에게 영향을 미치는 정책의 형성에 참여할 권리가 있다는 신념에서 생겨난 것이다. 또한 청소년-성인 파트너십의 주장자들은 청소년활동의 구상, 개발, 적용에 청소년이 파트너로 참여할 경우 청소년활동의 지속가능성과 효율성이 더 커진다고 주장한다(Advocate for youth, 2001).

청소년활동에 있어서 청소년과 성인은 요구분석(need assessment)의 시행, 계획서의 작성, 재원의 확보, 프로그램의 기획, 프로그램 담당자의 훈련, 프로그램의 시행, 프로그램의 관찰, 프로그램의 효과평가, 프로그램 운영상의 문제점 개선 등 다양한 형태의 파트너십이 가능하다.

이러한 파트너십은 결국 의사결정 권한을 청소년과 지도자가 공유하는 것으로 성인들이 청소년의 판단능력에 대한 존중과 신뢰가 있을 때 가능한 것이다. 동시에 성인들이 청소년들의 자질을 인정하고 청소년들이 파트너로 참여할 때 필요로 하는 지원과 훈련을 기꺼이 제공하려는 의지를 갖고 있어야 한다.

성공적인 청소년-성인 파트너십이 되기 위해서는 ① 파트너십의 명확한 목적이 있어야 하고, ② 의사결정 권한을 공유하여야 하며, ③ 조직의 최고위층까지 각종 사업에 청소년 참여를 기꺼이 수용할 수 있어야 하며, ④ 청소년과 성인이 각각의 역할에 대한 명확한 이해를 하고 있어야 한다(Advocate for youth, 2001). 즉, 청소년들의 역할이 명확하지 않거나, 성인들이 싫어하는 활동을 청소년에게 배정하는 경우, 청소년 자신의 의견 없이 성인을 대신하여 TV 등 미디어에 출연하여 이야기하는 경우, 위원회 등에 청소년 참여를 보여주기 위해 한 명 정도를 형식적으로 참여시키는 경우 등은 명목적인 참여(tokenism)로 진정한 의미의 청소년 참여로 보지 않는다.

2) 청소년-성인 파트너십의 적용

청소년-성인 파트너십의 적용을 위해서는 청소년과 성인 각각의 측면에서 변화가 필요한 부분이 있다. 일반적으로 당면하는 문제는 청소년들의 학교생활과 관련된 시간 확보, 청소년들의 관심을 확보하고 유지하는 것, 교통편 등과 같은 참여에 따라 부수적으로 발생하는 문제가 있다. 이외에 청소년 참여에 따른 권한 공유의 문제, 청소년과 성인에 대한 편견, 청소년을 수혜자로만 보는 시각 등이 문제가 될 수 있다.

이러한 문제점을 해결하고, 청소년-성인 파트너십의 형성을 위하여 청소년과 성인들이 중요하게 고려하여야 할 사항은 〈표 3-2〉와 같다.

표 3-2 ■ 청소년-성인 파트너십을 위한 고려사항

청소년	성인
• 말을 많이 할 것 • 성인들이 갖고 있는 기술, 경험, 자원을 공유하기 위해 성인을 초청할 것 • 일을 하기 위한 시간과 노력을 투자할 것 • 진지하게 책임감을 가질 것 • 다른 청소년의 참여를 확보할 것 • 성인에 대한 편견을 갖지 말 것 • 성인들이 나를 '어린아이로 취급'할 것이라고 가정하지 말 것	• 청소년들에게 영향을 미치는 의사결정에 청소년을 참여시킬 것 • 진심으로 청소년에게 귀 기울이고 청소년으로부터 배울 생각을 할 것 • 청소년에게 정보와 훈련기회를 제공할 것 • 참여하는 청소년에게 필요한 지원이나 특별한 고려사항이 있는지 사려 깊게 생각할 것 • 모든 사람이 환영받는 모임을 준비할 것 • 청소년에 대한 편견을 갖지 말 것 • 한 청소년의 행동으로 모든 청소년을 비난하지 말 것

청소년-성인 파트너십의 적용을 위해서는 일반적으로 다음과 같은 원칙들이 적용되어야 한다(김정주, 2015).

첫째, 청소년들이 책임지도록 해야 한다. 청소년들이 배울 수 있는 가장 좋은 방법은 직접 해보는 것이다. 청소년들 스스로 활동을 기획하고, 연락하고, 회의를 직접 진행할 수 있도록 허용하여야 한다.

둘째, 지도자가 항상 더 많이 알고 있다고 생각하지 말아야 한다. 청소년들은 경험과 지식이 부족하고, 지도자는 보다 많은 경험과 정보를 갖고 있다. 그러나 어떤 경우 필요한 정보나 청소년들에게 가장 적합한 정보는 청소년들이 더 많이 가지고 있는 경우도 있다.

셋째, 부모의 참여가 중요하다. 많은 부모들은 청소년들이 공부 이외에 학교 밖에서 활동에 참여하는 것을 이해하지 못하는 경우가 많다. 따라서 청소년들이 자신들의 활동에 대해서 부모들과 이야기할 수 있도록 하고 충분한 자료를 제공하여야 한다. 부모에게 자기 자녀들의 활동이 학교에 또는 지역사회에 어떠한 도움이 되었는지를 설명하고 자녀들의 기여에 대해서 부모에게 감사를 표시하는 것이 중요하다.

넷째, 지도자가 일관성 있고 헌신적이어야 한다. 지도자가 청소년들에게 일관성 있고 열정적인 모습을 보여주어야 한다. 회의나 행사에 청소년들이 많이 참여하지 않더라도 지도자는 항상 그곳에 있어야 한다.

다섯째, 청소년들도 항상 의견(opinion)이 있음을 잊지 말아야 한다. 청소년들이 자신의 의견을 표현할 수 있도록 다양한 방법으로 기회를 만들어야 한다. 어떤 문제에 대해서 정보를 주고 청소년들이 생각할 수 있는 시간을 줄 때에 지도자가 청소년으로부터 어떠한 의견을 듣고 싶은지 기대하는 바(expectation)를 알려주고 청소년들로부터 가치 있는 의견을 얻을 수 있다.

여섯째, 청소년들을 존중하면서 말해야 한다. 청소년들의 의견을 가치 있게 생각한다는 것을 보여주면 청소년들은 경청하고 자신의 생각을 신중하게 고려하게 된다. 일반적으로 성인들은 청소년들에게 이야기할 때 다른 어조(tone)로 말하게 되는 경우가 많이 있으므로 주의하여야 한다.

일곱째, 청소년들의 영역(turf)에서 청소년과 만나야 한다. 지도자가 청소년들과 이야기할 때 대부분 학교, 상담실, 청소년회관, 청소년프로그램 등 성인들의 통제 공간에서 만나게 된다. 청소년들이 자주 가는 상가, 아케이드, 게임방 등에서 만나는 것도 고려해 보아야 한다.

여덟째, 재미(fun)있는 시간을 가져야 한다. 청소년들은 재미있는 것을 좋아한다. 지도자들은 대부분 교육적인 목적을 달성하기 위해서 신중해져야 한다고 느끼는데, 청소년들과 재미있는 활동을 하는 것이 오히려 더 효과적인 경우가 많다.

아홉째, 필요할 때 반드시 개입하여야 한다. 청소년들이 가끔 음주, 약물, 가족의 문제 등 개인적인 위기(crisis)에 처하는 경우가 있게 되는데, 이러한 경우에 지도자는 청소년들을 도와주어야 한다. 청소년의 사생활을 침해하지 않는 범위 내에서 도와줄 수 있는 방법을 찾아서 제시하여야 한다.

열째, 청소년들이 성장할 수 있는 공간(space)을 주어야 한다. 청소년들이 주도적으로 활동을 제대로 운영해 나갈 수 있는 상황에 있지 않은 경우가 많다. 이러한 경우에도 청소년이 할 수 있는 것을 과소평가하거나 강요하지 마라. 청소년들이 스스로 자신감을 얻었을 때 모임을 주도할 수 있도록 하여야 한다.

열한째, 청소년들이 서로 의지할 수 있도록 해야 한다. 청소년들이 서로의 의견을 존중하고, 서로 돕고, 서로 의지할 때 비로소 자율적인 자치활동이 가능하다. 지도자는 청소년들 간의 관계를 형성할 수 있도록 도와주고 서로에게 긍정적인 피드백을 줄 수 있도록 격려하여야 한다. 청소년들은 서로에게서 많은 것을 배울 수 있다.

열두째, 청소년들이 낙담하는 것을 허용해야 한다. 청소년들도 청소년들이 모든 것을 해결할 수 없다는 것을 이해하여야 한다. 청소년들의 좌절을 편견 없이 경청하고 청소년들이 대안을 찾을 수 있도록 하여야 한다. 청소년들이 대안을 찾을 수 있다는 믿음을 갖고, 청소년들에게 관심을 갖고 있음을 보여주고, 청소년들이 자신의 감정을 표현할 수 있는 여지를 만들어 주어야 한다.

열셋째, 지도자가 실수하는 것을 두려워하지 말아야 한다. 실수는 불가피한 경우가 많다. 실수를 재미있게 생각하고, 그것을 덮으려고 노력하지 말고 실수에 대해 사과하거나 설명해라. 지도자는 청소년들에게 기꺼이 위험을 감수할 의사가 있으며, 실수는 유머나 정직으로 처리할 수 있다는 것을 보여주어야 한다.

열넷째, 지도자가 자신에 대해서 열어야 한다. 자신의 인생에서의 성공과 현재의 어려움을 포함해서 자신의 경험을 청소년과 공유해라. 성인들은 대개 청소년과의 관계가 일방적(one way)이어야 한다고 생각한다. 그러나 지도자가 자신에 대해서 개방하는 것은 청소년들과 신뢰를 형성하는 데 도움이 된다.

5. 청소년 참여와 파트너십을 위한 지도자의 역할

1990년대를 거치며 청소년의 참여는 다시 한 번 모멘텀을 얻었다. 청소년 참여의 세계적 동향이 촉진되었으며, 점차 그 자체가 하나의 권리로서 다루어지게 되었다. 1989년 유엔아동권리협약에서는 생존권, 발달권, 보호권 등과 함께 참여권이 아동권리의 가장 중요한 원칙이며 요소로서 규정되었다. 그러나 아동・청소년의 참여가 비록 국제법의 일부이며 정부의 정책적 의제가 되고 있기는 하지만, 효과적인 참여를 방해하는 수많은 장애들이 있다(Adlerson, 2008). 예컨대, 성인의 태도, 특히 아동의 능력과 역량에 관한 것, 아동을 보호할 필요성, 참여적 활동을 지지하는 연구 증거의 결여, 그리고 시간, 자원 및 재정 등과 같은 실제적 장애들이 지적되고 있다(Kirby & Bryson, 2002; McNeish & Newman, 2002).

특히, 청소년자신들이 하나의 장애가 되고 있다는 점도 간과되어서는 안 된다. 아동과 청소년들이 참여하는 것을 원치 않거나 아동과 청소년들이 참여를 위한 준비가 되어 있지 않다는 점도 지적할 수 있다(Franklin & Sloper, 2005). 청소년은 언제나 참여를 위한 준비 부족 상태에 있는 신참이라는 점을 염두에 둘 필요가 있다. 교육과 노동, 사회, 인간관계 형성의 면에서도 신참이며, 정치시장과 시민권이라고 하는 면에서도 마찬가지이다. 청소년 참여는 또한 사회문화적, 정치적 상황에 따라 크게 좌우될 수 있는 것이며 어떠한 상황에도 동일하게 적용할 수 있는 만병통치약이거나 도덕적 주장이 아니라는 것에 주목할 필요가 있다. 이제 지금까지의 논의를 바탕으로 청소년활동지도와 관련하여 청소년 참여를 촉진하기 위해 해야 할 지도자의 역할을 다음의 몇 가지로 제시하기로 한다.

첫째, 트라우마(Trauma) 의식의 극복이다. '트라우마(Trauma)'는 고통이 따른다는 선입견으로 느끼는 외상(外傷)의식을 말한다. 그래서 미리부터 걱정하고 염려하고 비판적이고 냉소적이 되는 의식상태를 갖는 것이다. 청소년들에게만 맡길 수 없다,

어른이 한 것을 청소년들이 평가한다는 것은 이해할 수 없다, 우리 아이들이 과연 자치능력을 가지고 있는가 하는 등의 생각과 태도는 모두 트라우마 의식이다.

둘째, 어른들이 사회를 모두 완벽하게 책임질 수 있다는 강박관념은 인식 전환이 필요하다. 청소년들이 그들의 삶과 일상생활에 관련된 모든 문제들에 대해 책임과 권한을 갖게 할 필요가 있다. 스스로 자신들의 문제에 관심을 갖고 해결해야 할 부분에 대해서는 자율적으로 판단하여, 스스로 할 수 있는 부분과 어른 집단이 지원해 주어야 할 부분을 결정하여 행동에 옮기거나, 또는 지원을 요청할 수 있도록 해야 한다.

셋째, 청소년들에게는 손가락으로 명령하는 사람보다는 어느 영화의 마지막 장면처럼 손가락으로 교감하는 사람이 필요하다. 청소년을 성인과 동등한 자주적이고 독립적인 인격체로 인정하는 것은 인간의 기본적 권리보장이라는 철학에 바탕을 둔 것이다. 청소년은 평등한 사회적 존재이며, 나름대로의 자의식과 잠재능력을 가진 책임 있는 사회의 구성원으로서 함께 고민하고 협력해 나갈 힘 있는 동반자라는 인식이 필요하다.

넷째, 청소년능력 배양을 위한 기회프로그램을 제공해야 한다. 청소년기를 '성인기를 위한 준비' 기간으로 보면, 청소년들이 사회에 대해 책임감을 갖고 관심을 가지며 참여하는 구성원이 되도록 하는 기회를 제공해 주는 일은 지극히 당연한 것이다. 오늘날 청소년들이 여러 가지 문제를 일으키고 자기파괴적인 행동을 하고 사회의 선의의 기대에 반하는 행동을 하는 것은, 우리 사회가 청소년들을 받아주지 않고 붙잡아두기만 하는 것에 대해 분노하고, 스스로가 불필요한 존재라고 느끼며 소외되었다고 생각하고 있기 때문이라고 보면 전혀 놀랄만한 일이 아닐 수 있다.

다섯째, 청소년 지위의 향상과 적극적 참여의 보장을 위한 법적 · 제도적 장치를 마련해야 한다. 우리나라의 경우 법적 · 제도적 규정상의 청소년 지위는 적극적 우대, 목적적 대우의 성격을 결여하고 있는 것이 사실이다. 청소년 참여를 촉진하기 위해서는 법적 뒷받침을 통해 적극적으로 청소년의 참여적 권리를 보장하고 확장시켜 줄 필요가 있다. 법치주의 행정원리에 따라 운영되는 현대국가에서 모든 인간 생활은 법의 테두리를 벗어날 수 없으며, 이는 청소년의 권리와 책임과 복지를 보장하기 위한 모든 노력에도 영향을 미친다.

04

chapter

민주시민교육 지도방법

1. 민주시민성
2. 글로벌시민성
3. 생태시민성

04 민주시민교육지도방법

청소년은 우리 사회의 주역이며 미래의 중추적인 역할을 담당해야 할 집단으로 이 시기에 형성된 가치관과 의식은 성인기의 시민성과 사회적인 활동에 결정적인 영향을 미친다. 또한 현재 가정, 학교, 그리고 지역사회의 구성원으로서 다양한 활동을 하고 있는 청소년의 시민성은 상황에 따라 그들이 속한 사회에 커다란 영향력을 발휘하기도 한다.

시민성(citizenship)이란 시민을 뜻하는 'citizen'과 자질 및 조건이라는 뜻의 'ship'이 합쳐진 것으로 한 사회의 시민으로서 요구되는 자질이다. 시민성은 단순히 상대방에 대한 존중, 책임감 등의 개인적이고 윤리적인 행동이나 자세를 지칭하는 것이 아니라 특정 공동체의 구성원으로서 요구되는 자질을 말하며, 타인 혹은 인간이 속해 있는 집단이나 공동체를 지향하는 행동을 의미한다(김동춘, 2013). 즉, 시민성은 한 사회의 구성원으로서 사회가 요구하는 권리와 의무를 자발적으로 이행하며 잘 적응하고 살아갈 수 있는 시민으로서 갖추어야 할 자질로 볼 수 있다. 시민성은 공동체의식, 참여의식, 법치준수, 역사인식, 정치적 참여 등 다양한 형태로 나타나는데 대체로 공동체의식, 참여의식 등이 주요 요소로 제시되고 있다(이용교 · 이중섭, 2010).

시민으로서의 역할을 잘 수행하려면 역량이 필요한데 시민역량이란 '시민으로서 해야 하는 어떤 일을 해낼 수 있는 힘'을 의미한다. 이는 시민으로서 갖추고 있고 갖추어야 하는 자질을 적극적으로 활용할 수 있는 능력이며 실천을 통해 구체적인 과제를 해결하거나 성취할 수 있는 능력이라고 할 수 있다(김영인, 2010). 이 내용을 청소년에 적용하면 시민사회의 구성원으로서 청소년기에 갖추어야 할 바람직한 자질과 능력이라고 정의할 수 있다. 이는 다양한 가치를 수용하고 인간의 존엄성이 구현되는 사회의 구성원이 되기 위해 필요한 시민으로서의 역량을 일컫는데 공공선을 위해 기여하려는 자세, 실천능력, 지식, 그리고 문제해결력 등이라고 규정할 수 있다.

시민성은 사회적 맥락 속에서 존재하며 시대적·사회적 상황에 따라 민주시민성, 세계시민성, 다문화시민성, 생태시민성 등으로 다양하게 변화하면서 발전해 왔다. 시민역량 또한 특정 시대와 특정 사회에서 형성된 시민의 사회적 관계에 근거해서 요청되는 능력(Proctor, 1988)으로 현재 살고 있는 시대적 상황과 특징들을 반영한다. 현 시대의 두드러진 특징들을 여러 가지로 분류할 수 있겠지만 대략 민주사회, 정보사회, 생태사회, 다문화사회, 글로벌사회로 나누어 볼 수 있다(김영인, 2010). 오늘날 청소년들은 이런 다양한 특성을 지닌 사회에 동시적으로 속해 있기 때문에 여기에 적합한 다양한 시민역량, 즉 다중시민성(multiple civic competence)의 형성을 필요로 한다. 이는 Kubow 등(2000)이 21세기 시민교육의 지향점으로 다차원시민성(multidimensional citizenship)을 주장한 것과 일맥상통한다. 다중정체성을 가진 시민을 대상으로 하는 다중시민성 개발은 관용, 협동, 비폭력적 갈등해결, 합리적 토론, 환경 보존주의, 인간의 권리 존중, 공적 생활 참여에 기초를 두고 있다(A Bruce Arai, 1999; 한관종, 2005 재인용). 이에 본 장에서는 21세기를 살아가는 우리 청소년들에게 필요한 다중적인 시민성들을 알아보고 각각의 특징들과 효과적인 지도방법에 대해 살펴보고자 한다.

1. 민주시민성

1) 민주시민성의 개념과 특성

시민성이라는 개념에서 한 단어가 추가된 민주시민성(democratic citizenship)은 '민주적인(democratic)'이란 단어와 '시민성(citizenship)'이란 단어가 합성된 말이다. 이는 '민주주의 정치체제에서 필요로 하는 생활태도와 행동양식을 갖춘 시민으로서의 자질'을 의미하며, 이런 자질을 갖춘 사람을 민주시민이라 칭한다. 또한 민주시민은 법적 자유와 평등권을 가진 한 개체로써 자신이 속한 민주국가의 구성원임을 깨닫고 자각하는 정신적 태도인 민주시민의식을 지녔다고 볼 수 있다.

청소년들에게 요구되는 중요한 발달과정 중 하나인 민주시민의식은 개인의 권리와 의무를 내면화하여 사회에 적극적으로 참여하는 것을 의미한다. Havigurst (1952)는 청소년기는 민주사회 시민으로서 중요한 개념을 배우고 내면화하는 시기로 시민의 필요한 지식과 기능 및 태도를 습득하며 가치관을 확립하는 시기일 뿐 아니라 사회적으로 책임감 있게 행동해야 하는 시기라고 하였다.

우리나라 제7차 교육과정에서 말하는 민주시민으로서 갖추어야 할 자질은 다음과 같다. 시민으로서 권리와 의무를 다하는 시민정신, 합리적 판단과 문제해결 및 의사결정능력, 사회문제의 해결에 능동적으로 참여하는 능력, 인간존중, 타인 배려의 인성이 그것이다. 조도근(1996)은 민주시민 교육의 핵심적 요소의 근간을 인간존중, 봉사와 협동, 자유와 책임, 준법정신, 반성적 사고력, 자치생활에서 참여능력 등으로 보았다.

그러나 핵가족화 현상과 가족이기주의가 팽배함에 따라 청소년들은 민주시민의 핵심요소 중 하나인 공동체 생활의 지혜를 배우는 기회가 줄어들었다. 학교교육도 교육을 출세의 수단으로 생각하는 잘못된 인식으로 인해 인성발달이나 생활에 도움을 주기보다 상급학교 진학을 위한 입시 위주의 교육에 중점을 두고 있어 청소년들은 바람직한 미래상을 그려낼 수 없는 사회문화적 환경에 처해 있다(표갑수, 2010). 아동・청소년의 민주시민역량 국제비교 및 지원체계 개발 연구(2009)에 따르면 우리나라 청소년들은 시민성 지식수준은 높았으나 상호 신뢰를 나타내는 관계지향성과 협동을 측정한 사회적 협력 영역은 모두 최하위 수준이었으며, 특히 사회나 타인에 대한 신뢰도가 매우 낮았다(김기헌 외, 2011 재인용). 이는 한국 청소년들이 공동체의 일원으로서 타인과 조화롭게 더불어 살아가는 능력이 부족함을 나타낸다. 또한 우리 청소년들이 다원화 사회를 살아가면서 타인들과 원만한 관계를 맺으며 협력하고 갈등을 관리할 수 있는 능력의 중요성은 커져가는 데 반해 민주시민의식의 핵심적인 가치인 공동체의식이 결여되어 있음을 엿볼 수 있다. 따라서 다양한 청소년 문제들을 개선하고 공동체의 위기에 대한 대안이자 공동체의식 함양을 위한 수단으로 민주시민 교육은 필수적이라 할 수 있다.

2) 민주시민성의 지도방법과 실제

(1) 민주시민성의 지도방법

시민교육과 공공기관, 시민단체, 기타 사회교육기관 등에 의해 학교 밖에서 이루어지는 청소년 시민교육의 대부분은 지식을 전달하는 강의법이 대부분이다. 일부에서 토론, 토의, 체험학습 등의 교육방법이 고려되기는 하지만, 그 비율은 그다지 높지 않은 편이다(이관춘, 2011). 이에 청소년 수련시설에서 행해지는 민주시민교육은 차별성을 지니기 위해 지식이 아닌 지혜와 학습자인 청소년 중심, 실천성이 보다 강조된다.

민주주의에 대한 학습은 간접적인 방법과 직접적인 방법에 의하여 이루어지는데 간접적인 방법에는 개인상호전이, 견습 그리고 일반화가 있고 직접적인 방법에는 모방, 예상적 학습, 교과를 통한 학습 그리고 다양한 활동을 통한 민주적 경험의 방법 등이 있다(1999, 이재봉). 청소년 수련시설에서는 주로 동아리활동이나 구체적인 프로그램, 청소년 운영위원회 같은 청소년 중심의 직접적인 방법을 통해 공동체 의식 같은 민주시민의식을 기르고 있다. 특히 다양한 활동을 통한 직접적인 방법들은 단순히 의사결정이나 문제해결로 끝나는 것이 아니라 청소년들의 적극적인 참여를 유도하며, 이런 참여과정을 통해 민주시민성을 함양할 수 있다.

민주시민성 함양은 3가지 영역으로 구분해 지도할 수 있는데 인지적 영역, 정의적 영역, 행동적 영역이다. 인지적 영역은 민주주의에 대한 지식과 원리 규범을 이해하고 상황 또는 사태를 파악하고 관점을 채택할 수 있는 능력을 말하고, 민주적 추론 능력은 민주적인 사고능력과 판단능력이라 할 수 있다. 의사결정능력은 인식능력과 추론능력을 바탕으로 의사를 결정하고 자신과 타인의 행동에 대한 민주적 의사결정능력을 말한다(이재봉, 1999).

청소년들의 민주시민성 함양을 위해서는 이상의 영역에 속하는 요소들의 조화와 균형에 초점을 맞추도록 지도해야 한다. 학교 현장이 상대적으로 인지적 영역에 치우쳐 있는 것과 대비해 청소년 현장에서는 사고력, 태도, 공동체의식 같은 세 가지 영역을 동시에 만족시킬 수 있는 체험프로그램을 통해 목표를 달성할 수 있도록 지도할 수 있다.

(2) 민주시민 교육의 실제

청년층의 정치에 대한 관심 부족으로 각종 선거 때마다 투표율이 지지부진한 실정이다. 이런 현상이 지속된다면 정치적 무관심으로 인하여 민주주의 정신이 크게 훼손될 위험이 존재한다. 이런 이유로 청소년시설에서 직접 모의선거를 체험해 보는 것은 앞으로 선거권을 가지게 될 청소년들에게 미리 선거의 중요성과 함께 투표에 대한 관심을 가질 수 있는 효과를 거둘 수 있다. 선거를 위해서 필요한 것은 각 정당(후보자)의 공약이다. 이러한 공약은 지역의 현안과 특징을 고스란히 담고 있어야 한다. 결국 이 공약은 지역적 특성을 가장 잘 반영할 수 있는 결과물이자 산출물이다. 공약이 지역사회와 유리된 것이라면 그 정당은 절대 정권을 획득할 수 없다는 것은 자명한 사실이다. 따라서 학생들이 정당(후보자)의 입장에서 이러한 공약을 선정하고 제시하기 위해서는 지역에 대한 관심과 지식, 정보 등이 필요하다. 이러한 과정을 통해서 지역에 대해 스스로 학습이 가능하게 되고, 지역에 대한 소속감과 애향심을 고취시킬 수 있는 기회를 제공할 수 있다.

특히 청소년에 대한 선거 연령이 하향 조정될 가능성이 논의되고 있는 가운데 실제 투표 절차 및 과정을 그대로 경험해 보는 것은 의미를 지니며 청소년들의 참여능력의 신장에도 도움이 될 것이다. 이는 투표자로서의 경험뿐만 아니라, 정당(후보자)로서의 경험, 투표관리인으로서의 경험, 개표자로서의 경험 등 많은 경험들을 다양하게 습득할 수 있는 기회를 제공한다. 이렇게 선거 및 투표 과정에 직접 참여함으로써, 자발적이고 능동적인 참여능력을 신장시킬 수 있는 지도방안이 될 것이다.

표 4-1 ■ 민주시민 교육의 실제

<table>
<tr><th>관련주제</th><th>정당과 선거</th><th colspan="2">프로그램 모형</th><th colspan="2">모의선거수업</th></tr>
<tr><td rowspan="2">프로그램 목표</td><td colspan="3" rowspan="2">1. 각 정당(후보자)의 정책을 비교할 수 있다.
2. 비교한 각 정당(후보자)의 정책을 통해서 자신의 견해를 밝힐 수 있다.
3. 투표과정에 직접 참여할 수 있다.</td><td>회기</td><td>1회기</td></tr>
<tr><td>대상</td><td>고등학생 35명</td></tr>
<tr><td>사전준비</td><td colspan="5">1. 정당정치 및 선거 등에 관련한 기본 내용을 미리 학습한다.
2. 5명씩 3개의 정당(모둠)을 편성한다.(나머지 청소년들은 주민으로 편성)
3. 정당(모둠)별로 우리 지역을 위한 공약을 준비해오게 한다.
4. 투표 및 개표를 위한 교구와 역할편성을 준비한다.</td></tr>
<tr><td rowspan="2">단계</td><td rowspan="2">진행과정</td><td colspan="2">지도자-청소년활동</td><td colspan="2" rowspan="2">프로그램 자료 및 지도상 유의점</td></tr>
<tr><td>지도자 활동</td><td>청소년활동</td></tr>
<tr><td>도입</td><td>• 인사
• 전 회기 확인</td><td>• 인사 및 출석확인
• 지난 회기 프로그램 내용인 정당과 선거에 관하여</td><td>• 인사와 출석응답
• 질문에 대답하면서 전 회기의 프로그램 내용을 상</td><td colspan="2">• 흥미를 유발하고, 프로그램 목표와 진</td></tr>
</table>

	• 동기유발 • 프로그램 목표제시	질문하여 전 회기의 내용을 확인한다. • 국회의원 선거와 반장선거를 비교하여 흥미와 동기를 유발한다. • 프로그램 목표를 제시하고, 진행 과정을 안내한다.	기한다. • 자유롭게 대답하면서 흥미를 가진다. • 프로그램 목표와 진행과정을 이해한다.	행과정을 이해하도록 지도한다. • 활동 워크북 배부
전개	공약발표	• 정당(모둠)별로 이름 지은 정당명과 그 이유를 발표하게 한다. • 정당(모둠)별로 후보자 1명을 대표로 선출하여 지역에 대한 공약을 선거유세하게 한다.	• 발표자료 등을 활용하여 자유롭게 발표한다.	• 공약, 약력 등을 정리(ppt 활용)
	질의응답		• 자유롭게 질의와 응답을 한다.	
	발표 및 정당가입	• 주민들 중에서 유세를 듣고 지지하는 후보와 지지 이유를 밝히고, 각 정당별로 1명씩 가입하게 한다.	• 정당한 이유를 들어 지지 후보를 발표하고 정당에 가입한다.	• 정당에 가입시킬 주민(청소년) 1명씩을 정당에서 결정함
	숙고	• 여러 의견을 고려하여, 최종적으로 어떤 후보를 뽑을 것인지 생각하도록 지도한다.	• 여러 의견을 고려하여 후보자를 선정하고 투표를 준비한다.	• 투표소 설치를 준비
	투표소 설치	• 실제 투표소와 동일한 구조로 하여 투표소를 설치하게 한다.	• 지도자의 지도에 따라 투표소를 설치한다.	• 기표소, 투표함, 선거인단 명부 등 준비
	투표참여	• 실제 투표와 동일한 과정과 절차를 설명한 후, 역할을 설정하고 투표를 지도한다.	• 실제 투표절차를 숙지하고, 신중하게 투표에 임한다. • 역할을 맡은 청소년은 진지하게 수행한다.	• 투표절차 • 중앙선거관리위원회 참조 (m.nec.go.kr)
	최종 발표	• 개표에 앞서 주민(청소년)에게 회기 동안 작성한 워	• 회기 진행 동안 작성한 워크북을 토대로 최종적	• 비밀선거가 원칙임을 강

		크북을 토대로, 최종적으로 자신이 투표한 후보와 이유를 발표하게 한다.	으로 자신이 투표한 발표한다.	조하고, 발표하는 이유와 효과를 설명 • 워크북
	개표	• 투표함을 열어, 개표를 실시하게 한다.	• 지도자의 지시에 따라 개표를 한다.	
	결과확인	• 개표결과를 종합하여 당선자를 확정한다. • 선거결과를 받아들이는 자세를 함양시킨다.	• 개표결과를 확인하고 당선자를 확인한다. • 선거결과를 받아들이는 자세를 기른다.	
정리	학습정리	• 투표율, 개표의 절차 등 투표 이후의 절차에 대해서 설명하고 정당정치, 선거와 투표의 중요성을 강조한다. • 선거 과정에 직접 참여함으로써 얻을 수 있는 학습효과를 설명한다.	• 프로그램의 주요 내용을 확인한다. 이번 프로그램을 통해 얻을 수 있었던 점들을 상기시켜 정리한다. • 각자 워크북을 정리하여 제출한다.	
	게시판 활용안내	• 수련시설 홈페이지의 게시판을 활용하여, 금일 주제와 공약과 관련된 의견을 자유롭게 이야기한다. –지도자는 게시글을 읽고 지도해준다.	• 수련시설 홈페이지의 게시판을 활용하여, 금일 주제와 공약과 관련된 의견을 자유롭게 이야기한다. –지도자의 지도를 받는다.	수련시설 홈페이지 게시판 활용
	다음 회기 예고	다음 회기 내용을 예고한다.	다음 회기 내용을 확인한다.	

출처: 이남섭 (2008). 재구성.

2. 글로벌시민성

1) 글로벌시민성의 개념과 특성

1990년대 이후에 급속하게 진전된 세계화의 흐름 속에서 국민국가의 구성원으로서 시민 양성을 넘어 지구촌 공동체의 구성원으로서의 시민의식 함양이 중요한 과제로 부각되었다(최윤경, 2015). 이는 지금의 시대 상황에서는 지구 생태계나 여러 가지 인권, 전쟁 등의 문제를 해결하기 위해서는 특정 국가의 입장을 초월하여 인류 전체의 관점에서 보편적인 가치를 추구하며 행동하는 시민성의 함양이 요구되고 있기 때문이다(Heater, 1998; 변종헌, 2006a 재인용).

글로벌시민은 방관자가 아니라 공동체에 직접 행동하는 참여자이며, 인간의 권리, 평화, 사회 정의를 지키려고 헌신한다. 또한 사람들의 종교나 인종, 성 등에 상관없이 모두를 존중하고자 하며, 인간의 불평등을 줄여나가고자 하며, 환경을 보호하는 등의 행동에 책임감을 갖는다(Thomas, 2009). 이처럼 글로벌시민성은 사람들이 지구촌 사회의 상호의존성에 대한 인정하에 세계의 나머지 사람들에 대해 갖는 태도의 일종으로 타인에 대한 책임감을 갖고 도덕적, 윤리적이어야 한다고 본다. 이 개념은 법적 개념은 아니지만 다분히 규범적인 측면을 지닌다(Keeping et, 2008). 글로벌시민은 인류가 직면한 위기상황을 지구적 협동과 실천으로 해결하려는 지구적 의식과 책임감을 가지고 있다.

Banks(2004)는 시민교육은 학생들에게 사려 깊고 명확한 정체성(identification)을 개발하도록 도와야 한다고 보았다. 지구공동체에서 명확한 지구적 정체성을 개발하도록 해야 하며, 글로벌교육은 학생들로 하여금 국가들 간의 상호의존성을 이해하게 하고, 다른 국가에 대한 태도를 명확히 하고 세계 공동체에서 반성적인 정체성을 개발하도록 해야 한다고 보았다. 이러한 과정에서 그는 문화적, 국가적, 지구적 인식이나 정체성의 섬세한 균형감을 개발하도록 해야 한다고 보았으며, 그는 이들의 관계를 구조화하여 [그림 4-1]과 같이 나타내었다(Banks, 2004).

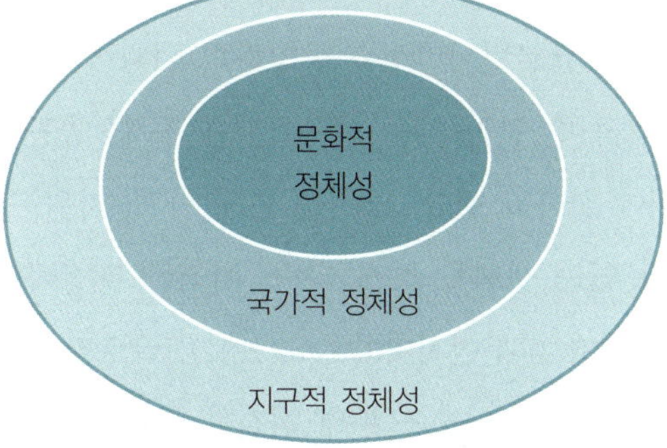

그림 4-1 ▪ 문화적, 국가적, 세계적 인식 및 정체성(identification) 범주

출처: Banks (2004). p. 301.

글로벌시민성의 계발은 청소년의 행동의 변화나 내적 태도의 변화를 가져오는데(Young, 2003), 특히 타인에 대한 태도에서 긍정적인 변화가 발생했다. 이는 자기중심성에서 좀 더 탈피하며, 독립적이고 원만한 사람으로, 삶의 장점에 대해 감사하며 환경에 대해 좀 더 관심을 갖고 자신이 살아가는 세상에 대한 봉사정신이 함양됐다는 것이다. 이처럼 글로벌시민성은 제한적인 영역에서 요구되는 시민성의 영역을 넘어서 국제사회에 관심을 돌려 국제사회의 체제를 이해하고 지구촌 사회에서 요구되는 이슈에 대해 관심을 갖고 지구촌 공동체의 삶의 질을 개선하기 위해 참여하고 행동하는 성향을 말한다고 할 것이다. 즉, 글로벌시민성은 지구공동체 구성원에 대한 사랑을 실천하는 것을 통해 표현되며, 이로 인해 청소년에 대한 글로벌시민 지도는 평화, 권리, 인간성, 환경, 지속가능한 미래를 위한 지도에 근원을 두게 된다(Prentice, 2005).

2) 글로벌시민성의 지도방법과 실제

(1) 글로벌시민성 지도방법

글로벌시민성을 함양하기 위해서는 무엇보다 사회 참여나 체험이 중요하다(고흔석, 2013). 그린(Green)은 글로벌시민성을 함양하기 위해서는 우선, 타인과 자기 인식이 잘 되어 있어야 하며, 원칙 있는 의사결정을 통해, 공동체의 사회적, 정치적 삶에 참여할 수 있어야 한다고 했다. 참여를 통해 선거, 자원봉사, 후원 지지, 정치적 행동 등에서 책임 있는 선택을 하게 되며, 이러한 과정에서 환경, 빈곤, 무역, 건강, 인권과 같은 이슈가 다루어지며(Green, 2012), 글로벌시민성을 체득할 수 있다. 또한 봉사 학습(service learning)을 통해 적절한 글로벌시민성을 개발할 수 있다고 보았는데(모경환 외, 2010), 이때 글로벌시민성과 관련하여 실시되는 해외 봉사활동에 참여하는 것도 방법이 될 수 있다. 글로벌시민성을 함양할 수 있는 지도방법으로는 다음의 4가지를 제시할 수 있다.

첫째로는 문제해결 과정의 접근법이 효과적이라고 보았는데(남호엽, 2013), 더 나아가 비판적 사고력과 협동력을 고려한 신문제해결학습을 통한 글로벌시민성 함양을 제안하기도 한다(추정훈, 1997).

둘째로는 지구촌 문제에 대해 의견을 교환할 수 있는 대화나 토론이 강조된다. 사회 현상을 총체적으로 파악하고 민주주의 실천에 참여할 수 있도록 의견을 나누는 대화적 접근이 요구될 뿐 아니라 글로벌 현상에 대해 탐구해 나가며 의미 있는 지식을 구성해 내는 구성적 접근이 요구된다(박성인, 2012). 또한 오늘날 공적 시민의 자질을 회복시키기 위해서는 의사소통능력, 비판적 사고력, 공동체적 가치와 공동체의식을 갖춰나가야 하는데, 토론이나 문답식 교육을 제안하고 있다(박상준, 2012).

셋째로는 시민성 교육을 위한 협동이나 공동체운동을 제시한다. 시민성 교육의 활성화 방안으로 생활문화운동이나 환경운동, 복지운동, 경제운동, 미래공동체운동 등의 공동체운동을 제안하고 있다(이미나, 1998).

넷째로는 글로벌시민성 함양을 위해 웹 기반 ICT 활용 방안이 적용되기도 하였는데, 2006년부터 킹스톤 대학은 각종 이슈들에 대해 젊은 시민들이 참여하도록 글로벌 정보기술에 새로운 모듈을 제공하여 글로벌시민성 교육을 해나가고 있다(Ennals et al., 2009).

이와 같이 글로벌시민성 교육을 위해 사회 참여, 봉사 학습, 지역 연계 평생학습, 문제해결학습, 협동학습, 토론, 웹 기반 ICT 활용 등의 방안들이 적용되고 있음을 알 수 있다. 이러한 다양한 방법들은 그 나라와 사회 상황에 따라 활용될 수 있다. 현재 우리나라 상황에서 이러한 방안을 접목하기 위해서는 적절하고도 주의 깊은 설계가 요구된다고 볼 수 있다. 사회참여학습이나 평생학습을 하기 위해서는 학교와 수련시설, 지역사회와 민간단체의 연계조직이 필요한데 현재는 적절하게 연결

표 4-2 ■ 글로벌시민성 교육의 핵심 내용 영역

<table>
<tr><th></th><th>핵심 내용 영역</th><th>하위요소</th></tr>
<tr><td rowspan="4">글로벌시민교육영역</td><td>(1) 세계적 시각・관점 교육</td><td>• 자기중심적, 자민족 중심 사고 탈피. 다양한 세계관 인정</td></tr>
<tr><td>(2) 문화 간 이해를 위한 교육</td><td>• 문화 다양성 이해
• 문화의 비교
• 타문화 관점에서 자기문화 조망
• 문화 간 상호작용과 세계문화 형성
• 타문화를 수용하는 문화상대주의 관점
• 전통 및 자기문화 보전과 재발견</td></tr>
<tr><td>(3) 세계 체제에 대한 교육</td><td>• 경제 체제에 대한 학습(IMF, WTO 등)
• 정치 체제에 대한 학습(세계 정치구도, 국제기구)
• 사회・문화 체제에 대한 학습
• 기술 체제에 대한 학습(컴퓨터 등)
• 생태 체제에 대한 학습(지구 생태계 등)</td></tr>
<tr><td>(4) 세계적 문제나 이슈 교육</td><td>• 평화와 안보 문제
• 개발과 관련된 문제
• 환경, 생명, 인구, 에너지 문제
• 평등, 정의, 인권 문제</td></tr>
</table>

출처: 김현덕, 문영주, 김현숙 (2005). p. 14-26.

이 되어 있다고 보기 어렵다. 또한 봉사활동을 통해 글로벌시민성을 함양하는 것도 의미가 크지만 지도자가 실제 봉사활동 프로그램을 어떻게 내실 있게 구성하여 다수의 청소년들에게 접목하느냐가 중요하다고 할 것이다. 글로벌시민성은 학교 교과과정을 통해서 뿐만 아니라 지역사회의 청소년 수련시설 같은 학교 밖 교육을 통해서 평생교육의 관점에서 이루어져야 하며, 국내·외 전문 기관과 파트너십을 구축할 때 효과적일 수 있다(윤철경 외, 2011).

(2) 글로벌시민교육의 실제

국제사회에는 다양한 문제들이 발생하고 있다. 이러한 문제나 이슈에 대해 관심을 가질 뿐만 아니라 문제를 해결하는 데에도 능동적으로 참여하는 것이 글로벌시민성 교육의 목표이다. 이를 위해 적용할 수 있는 지도방법으로 본 장에서는 문제해결학습을 제시하고자 한다. 문제해결학습의 경우, 일반적으로 해결해야 할 하나의 문제에 집중하여 문제의 원인 및 해결방안을 모색하게 한다(옥일남, 2014).

국제사회의 문제의 경우, 글로벌시민성 함양을 위해 무엇보다 국제사회의 문제에 대해 관심을 갖고 해결하는 노력을 기울이는 자세를 함양할 필요가 있어 문제해결학습을 적용하기 용이하다. 그리고 청소년들 간의 브레인스토밍을 통해 국제적 이슈나 문제의 원인과 해결방안을 모색하는 과정에서 청소년들은 국제적 규모로 생각하고 판단하여 글로벌 관점을 내면화하게 되는 것이다. 이는 다양한 국제 문제에 대해 관심을 증대시키고 주요한 국제 문제에 대해 생각해 볼 기회를 제공하고자 하는 것이다(옥일남, 2014).

표 4-3 ■ 글로벌시민교육의 실제

<table>
<tr><th>관련 주제</th><th>국제 사회 문제</th><th colspan="2">프로그램 모형</th><th colspan="2">문제해결학습 및 Co-op Co-op 협동학습</th></tr>
<tr><td rowspan="2">프로그램 목표</td><td colspan="3" rowspan="2">국제사회의 발생 문제의 원인과 특성을 설명할 수 있다.
국제사회의 문제해결방안을 제시하고 적극적으로 참여할 수 있다.</td><td>회기</td><td>1회기</td></tr>
<tr><td>대상</td><td>고등학생</td></tr>
<tr><td rowspan="2">단계</td><td rowspan="2">진행 과정</td><td colspan="2">지도 - 학습 활동</td><td rowspan="2">지도방법</td><td rowspan="2">활동자료</td></tr>
<tr><td>지도자 활동</td><td>청소년활동</td></tr>
<tr><td rowspan="4">도입</td><td>출결 확인</td><td>출석을 점검하고 활동 분위기를 조성한다.</td><td>인사한다.</td><td></td><td></td></tr>
<tr><td>전시 학습 확인</td><td>1. 국제사회의 의미와 특성에 관해 질문한다.
2. 국제사회의 형성과 변천과정에 관해 질문한다.</td><td>1. 국제사회란 두 나라 이상 여러 나라가 서로 교류하며 국제적 공동생활을 영위하는 사회예요.
2. 주권국가를 기본 단위로 하며 힘의 논리가 적용되고, 자국의 이익을 우선시 하고, 이해관계가 충돌할 가능성이 존재해요.
3. 제국주의로 국제사회로 무대가 진출되었고, 국제연맹과 국제 연합이 창설되고, 양극 체제를 거쳐 다극체제로 개편되었어요.</td><td>문답법</td><td></td></tr>
<tr><td>흥미 유발</td><td>1. 국제사회의 다양한 문제를 보여주는 동영상을 시청하게 한다.
2. 국제 문제의 발생 원인에 대해 생각해 보고 공감하게 한다.
3. 영상에 제시된 국제 문제의 유형에 관해 질문한다.</td><td>1. 동영상을 시청하며 국제사회의 문제에 대해 공감하도록 한다.
2. 국제사회의 문제의 원인을 생각해 보며 시청한다.
3. 환경문제, 경제문제, 인권문제, 국가 간 갈등이 나타나요.</td><td>시청각 관람</td><td>국제 사회문제 영상자료</td></tr>
<tr><td>프로그램 목표 확인</td><td>프로그램 목표를 제시한다.</td><td>프로그램 목표를 읽고 숙지한다.</td><td></td><td>프로그램 목표</td></tr>
</table>

	프로그램 진행 안내	1. 본 회기 프로그램이 문제해결학습모형을 적용하여 국제사회 문제의 원인과 해결방안을 모색할 것임을 안내한다. 2. 문제해결학습 진행 순서: 문제 사태→문제 확인→정보 수집→대안 제시→검증 3. 국제사회의 다양한 문제를 학습하기 위해 4모둠으로 구성하도록 안내한다.	1. 본 회기 프로그램 주제를 숙지한다. 2. 본 회기 프로그램 진행 절차를 숙지한다. 3. 집단을 4모둠으로 구성한 뒤 각 모둠의 국제사회 문제를 배당받는다. 4. 네 가지 문제 유형: ① 환경문제 ② 경제문제 ③ 인권문제 ④ 국가 간 분쟁, 갈등	강의	문제해결 학습진행 순서
전개	문제 사태	1. 국제사회에서 이슈가 되고 있는 4가지 주요 문제의 구체적 문제 사태를 제기한다. ① 환경문제: 지구온난화 ② 경제문제: 빈곤문제 ③ 인권문제: 임금 착취 ④ 국가 간 갈등: 팔레스타인 이스라엘 분쟁 2. 국제사회에서 문제가 되는 사태에 대해 공감을 하게 한다. 3. 전체 학생들이 국제 문제의 여러 유형들의 현상적 특성을 이해하고 문제해결의 필요성을 생각해 보게 한다.	1. 전체 학생들이 국제 문제의 여러 유형들의 현상적 특성을 파악한다. 2. 각 국가 간 발생하는 국제 문제의 심각성에 대해 공감하고 문제해결 노력을 기울이는 마음을 갖는다.		문제사태 관련자료
	문제 확인	1. 국제사회 문제의 4가지 주제를 나눠 학습하기 위해 4모둠을 구성한다. 2. 각 문제의 원인에 대해 모둠별로 브레인스토밍을 하게 한다. 3. 브레인스토밍의 3가지 단계를 안내한다. 4. 문제의 원인에 대해 잠정적 가설을 수립하게 한다.	1. 각 모둠별로 국제 문제를 하나씩 분담하여 맡는다. 2. 각 국제 문제의 원인을 찾기 위해 모둠별로 문제 원인에 대해 브레인스토밍을 실시한다. 3. 방법 ① 자유로운 의견 표출 ② 비슷한 의견끼리 유목화 ③ 우선순위 부여 4. 가장 중요한 원인을 선정하여	Co-op 협동 브레인 스토밍	문제원인 자료, 문제원인 탐색 활동지

			가설을 설정한다.		
	정보 수집	1. 문제와 관련된 자료를 찾아 정보를 수집하게 한다. 2. 수집한 자료를 토대로 결론을 도출하게 한다.	1. 잠정적 가설이 맞는지 확인하기 위해 국제 문제와 관련된 근거 자료를 수집한다. 2. 가설을 뒷받침할 만한 각종 자료를 통해 결론을 도출한다.	모둠 활동, 자료 탐색	컴퓨터 활용
	대안 제시	1. 문제의 해결책에 관해 모둠별로 브레인스토밍을 실시하게 한다. 2. 문제해결책들을 평가할 때 우선순위와 장단점, 실현가능성 등을 검토하게 한다.	1. 각 모둠이 맡은 국제 문제의 해결 방안을 모색하기 위해 브레인스토밍을 실시한다. 2. 제시된 해결책별로 장단점을 검토하여 실현가능성 등을 고려하여 우선순위를 부여한다.	브레인 스토밍	해결방안 자료, 문제 해결책 활동지
	검증	1. 문제해결책의 구체적 행동계획을 수립하여 실시한다. 2. 실시한 결과를 정리하여 보고서를 제출하게 한다.	1. 문제의 해결책에 따른 구체적인 실천 방안을 모색한다. 2. 앞으로 실천한 결과를 추후 보고서를 정리하여 제출한다.		보고서
정리 및 평가	모둠별 발표	각 국제사회의 문제에 관한 주제의 원인, 해결방안 모색 등에 관한 종합 내용을 집단 앞에서 발표하게 한다.	1. 각 모둠은 조사한 내용을 발표하고 청중은 이를 경청한다. 2. 청중은 모둠 발표 내용의 종합적인 이해를 통해 국제사회의 문제해결의 필요성에 대해 공감한다.	집단 발표	
	평가	모둠의 문제 원인 탐색과 해결방안 모색에 관해 평가한다.	청중은 동료 평가지를 활용하여 발표 모둠의 완성도에 대해 평가한다.		동료 평가지
	다음 회기 예고	국제관계와 국제법에 대해 학습할 것임을 안내한다.			

출처: 옥일남 (2014). pp. 129-131.

3. 생태시민성

1) 생태시민성의 개념과 특성

석탄, 석유 등의 자원을 기반으로 한 산업의 발달은 사람들의 삶을 풍요롭게 만들었다. 그러나 이러한 풍요는 한정된 지구 자원의 고갈을 불러일으켰을 뿐만 아니라, 갖가지 환경문제와 사회문제를 발생시켰다. 1960년대부터 서구 사회는 영원히 계속될 것이라 믿어온 성장에 한계가 있음을, 환경문제가 전 지구에 심각한 결과를 발생시킬 수 있음을 우려하기 시작하였다.

이러한 흐름 속에서 전 지구적인 환경문제에 대한 고민이 시민성과 결합되기도 했다. 이를 통해 환경시민성, 지속가능시민성, 녹색시민성 등의 용어가 등장했고, 이러한 용어들을 포함하는 개념으로 생태시민성이 주목을 끌었다(박순열, 2010a). 생태시민성은 덕성에 기초하고 공동체 구성원으로서의 책임을 강조한다는 점에서 전통적 시민성의 원칙을 따른다. 그러나 시민성이 발현되는 대상은 공간적으로 국가, 시간적으로 현재라는 영역을 넘어선다. 즉, 국가의 경계를 넘어 전 지구인, 종의 경계를 넘어 모든 생물을 대상으로 삼으며, 현 세대뿐만 아니라 미래세대까지 관심을 확대시킨다.

그렇다면 생태시민성은 전통적 시민성에서 단순히 대상 범위만 확대한 것을 뜻하는가? Dobson(2003)은 생태시민성이란 후기세계시민주의(post cosmopolitanism)라는 새로운 틀을 바탕으로 특별히 생태적인 형식을 취한 것을 생태시민성이라고 정의한다. 이러한 그의 해석은 생태시민성이 시민성에 기초하여 시작되기는 했으나, 단순히 범위를 확장시킨 것을 넘어서, '생태적'이라는 새로운 틀에서 세상을 이해해야 한다는 것을 깨닫게 한다. 종합해 보면, 생태시민성은 전통적 시민성에 기초하되, 관심의 대상을 전 지구인 및 다른 생물로까지 확대시켰을 뿐만 아니라, 생태적 틀로 세상을 이해함으로써 환경문제해결에 기여하도록 하는 자질 또는 태도라고 볼 수 있다(2012, 김희경).

Dobson(2003)이 제시한 생태시민의 성격은 다음과 같다.

첫째, 비영토성이다. 자유주의 및 시민공화주의 시민성은 국가라는 영토를 기반으로 시민으로서의 권리와 의무를 언급하는데 반해, 생태시민성은 국가라는 경계를 넘는다. 따라서 시민으로서의 책임이 적용되는 범위 역시 국가를 넘어, 전 지구로 확대된다. 이는 생태시민성이 환경문제와 밀접한 관련성을 가지며, 환경문제의 중요한 특성 중 하나가 전 지구적인 범위를 갖는다는 것에 기인한다. 지구온난화, 방사성 물질의 확산, 황사, 해양오염 등 대규모의 환경오염 사건은 국가라는 경계를 무의미하게 만든다. 뿐만 아니라, 선진국의 소비를 위해 개발도상국의 자원이 채취되고, 환경이 파괴되는 등, 한 지역의 산업활동이 다른 지역의 산업구조와 환경에 영향을 미치기도 한다. 이는 특정 지역의 특정인이 다른 지역, 다른 존재의 삶에 변화를 일으킨다는 점에서 생태발자국(ecological footprint)의 개념과 연결된다.

둘째, 비계약적인 의무와 책임의 강조이다. 자유주의 및 시민공화주의 시민성은 계약에 근거한 권리와 책임을 강조한다. 즉, 계약에 의해 권리와 책임을 주고받는 상호적 관계이며, 따라서 의무의 영역과 대상은 정치조직 및 사람에 한정한다. 그러나 이와 달리, 생태시민성은 비계약적인 의무와 책임을 강조한다. 나의 이익을 위한 권리보다 타인, 공공을 위한 의무와 책임을 강조하며, 그것이 상대방과의 계약이 의해서 또는 상대방과 공평하게 주고받는 것이 아니라, 조건 없이, 대가를 기대하지 않고 행하는 것이다. 여기서 생태시민성의 의무는 공간적으로 국경을 넘고, 시간적으로 현재와 미래를 포함하여 지속가능한 삶이 가능하도록 영향을 미치는 것이고, 의무의 대상은 생태적 공간과 시간에 있는 모든 존재이다. 결국, 생태시민성은 비계약성을 전제로, 현재 지구 전체에서 살아가고 있는 모든 존재, 그리고 미래에 지구에서 살아갈 모든 존재가 지속가능한 삶을 살 수 있도록 책임 있는 행동을 할 것을 요청한다.

셋째, 덕성이다. 덕성은 비계약적 의무와 책임의 기반이 된다. 그리고 그 첫 번째 항목은 정의(justice)이다. 앞에서 언급했듯이 생태시민성은 현재와 미래의 모든 존재가 그들의 삶을 지속하도록 의무와 책임을 행사하는 것인데, 이는 모든 존재의 생태적 자리(space)가 공정하게 분배되는 것을 추구하는 것에 기초한다. 따라서 생태시민성은 현재와 미래, 인간과 비인간 생물종이 자신의 몫을 공정하게 누려야 한다는 정의의 덕성을 추구한다. 덕성의 두 번째 항목은 동정(sympathy)과 배려(care), 연민(compassion)이다. 이들은 첫 번째 덕성인 정의를 효과적으로 적용시키는 데 중요한 역할을 한다. 결국, 생태시민성은 법률, 계약과 같은 외부적 동기에 의해 의한 것이 아니라, 덕성이라는 내부적 동기에 의해 발생한다는 것을 이해할 수 있다. 덕성은 자유주의 및 시민공화주의 시민성에도 존재하지만, 여기서의 덕성은 공동선, 상호호혜성이라는 점에서 생태시민성의 덕성과 차이를 보인다.

넷째, 사적 영역의 강조이다. 이는 두 가지 관점에서 이해할 수 있다. 첫 번째는, 사적인 것은 공적인 것과 연결된다는 점이다. 이는 앞에서 언급한 생태발자국의 의미 즉, 개인의 행동이 다른 존재에 영향을 미친다는 것과 일맥상통한다. 사적인 행동은 곧 공적인 행동이 될 수 있는 것이다. 따라서 생태시민성은 사적 영역에서의 일상적 실천을 중요시한다. 두 번째는, 생태시민성은 덕성에 기초하는데 이것은 사적 영역과 잘 연결된다는 점이다. 특히, 동정과 배려와 같은 덕성은 사적 영역의 관계에서 비계약적으로 적용하기에 적절하다. 덕성은 부모와 자식, 친구 사이와 같은 개인적 영역에서 전통적으로 구현되어 왔으며, 또한 대가를 바라지 않는 행동을 일으킨다. 따라서 생태시민성은 사적 영역에서 효과적으로 발휘될 수 있다. 사적 영역을 중요시하는 생태시민성의 이러한 특성은 공적 영역만을 강조하는 자유주의 및 시민공화주의 시민성과 차이를 보이는 부분이다.

이처럼 생태시민성의 고찰을 통해 청소년들은 친밀성의 시민성과 세계적 문제 사이에 있는 개념적인 연계를 깨닫게 된다. 청소년들 자신이 맺은 관계, 소비의 패턴 그리고 우리의 환경을 전반적으로 다루는 방법에서 책임을 갖도록 함으로써, 인간의 성공을 양으로만 평가하지 않고 좀 더 깊이 있고 질적으로 평가하도록-우리가 숨 쉬는 공기의 질, 자연적인 아름다움, 신선하게 생산된 음식을 즐기는 것과 같이-변화될 수 있을 것이다(Steward, 1991).

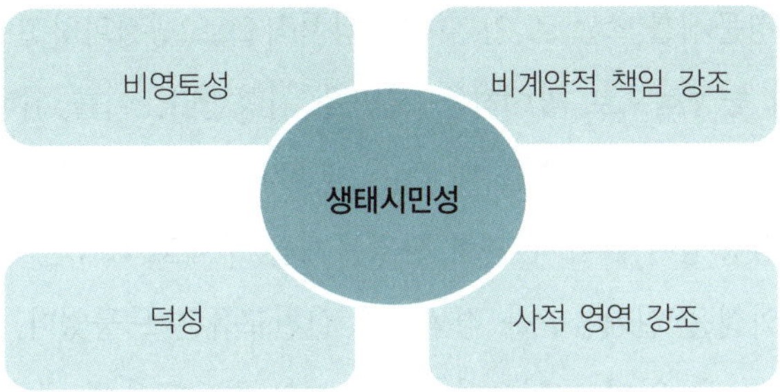

그림 4-2 ■ 생태시민성의 특징

출처: Dobson (2003).

2) 생태시민교육의 지도방법과 실제

(1) 생태시민성의 지도방법

현 시대를 살아가는 청소년들에게 사회적 환경, 사회구조적인 모순과 결부된 환경문제를 어떤 관점에서 바라보게 할 것인지, 어떤 능력이 요구되는지에 대한 고민이 필요하다. 오늘날 생태위기의 시기에 범람하는 문제들을 해결하고 개선하기 위해서는 바른 선택과 의사소통을 통해 합의를 이끌어내고 실천할 수 있는 시민이 요청된다. 이는 환경문제에 대한 참여와 더불어 현실의 생태위기를 극복하고 예방하기 위한 자유로운 의사결정 과정을 위한 지도-학습이 이루어져야 한다. 이를 위해 자유로운 토론은 계속해서 강조되어야 하는데, 이는 청소년들의 태도나 실제 생활양식상의 변화를 이끌어낼 수 있게 하기 때문이다. 지도자는 의사소통과정에서 청소년들이 맹목적으로 받아들인 지식이 아닌, 자신의 '진정한 이해'가 수반된 지식이 되도록 해야 한다.

생태시민교육의 주요 관심사는 '청소년이 무엇을 알게 되었나' 또는 '무슨 일을 처리할 수 있는가'보다는 '어떤 사람이 될 것인가'에 더 큰 관심을 갖는 것이다. 생태시민성 지도는 시민 개개인의 도덕성 회복 차원을 넘어서 시민들이 일상생활을 통해, 지역의 환경문제를 스스로 인식하여 정치적으로 쟁점화하고 그와 관련된 정치적 결정과정에 능동적으로 참여하는 시민을 지향한다. 이를 위해서는 청소년들에게 능동적 참여와 학습의 기회를 더 많이 제공해줄 수 있어야 한다. 그동안 교육에서도 유연성, 융통성이 많아져 사회 환경문제를 주제로 다루는 사례가 많아졌지만, 청소년들의 의식을 일깨울만한 경험이나 실천교육은 드물었다. 지금은 더 이상 사회변화를 좌시할 수 없게 되었으며 교과중심의 학교교육에 대한 자기비판을 함과 동시에, 끊임없이 변화하는 사회 환경과 발맞추어 생태적으로 건전하고 윤리적인 시민을 양성할 책임이 학교뿐만 아니라 청소년 기관이나 시설에도 존재한다는 생각을 해야 한다.

(2) 생태시민교육의 실제

주5일 수업실시(놀토)에 따라 주말 여가시간이 많아진 청소년들에게 공연 및 견학활동에서 탈피하여 학교에서 배울 수 없는 생생함과 차별화된 청소년 환경체험 학습프로그램을 제공한다. 이는 청소년들에게 건전한 여가선용의 기회를 제공하고, 환경에 대한 소중함을 불러일으킬 수 있다. 또한 직접적인 체험활동은 실질적인 정보와 새로운 지식습득의 기회를 제공하며 더불어 생태시민성을 함양할 수 있다.

초등학교 시기의 청소년들은 급속히 변화하는 주변의 자연환경에 대해 많은 호기심을 갖고 있지만 이를 충족시켜 줄 활동적인 환경교육 프로그램은 많지 않다. 이에 밖에서 직접 체험하고 관찰하며 스스로 환경의 소중함을 느끼며 환경에 대한 관심과 감수성을 기르며 환경보호에 대한 습관뿐만 아니라 생태시민성 함양에도 도움을 줄 수 있는 활동중심의 환경 프로그램이 필요하다고 할 수 있다.

표 4-4 ■ 생태시민성 교육의 실제

<table>
<tr><th rowspan="3">프로그램명</th><td rowspan="3">전진, 금호강 환경탐험대</td><th>장소</th><td>청소년 수련관 방과후 A, B교실</td></tr>
<tr><th>기간</th><td>○년, ○월, ○일</td></tr>
<tr><th>인원</th><td>50명</td></tr>
<tr><th>대상</th><td>"환경탐험대" 청소년</td><th>회기</th><td>3회기</td></tr>
<tr><th>프로그램 목표</th><td colspan="3">1. 프로그램 활동 시 필요한 기본 지식을 습득하고 환경탐구활동에 대한 호기심을 유발시킨다.
2. 현장체험 학습교육으로 청소년들의 직접적인 조사활동과 더불어 조사지역의 이색적인 탐구활동을 통해 환경에 대한 소중함을 인식하고 실질적인 정보와 지식습득 기회를 제공하며 생태적 시민성을 함양할 수 있다.
3. 프로그램 활동사진 및 결과물 작품전시를 통해 청소년들에게 색다른 경험과 활동의 장을 마련하고 활동을 마무리 하면서 청소년들의 성취감과 보람을 느낄 수 있게 한다.</td></tr>
<tr><th>1회기</th><td colspan="3">□ 환경교육활동
■ 금호강 주변 생태현황 및 교육 자료 안내
■ 금호강의 유래, 위치, 면적, 길이 알기
- 금호강 주변 식물, 곤충 자료를 이용한 이름알기
■ 탐사도구 사용방법에 대한 교육
- 수질 및 토양 측정기 사용법 알기
- 탐사도구 사용방법 및 측정키트 사용법 알기
■ 조사활동 시 필요한 전문용어 및 뜻 익히기
■ 생태조사기록지 작성방법교육
■ 환경교육 및 활동 관련 영상자료 관람

□ 만들기체험 - 나무곤충목걸이, 자연물화석만들기
■ 10명씩 4조 선정
■ 나무곤충목걸이 : 나뭇가지를 이용한 곤충목걸이 만들기
- 나비, 거미, 무당벌레 등 청소년들의 창작 만들기 활동
■ 자연물 화석 만들기 : 석고를 이용한 식물잎 미니화석 만들기
- 방법 : 석고가루 섞기→틀 선정→청자토 붙이기→굳히기→완성</td></tr>
<tr><th>2회기</th><td colspan="3">□ 환경조사활동
■ 수질조사활동
- 시약을 이용한 수질조사
- 부영양화측정, COD측정, PH측정, 온도측정
■ 토양조사활동
- 측정기를 통한 토양조사, 토양산습도측정, PH측정</td></tr>
</table>

	□ 환경탐구활동 ■ 생태조사기록지작성 - 조사한 내용을 조사지에 직접 기록한다. - 장소, 일시, 기온, 느낀점 등 기록 ■ 환경그림그리기 - 주변의 특징적인 상황을 그림으로 표현
3회기	□ 자연보호활동 ■ 활동 주변 환경정화활동 ■ 활동사진 기념촬영 □ 환경작품전시 ■ 전시방법 : 걸이전시, 이젤전시 ■ 작품별 방명록 설치 및 작성 ■ 작품전시 : 활동기록지, 식물사진, 활동사진 - 활동기록지 : 관찰일지 및 소감문 전시 - 식물사진 : 금호강 일대 식물 종류별 사진전시 - 활동사진 : 환경탐사단 활동사진 전시 □ 환경도구전시 ■ 탐사도구, 실험기구 작품전시 활동 □ 활동결과물전시 ■ 환경그림그리기, 나무곤충목걸이, 자연물화석 등 프로그램을 통한 우수작품전시
마무리	□ 결과자료집발간 ■ 제작방법 : 프로그램 활동 내용 및 사진결과물 수록 - 유형 : A4크기의 책자 (양면칼라) ■ 수량 : 1,000부 □ 주요 삽입내용 ■ "전진! 금호강 환경탐험대" 프로그램 소개 ■ 프로그램 활동 내용 및 일정표 ■ 활동결과물 우수작품사진 수록 ■ 환경교육자료 및 내용수록 ■ 우수소감문 및 나도 한마디 □ 사용용도 ■ 청소년활동프로그램 참고자료 ■ 타 수련기관 배포를 통한 프로그램 소개 및 안내 ■ 활동 내용 정리 및 결과물 수록을 통한 교육자료 사용

PART 02

지도방법의 이론

05

chapter

청소년지도방법의 원리

1. 자율참여의 원리
2. 현장학습의 원리
3. 문제해결의 원리
4. 심성계발의 원리

05 청소년지도방법의 원리

청소년지도방법의 원리는 청소년지도자가 청소년을 지도하는 데 있어서 유념하고 따라야 할 지침이다. 청소년들은 제각기 다양한 특성과 욕구를 가지고 있다. 때문에 청소년지도자들은 항상 지도방법의 기본적인 원리를 지도 현장의 맥락에 맞게 실현하도록 노력해야 한다(한국청소년개발원, 2006). 청소년지도방법의 원리로 자율참여의 원리, 현장학습의 원리. 문제해결의 원리, 심성계발의 원리 등을 들 수 있다.

1. 자율참여의 원리

1) 자율참여의 필요성

청소년지도방법에서 자율참여의 원리는 청소년 스스로가 청소년활동 참여의 주체가 되어 자신의 활동목적을 달성하도록 하는 원리이다. 즉, 청소년 스스로 청소년활동의 필요성과 중요성을 인식하고, 자신의 의지에 따라 자발적으로 활동을 선택하여 결정하며, 나아가 청소년활동에 적극적이고 능동적으로 참여하도록 하는 것이다. 이는 청소년활동의 효과를 증진할 뿐만 아니라, 향후 청소년활동에 대한 지속적인 참여를 유발하는 동기(motive)가 되기 때문에, 청소년지도활동을 전개해 나갈 때 중요하게 다루어져야 한다(성열준 · 강석기 · 김정일 · 한상훈, 2010).

자율과 참여중심의 청소년지도방법은 청소년활동의 진정한 주인인 청소년에게 돌려주는 것에서부터 시작한다. 즉, 공급자중심의 구조화된 청소년지도에서 수요자중심의 유연한 청소년지도로의 패러다임의 전환이 전제되어야만 가능하다. 그리고 청소년을 활동에 자발성을 갖추고 주체적인 학습활동을 전개하는 능동적인 존재이며, 다양한 활동 참여를 통해 지속적으로 자신을 진화시켜 나가는 존재로 이해해야 한다. 또한 청소년기관이나 단체들은 청소년에게 활동프로그램을 제공함으로써 청소년들의 요구를 충족시켜 주는 일종의 서비스 기관으로 이해되어야 한다.

2) 자율참여의 의미

자율참여란 자율(autonomy)과 참여(participation)의 합성어다. 따라서 자율참여의 개념을 이해하기 위해서는 자율과 참여의 개념에 대한 고찰이 우선적으로 필요하다.

(1) 자율의 의미

자율(autonomy)이란 문자 그대로 자기규제(self-rule), 자기통제(self-government)를 의미한다. Candy(1991)는 이상의 세 가지 전제조건을 확대하여, 자율적인 학습자로 인정받기 위한 조건으로 다음과 같은 여섯 가지를 제시하였다.

첫째, 자신의 학습목적과 학습계획을 스스로 결정할 수 있어야 한다. 둘째, 자신의 생각과 행동에 대한 선택의 자유(freedom of choice)를 누릴 수 있어야 한다. 셋째, 다양한 대안들에 대해 스스로 판단할 수 있는 이성적 사고능력을 갖추고 있어야 한다. 넷째, 자신이 선택한 행위를 두려움 없이 의연하게 실행할 수 있는 의지와 능력을 갖추고 있어야 한다. 다섯째, 학습과정에서 나타나는 도전과 좌절, 참여와 중도포기 등의 일련의 행위들을 통제할 수 있는 자기억제능력을 갖추고 있어야 한다. 여섯째, 자기 자신을 자율적인 사람이라고 생각하는 자아개념을 가지고 있어야 한다.

이와 같이 청소년지도에서 자율이란 청소년이 이성적 사고에 기초하여 자신의 학습활동에 대한 의사결정을 스스로 내리며, 자신이 선택한 행위를 자유의지에 따라 의연하게 실행하는 것이라고 정리할 수 있다.

(2) 참여의 의미

청소년지도는 계획된 활동에 대한 청소년들의 참여를 기본 전제로 하기 때문에 청소년 참여는 청소년지도에서 매우 중요한 관심사로 대두되고 있는 용어이다. 또한 청소년활동 프로그램을 제공하는 기관의 입장에서 볼 때, 잠재적 학습고객인 청소년들의 참여가 이루어지지 않는다면, 프로그램의 목적을 달성할 수 없을 뿐만 아니라 기관 자체도 존속될 수 없기 때문에, 청소년지도에 있어서 참여는 가장 핵심적인 주제라고 할 수 있다(성열준 외, 2015).

참여(involvement)란 청소년들이 활동프로그램에 등록하여 역할을 부여받고 주어진 역할을 수행하는 것을 의미한다. 청소년 참여(youth participation)의 개념에 대한 정의는 학자마다 매우 다양하게 정의되고 있으나, 일반적으로 '의사결정 권한의 공유'라는 관점과 '청소년과 성인의 파트너십 형성'이라는 관점에서 검토해 볼 수 있다(천정웅 · 오해섭 · 김정주 · 김민, 2013).

첫 번째, 의사결정 권한의 공유의 관점에서 청소년 참여는 "청소년들이 자신에게 영향을 미치는 주요 의사결정에 관여하여 영향력을 행사하는 것"을 의미한다. 이는 지금까지 청소년의 삶과 관련된 대부분의 의사결정이 청소년 자신의 의견을 고려하지 않고 성인에 의해서 일방적으로 결정된 것이 많다는 데에서 출발한다. 특히 청소년정책과 같이 청소년들의 삶에 광범위한 영향을 미치는 의사결정과정에 청소년이 배제되는 상황이 지속되었다는 점에서 청소년 참여의 핵심적인 개념으로 의사결정 권한을 청소년이 갖도록 하자는 의미이다.

두 번째, 청소년 참여의 개념을 '청소년과 성인의 파트너십 형성'으로 보는 관점이다. 이는 청소년들이 의사결정 권한을 어느 정도 가져야 하는가에 대한 논의에서 출발한다. 구체적으로 청소년-성인 파트너십이란 "기존의 청소년-성인의 관계에서 벗어나 청소년과 성인이 강력한 공동체를 이룸으로써 함께 일하고, 권한을 공유하고, 서로에게 배우는 것"을 의미한다. 파트너십은 상호 간의 동등한 관계와 동등한 권한, 상호존중이 기본적으로 전제되는 것으로 청소년-지도자 파트너십에서도 마찬가지이다.

Hart(1997)는 청소년 참여의 단계를 8단계로 제시하면서 최종 8단계를 청소년 주도의 성인과 의사결정을 공유하는 단계로 설정하였다. 참여형태를 ① 성인들이 이용하는 단계, ② 장식처럼 동원되는 단계, ③ 명목상으로 참여하는 단계, ④ 성인들이 지시하고 정보를 제공하는 단계, ⑤ 성인들이 정보를 제공하고 협의하는 단계, ⑥ 성인 주도로 청소년과 의사결정을 공유하는 단계, ⑦ 청소년이 주도하고 청소년들이 감독하는 단계, ⑧ 청소년 주도로 성인과 의사결정을 공유하는 단계로 구분하였다.

① 성인들이 이용하는 단계

참여의 가장 낮은 단계로 어른들이 의도적으로 청소년의 목소리를 이용하는 단계이다. 성인이 주도하고 청소년들과 함께 운영하지만, 청소년들은 그 사안이나 행동에 대한 이해가 없다. 또한 청소년들과 의논하지만 피드백이 전혀 없고 성인들은 청소년들이 참여하는 것처럼 꾸미는 단계이다. 청소년들이 문제나 사안에 대한 이해 없이 플래카드를 들고 시위에 참여하는 단계이다.

② 장식처럼 동원되는 단계

성인들이 주도하고 청소년과 함께 운영하지만, 청소년들은 그 사안에 대한 이해가 적고 조직화 과정에서 참여도 없다. 성인들이 청소년이 주도하는 것처럼 꾸미지는 않지만 청소년들을 이용하는 단계이다. 이 단계는 청소년에게 관련된 주장이나 내용을 담은 T-shirt를 입히는 단계로 이러한 상황의 전개과정에서 청소년은 자신의 의사를 말할 수 있는 기회가 주어지지 않는다.

③ 명목상으로 참여하는 단계

성인들이 주도하고 청소년들이 자신의 '목소리'를 가진 것처럼 보이지만 주제에 대한 선택권이 없고 자신의 의견을 형성할 기회가 없다. 명목적 참여단계는 다루기가 매우 어려운 단계이고 구분하기도 어려운 단계이다. 이 단계에서는 청소년들이 회의에 참석할 수 있도록 초청되고 의견을 말할 수 있는 기회도 주어지나 토의의 주제를 선정하거나 발표의 형식이 제한되며, 자신들의 의견을 형성하거나 다른 친구들과 협의할 기회가 주어지지 않는 단계이다. 흔히 제도나 규정에 따라 어린이들이 어른들에 의하여 선발되어 초청받는 경우로, 그들이 다른 청소년들을 대표하는 것으로 의미를 부여하는 경우가 많다. Hart는 제3단계까지는 실질적으로 청소년의 참여로 보지 않는다.

④ 성인들이 지시하고 정보를 제공하는 단계

이 단계는 성인 주도로 운영하지만, 청소년들이 그 의도를 이해하고 누가 그리고 왜 의사결정을 내리는지를 이해하며, 이후에 의미 있는 역할을 담당하거나 자원봉사를 할 수도 있는 단계이다. 이 단계에서는 청소년의 참여와 비참여가 구분되는 단계로서 청소년이 활동의 취지를 이해하고 있는지, 청소년들은 누가 결정을 내리는지, 그리고 그 이유가 무엇인지를 이해하고 있는지, 청소년이 진정한 역할을 담당하고 있는지, 청소년들이 자발적으로 참여할 수 있도록 활동의 내용이 충분히 설명되었는지 등이 고려되는 단계이다.

⑤ 성인들이 정보를 제공하고 협의하는 단계

이 단계는 성인들에 의하여 계획되고 운영되지만, 청소년들이 그 과정을 이해하고, 자신들의 의견이 신중하게 고려된다는 것을 아는 단계이다. 예를 들어 청소년들을 대상으로 하는 조사의 경우, 청소년들이 조사목적을 이해하고 조사결과의 분석과 결과에 대한 논의에 청소년들이 참여하는 경우를 들 수 있다. 이 경우에 최소한으로 청소년들이 조사목적을 완전히 이해하고, 청소년들에게 조사를 위한 자원봉사활동을 요구하고, 그 결과에 대해서 청소년들에게 완전하게 정보가 주어져야 한다.

⑥ 성인 주도로 청소년과 의사결정을 공유하는 단계

진정한 참여가 시작되는 6단계에서는 성인들이 주도하지만, 의사결정과정에서는 청소년의 참여가 이루어지는 단계이다. 지역사회에서 수행되는 대부분의 프로젝트는 대개 특정 연령집단이 아닌 모든 지역사회 구성원을 대상으로 하기 마련이다. 그러나 이와 관련된 의사결정은 대개 25세 이상의 연령층이 가장 많은 권한을 갖는 것이 일반적이다. 청소년 참여에서 제6단계는 매우 중요한 의미를 갖는데, 성인들이 청소년 참여에 대한 유능성이나 확신을 갖지 못하면 다음 단계로 넘어가기 어렵다.

⑦ 청소년이 주도하고 청소년들이 감독하는 단계

이 단계에서는 청소년들이 성인들의 참여 없이 자신들의 프로젝트를 시작하고 운영하는 단계이다. 그러나 실제에서는 청소년들의 놀이(play)의 세계를 제외하고는 현실적으로 발견하기 어려운 단계이다. 이러한 경우에도 성인들은 관찰자로서 존재하면서 청소년들의 활동에 대해 인식을 하지만 통제하지 않는 단계이다. 그러나 청소년들은 이러한 단계의 활동을 성인들 몰래 수행하거나 시작할 때부터 성인들의 눈을 피하는 경향이 있는데, 이는 성인들이 청소년들의 욕구나 능력에 대한 이해가 부족한 것을 걱정하기 때문이다.

⑧ 청소년 주도로 성인과 의사결정을 공유하는 단계

청소년 주도로 성인과 의사결정을 공유하는 제8번째 단계는 실제로는 매우 드문 경우이다. 왜냐하면, 어른들이 청소년의 특별한 관심에 대한 이해나 적응이 어렵기 때문이며, 어른들을 참여시킬 수 있는 활동을 기획하기 위해서는 앞서 논의된 단계의 훈련이 요구되기 때문이다. 이 단계에서는 대개 나이 많은 청소년으로 성인이 포함되어 프로젝트를 기획하고 운영한다. 그러나 이 단계는 여전히 청소년들과 함께 성인들의 참여가 이루어지고 있기 때문에 참여의 가장 높은 단계가 아니라는 주장이 제기되기도 한다. 이에 대해 청소년 참여의 목적이 '청소년들의 권력(power of youth)'을 개발하는 데 목적이 있는 것이 아니고, 또한 청소년들이 지역사회로부터 완전히 독립된 자신들만의 영역을 운영하도록 하는 데 있는 것이 아니라는 점을 고려해 볼 때, 청소년이 주도적으로 프로젝트를 개발하고 이를 수행하는 데 성인들과 협력한다는 것은 청소년이 지역사회의 구성원으로서 역할을 수행하는 데 충분한 능력과 자신감을 갖고 있다고 볼 수 있다는 점에서 바람직한 청소년 참여의 유형으로 받아들여지고 있다.

3) 자율참여의 의의

청소년들의 직접적인 체험활동을 강조하는 청소년프로그램은 청소년들이 활동의 주체로서 프로그램에 적극적으로 참여하고 행함으로써 새로운 경험을 체험한 후에 자신들의 체험을 공유하고 자신만의 경험세계로 새롭게 조직하여 내면화・일반화시켜 일상 속에서 자연스럽게 적용할 수 있다는 특성을 가지고 있다. 청소년프로그램의 특성상 프로그램 운영에서 청소년 자신의 주체적인 역할이 매우 중요한 요소가 되며, 이를 위해서 청소년들의 요구와 흥미에 맞는 프로그램을 개발하고 청소년들이 활동 주체가 되는 방식으로 운영되어야 한다(성열준 외, 2010).

4) 자율참여의 특징

청소년들이 자신이 경험하게 될 활동프로그램에 대한 모든 결정권을 스스로 갖게 될 때를 최고의 자율참여라고 할 수 있다.

Zimmerman(1994)에 따르면, 학습자가 자신의 학습활동을 스스로 선택하고 통제하는 자기규제적 학습(self-regulated learning)은 다음과 같은 네 가지 특징을 가진다.

첫째, 학습자에게 자신이 학습에 참여할 것인지, 그렇지 않을 것인지를 선택할 수 있는 기회가 부여된다는 점이다. 이는 학습동기와 관련된 것으로, 학습동기는 학습자의 학습목적(learning goals)이나 자기효능감(self-efficacy), 가치(value) 등에 의해 발생된다.

둘째, 학습자에게 자신이 선호하는 학습방법을 선택할 수 있는 권한이 부여된다는 점이다. 이는 학습방법과 관련된 것으로서, 자기규제적 학습자는 자신이 계획한 학습방법에 보다 의존한다는 것을 의미한다.

셋째, 학습자에게 자신이 선택한 학습행위를 스스로 모니터링(self-monitoring)하고, 스스로 자신의 행동을 조절(self-modulating)할 수 있는 기회가 부여된다는 점이다. 이는 학습자가 자신의 학습수행 과정을 통제하기 위한 조건으로서, 자신의 학습행위의 결과를 스스로 인식하게 해주는 것을 의미한다.

넷째, 학습자에게 자신의 학습환경을 선택하거나 통제할 수 있는 기회가 부여된다는 점이다. 이는 학습자가 자신의 학습을 지지・지원・촉진하도록 학습환경을 설계할 수 있게 해주는 것을 의미한다.

청소년지도에서 청소년 참여는 청소년과 청소년지도자 간의 파트너십을 통해 청소년과 청소년지도자 모두가 제안하고 의사결정을 할 수 있는 기회를 가지며, 각각의 기여를 가치 있다고 인정하는 것을 말한다. 특히 청소년-지도자 파트너십은 청소년들이 당면하는 문제나 청소년들에게 영향을 미치는 프로그램과 관련하여 청소년지도자가 청소년들과 완전하게 파트너십의 관계를 갖는 것을 강조한다.

5) 자율참여의 방법

청소년지도의 과정에서 청소년이 참여할 수 있는 방법은 다양하다(김정주, 2007). ① 프로그램기획자, ② 프로그램 지도자, ③ 프로그램 평가자 등으로 참여할 수 있다.

첫째, 청소년들이 프로그램의 기획과정에 참여함으로써 프로그램과 관련된 청소년의 요구의 확인, 실천계획과 일정의 개발, 자원봉사자 확보, 프로그램의 전개, 프로그램 성과의 평가 등에서 역할을 담당할 수 있다.

둘째, 청소년들이 자신이 갖고 있는 능력과 장점을 바탕으로 적절한 훈련과 지원을 받으면, 프로그램의 요구를 사정하고, 프로그램을 설계할 수 있다. 청소년들이 지도자로 참여할 수 있도록 하기 위해서는 잠재력을 가진 청소년의 파악, 훈련과 오리엔테이션 실시, 필요시 성인 파트너의 지정, 프로그램에 대한 연습과 피드백, 다양한 여러 청소년의 참여, 모범적인 지도자의 모델 따라 해 보기 등 여러 가지 지원이 필요하다.

셋째, 청소년들이 프로그램 평가자의 한 형태로 참여하여 설문조사의 실시, 면접조사의 실시, 조사결과의 정리 등과 같은 평가관련 작업에서 역할을 수행할 수 있다.

넷째, 청소년들이 프로그램의 대표단의 한 형태로 참여하여 특정 문제나 논점에 관계되는 조직이나 지역(geographic area)으로부터 청소년을 한 군데에 모아서 청소년회의를 가질 수 있다. 이 방법은 청소년들에게 중요한 논점(issue)에 대하여 청소년들이 모여서 토론하고 실천할 수 있는 기회와 가능한 대안을 찾아보는 기회를 갖게 된다.

다섯째, 청소년들이 프로그램의 자문위원으로 참여하여 특정한 사안이나 프로그램과 관련된 의사결정 지원, 성인들로 구성된 집단에 대한 자문이나 통찰력의 제공 등의 기능을 담당할 수 있다.

여섯째, 청소년들이 프로그램의 운영위원으로 참여할 수 있다. 청소년들을 역량을 갖춘 자원으로 인식하고 조직 안에서 청소년의 의견을 존중하는 경우, 청소년들이 운영위원회나 이사회 등 의사결정기구에 참여하여 투표권을 행사할 수 있도록 하는 것이 가능하다. 청소년을 운영위원회에 참여시키는 것은 매우 중요한 역할을 담당하게 하는 것으로 신중한 접근이 필요하다.

6) 자율참여의 촉진전략

청소년지도의 현장에서 자율참여 접근방법의 원리가 적용되기 위해서는 청소년과 청소년지도자 모두의 변화가 필요하다. 청소년의 자율참여 의지를 촉진하기 위해서는 다음과 같은 원칙들이 적용되어야 한다(권일남 외, 2012).

첫째, 청소년지도자는 청소년들에게 자신의 활동에 대한 책임감을 갖도록 해야 한다. 활동에 대한 책임감을 갖게 하기 위해서는 자신의 활동에 선택권을 부여해 주어야 한다. 그리고 자신의 활동 내용을 설계하는 데 적극적으로 참여시켜야 한다. 따라서 청소년들에게 활동프로그램에 대한 책임감을 갖게 함으로써 보다 심화된 참여를 유도할 수 있다.

둘째, 청소년지도자는 일관성 있고 헌신적이어야 한다. 청소년지도자의 열정이란 자신이 지도하고 있는 활동프로그램에 가치를 부여하고, 헌신의 노력을 기울이는 태도를 말한다. 청소년지도자의 일관성 있는 열정과 헌신은 청소년의 참여 동기에 강한 영향을 미치며, 감정적으로 고무된 활동 참여를 유발할 수 있다.

셋째, 청소년지도자는 청소년들의 활동 참여를 격려(encourage)해야 한다. 학습자를 격려한다는 것은 학습자를 인간으로서 존중하고, 학습자의 노력을 믿고 신뢰하며, 학습자가 배울 수 있다는 것을 학습자에게 보여주는 교수자의 행위이다. 따라서 청소년들의 활동 참여를 격려한다는 것은 청소년을 인격체로서 수용하고, 그들의 활동을 지원하고 있음을 의미한다.

넷째, 청소년지도자는 청소년들에게 활동 참여를 통해 얻을 수 있는 결과를 이해시켜야 한다. 청소년들이 교육활동에 참여하는 것은 활동 참여를 통해 자신에게 유용한 무언가를 얻을 수 있는 기대 때문이라고 볼 수 있다.

다섯째, 청소년지도자는 활동과제를 흥미롭고 이해하기 쉽게 제시해야 한다. 활동 내용에 대한 관심을 집중시키기 위해서 청소년의 호기심을 자극하고, 흥미롭게 제시하는 것이 중요하다.

여섯째, 청소년지도자와 청소년 간에 상호 존중하고 친밀한 관계가 형성되어야 한다. 인간은 안전감과 유대감의 욕구를 가지고 있으며, 이러한 욕구를 충족시켜주는 학습환경은 참여 동기에 긍정적인 영향을 미친다. 청소년지도자와 청소년 간에 상호 존중하고 친밀한 관계가 형성되지 않는다면, 청소년은 위협이나 굴욕감을 느끼지 않기 위해 자기방어기제를 사용하게 되며, 결과적으로 자신의 의견과 생각을 자연스럽게 표현할 수 없게 될 것이다. 반면, 청소년지도자와 청소년 간의 친밀한 유대관계가 형성되면 청소년의 자신의 독특한 경험과 생각, 의견을 학습경험에 연계시킬 수 있게 되며, 보다 적극적으로 학습활동에 참여하게 될 것이다.

일곱째, 청소년지도자는 성공적인 활동수행을 청소년 자신의 능력, 노력, 지식에 귀인하여야 한다. 청소년활동에서의 성공적인 수행은 다양한 원인에 귀인시킬 수 있다. 따라서 그러한 성공을 청소년 자신의 능력, 노력에 귀인시키는 것은 학습자로서의 자기효능감과 유능감을 형성시키고, 자율참여의 의지를 향상시킬 수 있는 좋은 방법이 될 수 있다.

여덟째, 청소년지도자는 필요하다면 건설적인 비판(constructive criticism)을 효과적으로 사용해야 한다. 건설적인 비판은 피드백과 유사한 형태이긴 하지만, 학습상황에서의 실수나 문제점을 부각시키는 데 한정된다는 특징을 지닌다. 건설적인 비판에서는 비난이나 혐오, 거부감의 표현이 제한된다. 그러나 건설적인 비판이 과용될 경우 오히려 청소년의 자율참여의 동기를 저하시키는 악영향을 미칠 수 있으므로, 빈번하게 사용하기보다는 효과적으로 잘 사용하는 것이 필요하다.

아홉째, 청소년지도자는 청소년들이 서로 의지할 수 있도록 청소년들 간에 관계를 형성할 수 있도록 도와주어야 한다. 청소년들이 서로의 의견을 존중하고 서로

도우며 의지할 때 비로소 자율적인 자치활동이 가능하며, 서로에게서 많은 것들을 배울 수 있다. 지도자는 청소년들 간의 관계를 형성할 수 있도록 도와주어야 한다.

2. 현장학습의 원리

청소년 현장학습은 기존의 교사중심의 교실수업으로부터 벗어나 현장 위주의 체험활동을 중시하는 수업방식이다. 이는 정보화중심의 다변화되고 가족화된 사회구조 속에서 학습자들의 독특성과 창의성을 발휘할 수 있도록 학습환경을 조성하려는 시도에서 비롯되었다. 그러나 이러한 방법상의 유용성에도 불구하고 대부분의 현장학습이 학교 밖으로 나가야만 가능하다고 보는 관점이 지배적이어서 원활하게 실시되기에는 나름대로 어려움이 있는 것도 사실이다. 현장학습활동에서는 무엇보다도 교사가 학생들의 안전관리에 각별한 신경을 써야 하므로, 지나친 통제위주의 진행으로 현장학습이 지닌 본래의 의미를 구현하기 어려울 것임을 감안해야 한다 (권일남 외, 2010).

현장학습은 특히, 청소년 환경활동과 같이 현장탐사 및 현장활동을 통한 교육목표 달성을 위한 가장 효과적인 방법으로 볼 수 있다. 환경과 직접 접촉하여 생생한 교감을 나눔으로써 교실에서 이루어지는 지식과 정보전달 위주의 단순한 교육보다 실질적인 실천방식을 습득하며 동시에 환경감수성을 높일 수 있다. 또한 현장체험학습을 통하여 학생들에게 인위적이고 도시화된 환경에서 벗어나 자연환경과의 접촉기회를 자주 제공해 줌으로써 보다 넓은 자연의 세계에 대한 새로운 경험을 갖게 해준다. 지금까지 밝혀진 현장체험학습에 관한 연구들에서도 그 중요성이 강조되어왔으며, 현장체험학습의 일정한 특성과 현장체험학습의 장이 청소년들의 태도나 행동, 나아가 실질적인 학습에 많은 영향을 미치는 것으로 조사되었다.

1) 현장체험학습의 의의와 특징

현장체험학습은 현장학습과 체험학습의 두 가지 의미를 모두 포함한다. 현장학습은 학습장소를 학습자료가 있는 현장으로 옮김으로써 학습의 목표를 효율적으로 달성하려는 학습방법으로, 여기서 현장이란 자연이나 현실과 직접 접촉할 수 있는 장소로 일반적으로는 학교의 울타리 밖을 의미한다. 이와 더불어, 체험학습이란 사람의 오감을 통하여 직접 경험하고 온몸으로 체득하는 학습활동으로, 주입식 교육에 의한 단순 지식의 암기나 피동적인 내면화가 아닌, 학생 자신이 주체가 되어 참여하고, 느끼고, 실천하는 학습으로 독서나 교과를 통한 간접체험활동 및 탐사, 표현, 발표, 견학, 봉사 등을 포함하여 여러 가지 프로그램 참여활동에 의한 학습으로 볼 수 있다. 이와 같이 현장체험학습이란 학교를 벗어나 온몸으로 직접 경험하고 체득하는 학습활동이라 할 수 있다. 따라서 현장체험학습은 교실이라는 전통적인 학습의 장에서 벗어나 학생들로 하여금 학습에 대한 흥미를 자극하고 의욕을 불러일으켜 학습효과를 높이고, 나아가 학생들로 하여금 생생한 현장경험을 통하여 논리적인 사실과 현상 간의 관계를 보다 잘 이해할 수 있도록 하는 데 그 목적이 있으며, 현장체험학습은 다음과 같은 특징을 갖는다(천정웅 외, 2013).

첫째, 자연적 · 사회적 현상을 구체적이고 직접적으로 관찰할 수 있어 흥미와 관심을 높이고 자주적인 학습태도를 높일 수 있다. 둘째, 학습자들로 하여금 생생한 현장에서 폭넓은 경험을 함으로써 사회적 태도나 능력을 육성할 수 있고 사회인으로서의 행동양식도 길러줄 수 있다. 셋째, 교과와 관련된 문제들을 실제 체험을 통해 배우고, 배운 것을 실천할 수 있는 계기가 된다. 넷째, 자기의 주변 환경을 통찰하고 여기에서 새로운 의미를 발견하며 탐구력과 사고력을 기를 수 있다. 다섯째, 교사와 학습자가 공동으로 현장조사를 계획하고 실행하며 평가하는 등, 제반활동을 함께 함으로써 풍부한 교육환경을 접할 수 있고 지식을 심화시킨다. 특히 소집단을 구성하여 현장조사학습을 실행하는 경우에는 협동심을 기를 수 있다.

2) 현장학습 계획 수립

(1) 장소의 선정

적절한 장소를 몇 곳 선정하여 사전답사나 자료를 수집하고 학생, 학부모, 교사가 함께 참석하여 면밀히 검토한 후 결정하는 것이 바람직하나 고학년 이상의 학생들에게는 장소의 선정 시 고려해야 할 기준 설정에서부터 장소 선정에 이르기까지 학생들이 협의하여 결정할 수 있도록 교사가 충분한 자료의 제공과 협의기회를 제공하는 것도 학생들의 문제해결력 신장에 도움이 될 것이다. 장소의 선정에 있어 고려해야 할 일반적인 사항은 다음과 같다(성열준 외, 2010).

① 현장학습의 목표달성에 적합한가?

② 학교, 학년 또는 과목의 교육목표에 적합한가?

③ 학생들의 안전상의 문제는 없는가?

④ 시기적으로 적절한 장소인가?

⑤ 학생들을 충분히 수용할 수 있는 공간인가?

(2) 계획 수립

계획 수립은 현장학습의 성패를 결정짓는 가장 중요한 단계이다. 우선 청소년들의 요구를 수렴하고, 이에 근거하여 이미 정해진 프로그램의 장·단기적인 목표를 달성하기 위한 구체적인 교수전략과 활동계획을 수립해야 한다. 일반적으로는 현장의 지리적인 특성, 활동기간, 학생들의 연령이나 성별 등을 고려하여 학교나 교사들이 프로그램을 작성하는 것이 보통이나, 기본적인 활동지침이나 내용은 학생들이 자발적으로 협의를 통해 계획을 수립할 수 있는 기회를 제공하는 것이 바람직하다. 계획 수립 시 고려해야 할 일반적인 사항은 다음과 같다(성열준 외, 2010).

① 협의회나 설문조사를 통해 학생, 학부모, 교사 또는 지역사회 인사의 요구, 흥미, 문제에 대한 사전분석을 실시한다.

② 이용가능한 시설, 기자재, 학습자료, 지도자 등의 목록을 조사하여 작성한다.
③ 현장학습에 관련된 문헌을 조사한다(장소, 활동주체, 활동대상에 대한 문헌자료집 등).
④ 활동집단을 조직한다.
⑤ 자기가 속한 조직에서 분담한 역할에 대해 사전분석 및 숙지를 한다.
⑥ 현장학습활동에 관한 담당자 전원 사전연수 및 협의회를 실시한다.
⑦ 행사 후 평가와 보고서 작성 및 협의회를 실시하여 다음 현장학습의 길잡이로 삼는다.

(3) 안전관리

현장학습에는 일반적으로 여러 가지 위험한 요소가 수반된다. 따라서 주도면밀한 준비와 예측할 수 있는 모든 위험에 대비하여 그 방지책을 구성하여야 한다.

① 실시 당일 가까운 날에 사전답사를 실시하여 현장상태를 점검한다.
② 위험에 대한 사전지도를 철저히 하고, 위험한 장소의 출입을 금할 경우 사전에 로프를 치고 접근을 금지하는 표시를 한다.
③ 참가하는 청소년들에게는 사전에 적응훈련을 실시하고, 안전사고에 관한 주의를 주고, 가정통신문을 발송한다.
④ 사용할 기자재를 점검하고 손질한다.
⑤ 긴급사태가 발생할 경우를 대비하여 충분한 준비를 한다.
⑥ 현장에 도착하여 현장 관리자와 반드시 오리엔테이션을 실시하고 안전사고 예방에 대한 주의를 충분히 준다.
⑦ 청소년들이 있는 곳에는 반드시 청소년지도자(교사)가 있어야 한다.

3) 현장학습의 전개과정

현장학습은 종류에 따라 여러 가지 유형으로 구분할 수 있다. 또한 학습대상별로는 봉사, 역사・유적, 자연환경, 전통문화, 산업・경제, 심신수련기관, 기관・단체 등으로 구분할 수 있으며, 청소년들이 교실 위주의 교육에서 벗어나 지역사회기관이나 자연관찰 및 야외활동을 통한 현장학습의 전개과정을 살펴볼 필요가 있다(김용신, 2000).

(1) 도입

청소년들에게 현장학습의 목적 및 필요성을 주지시킴과 동시에 그에 대한 기대감을 불러일으키고, 이미 실시되었던 사진 및 기록들을 참고하여 자신들 스스로 가장 흥미 있는 학습문제를 발견할 수 있도록 한다.

(2) 현장학습 준비

준비활동에서는 우선 현장학습에 대한 목표를 설정한 다음, 구체적인 실행계획에 이르기까지 교사 혹은 청소년지도자와 학습자들의 공동참여가 가장 중요한 원칙이어야 한다. 여기서 주의할 점은 학습자들의 시선을 학습현장에 집중시키는 것이다. 즉, 학습자들로 하여금 현장학습을 통하여 그들이 필요로 하는 무엇인가를 얻을 수 있다는 확신을 심어줌으로써 학습 내용에 대한 관심을 학습과정 전반에 걸쳐 적극적인 참여로 유도할 수 있다.

(3) 현장학습활동

이 단계에서는 현장학습 진행과정에서 실제 현장에서 발생할 수 있는 다양한 문제들을 발견하고, 각각의 문제 상황에 대한 해결방안을 찾아보거나 실제로 활동을 해 보는 것이다. 또한 여기서는 현장에서 학습자들 모두가 사전에 계획된 절차에 따라 구체적인 활동을 수행하는 단계이기도 하다. 실제로 현장학습에서는 이 단계가 가장 중요하며, 면접, 관찰, 조사 등의 활동이 직접 이루어진다.

(4) 결과보고활동

현장학습활동을 끝마친 후 학습 내용을 검토하고 정리하는 단계로, 현장학습과정에서 나타난 결과에 대한 반성적 고찰(reflection)을 바탕으로 그에 대한 미비점을 보충하고 새로운 대안들을 제시함으로써 좀 더 발전적인 학습과정을 마련하는 데 중요한 역할을 할 수 있다. 가능하면 소규모 단위의 모둠을 형성하여 참가자 모두가 자신이 체험했던 상황을 다른 사람들에게 발표하는 기회를 갖도록 하고, 또한 그 발표내용에 관하여 의견을 주고받는 상호학습은 현장학습의 매우 핵심적인 과정으로 받아들여져야 한다.

(5) 적용 및 평가

다양한 상황에서 이루어지는 현장학습활동을 통하여 청소년들이 체득한 새로운 사실, 정보 및 지식들을 간단한 메모에서부터 사진이나 영상자료 등과 같은 기록으로 남기고, 여기에 참가자 상호 간의 대화과정에서 발견된 내용과 관련 자료들을 참고하여 정리하고 리포트를 작성함으로써 다음 현장학습활동의 기초자료로 사용한다.

3. 문제해결의 원리

1) 문제해결의 의미

문제해결학습(problem solving learning)이란 문제를 매개로 하여 문제를 바르게 해결할 수 있는 능력을 기르기 위한 학습형태이다. 즉, 문제를 반성적 사고에 의하여 의혹이나 곤란을 제거하고 현실과 가능 사이의 대립을 없애며, 조화적인 통일을 얻는 것을 말한다(권일남 · 오해섭 · 이교봉, 2010). 문제해결학습방법은 Dewey가 체계화된 진보주의 교육철학의 교수방법으로서 제시한 것이며, 이는 학습자가 일상생활에서 부딪치는 문제를 스스로 해결해 나가는 능력을 길러 사회에서 살아갈 수 있는 힘을 함양할 수 있게 된다는 것이다.

2) 문제해결 7단계

(1) 1단계: 문제인식단계

문제해결과 의사결정을 위한 첫 번째 단계는 자신이 해결해야 하는 문제가 눈앞에 있음을 현실로 받아들이는 것이다. 우선 '문제의 본질을 이해하기 위해 해결하려고 시도하는 문제는 무엇인가?', '이루고자 하는 목표는 무엇인가?', '그 문제를 충분히 이해하고 있는가?', '필요한 행동은 무엇인가?' 등 이러한 과정을 간단하게 메모하거나 기록한다. 이러한 방법은 문제를 정확히 인식하는 데 도움이 될 것이다.

(2) 2단계: 대안 결정하기

대안은 문제 상황을 해결하기 위해 할 수 있는 행동과정이다. 반드시 그 문제에는 수많은 가능한 대안들이 있을 것이다. 그러므로 마지막 결정을 내리기 전에 심사숙고할 필요가 있다. 대안을 결정할 때 비슷한 경우를 경험한 적이 있는 사람들의 의견을 듣는 것도 도움이 될 수 있다.

(3) 3단계: 정보 수집하기

가능한 대안들의 목록을 작성했다면, 그것과 관련 있는 정보의 수집이 필요하다. 실제적이고 객관적인 정보를 수집하는 데 있어서, '각각의 대안에 대해 무엇을 알아야 하는가?', '어떤 재료나 정보가 대안의 도구로 필요한 것인가?', '얼마의 가격이 소요될 것인가?', '먼저 활용 가능한 대안인가?' 등 이러한 질문에 적절한 답변을 찾아내기 위해 과학적이며 체계적인 연구보고서를 검토하는 것도 한 가지 방법이 될 수 있다.

(4) 4단계: 대안 평가하기

대안을 위한 정보를 수집했다면, 문제해결에 있어서 장점과 단점 혹은 이익과 손해를 평가해 본다. 또한 각각의 대안을 채택해서 발생할지도 모르는 새로운 문제점들을 감안해 보아야 한다.

(5) 5단계: 실행 가능한 해결책 선택하기

선택된 대안들에 대한 평가를 바탕으로, 대안들에 대한 우선순위를 정하고, 그 중에서 가장 실용적이면서 효과적으로 문제를 해결할 수 있는 대안을 선택해야 한다.

(6) 6단계: 선택사항 실행하기

일단, 행동의 방향 혹은 원칙을 결정하면 그 원칙에 따르면 된다. 이미 결정한 해결책을 실행하지 못한다면, 이것을 위해서 사용되었던 시간과 에너지를 낭비하게 되는 셈이다. 두말할 필요 없이 해결을 위해 협조하거나 본인과 함께 일할 수 있는 사람을 적극적으로 찾아야 한다.

(7) 7단계: 결과 평가하기

평가는 해결방법이 좋은 결정이었는지 판단하고, 더 나은 해결방법을 만들고 또는 결정을 취소하고 새롭게 시작하게 만든다. 전체적으로 문제해결 및 의사결정을 하는 과정을 배우고 연습하는 단계는 더 좋은 문제해결사 혹은 의사결정자가 되는 데 도움이 된다.

3) 문제해결 학습과정

어떤 의미에서 보면, 우리의 삶은 항상 문제들 사이에 둘러싸여 있고, 그 문제들을 해결하는 연속적 과정이라고 생각되기도 한다. 이러한 문제들은 사회가 단순하고 변화가 적은 시기에는 성인들이 전달한 지식에 의해 어느 정도 해결할 수 있으나 오늘날의 사회에서는 각자가 자신에게 부딪친 사태들을 가장 현명하게 해결할 수 있는 능력이 있어야 한다. 이러한 능력을 배양시킬 수 있는 학습방법이 곧 문제해결 학습방법이다. 이 방법에 의한 전개 과정은 다음과 같이 5단계로 설명할 수 있다(권일남 · 오해섭 · 이교봉, 2010).

- 1단계: 문제의 선정단계에서는 학습자 자신이 그 문제를 충분히 의식하고 있어야 한다. 학습자 자신이 문제를 발견하기도 하고, 또 교사가 제시할 때는 충분히 설명하여 학습자가 문제를 파악하도록 해야 한다.
- 2단계: 해결방법의 계획에서는 결정된 문제를 해결하기 위해서 그 문제의 성질에 따라 해결방법이나 과정을 분담하여 수집한다.
- 3단계: 자료모집은 계획에 따라 문제에 관련된 자료를 조사하고 문헌이나 실험, 실측 등의 방법을 통해 수집한다.
- 4단계: 활동하는 단계로서 모집한 자료를 이용해 관측, 실험, 조사연구를 하여 문제나 의혹을 해결하는 실제 활동을 한다. 이때는 학습자가 중심이 되어 자주적인 활동을 한다. 교사는 학습자의 활동을 뒤에서 보조해 준다.
- 5단계: 결과를 검토하는 단계로서, 그 결과를 다시 재검토하면서 응용도 해보고 나아가 재인식한다. 그리고 확인된 결과가 성공했을 경우에는 발표를 하게 되고, 더욱 고차적인 다음의 발전을 예상하게 되는 것이다.

4) 문제해결 방법

(1) 브레인스토밍법

브레인스토밍(brainstorming)이란 여러 사람이 모여 어느 한 문제에 대한 아이디어를 공동으로 내놓는 회의방식의 집단사고방식이다. 이를 적절히 활용하면 아이디어의 연쇄반응을 일으켜 보다 짧은 시간 내에 전통적인 회의보다 더 많고 우수한 아이디어를 생산할 수 있다.

(2) 델파이기법

델파이기법(Delphi technique)은 전문가의 경험적 지식을 통한 문제해결 및 미래예측을 위한 기법으로 전문가 합의법이다. 델파이기법은 각 전문가들에게 개별적으로 설문서와 그 종합된 결과를 전달・회수하는 과정을 거듭함으로써 독립적이고 동등한 입장에서 의견에 접근해 나가는 것이다. 따라서 설문서의 응답자는 철저하게 익명성이 보장되므로 외부적인 영향력으로 결론이 왜곡되거나 표현이 제한되는 예가 매우 적다. 또한 통제된 피드백 과정을 반복하기 때문에 주제에 대한 계속적인 관심과 사고 촉진, 종합된 의견의 전달은 질문서에 대한 답을 집계하는 형식으로 이루어진다. 따라서 통계적으로 의견을 처리하여 제시함으로써 그룹 내의 의견 차이 정도를 보여주고, 강한 소수 의견에 대해서도 내용을 파악하게 해준다(김정렬, 2015).

(3) 여론방법

그룹이 실제 해결안에 동의하는 방법으로 일반적인 동의와 혼동되어서는 안 된다. 여론방법은 심사숙고한 결정을 내릴 시간이 없거나 그룹 화합이 최우선적인 것과 관련이 있을 때 특별히 효과적이다. 그룹 내에서 자신의 생각을 자유롭게 말할 수 있다. 토론에서 이런 생각들 중에서 중요한 것을 정하며, 정식의 투표나 아이디어를 등급으로 나누는 것이다.

(4) 구조적 그룹형성방법

구조적 그룹형성방법은 조직화된 선거 방식을 통해 평가대안을 산출하는 과정이다. 이것은 그룹 이름을 내걸고 하는 상호작용이다. 그룹이 투표를 해서 최상의 다섯 가지 아이디어를 결정한다. 최상의 다섯 가지 아이디어를 결정한 뒤에 그것을 토론하고 그 뒤에 그것을 제안한다. 다른 투표를 수행하기 위해서 수용 가능한 다른 한 가지의 투표수가 많으면 해결책으로 삼는다.

4. 심성계발의 원리

1) 심성계발의 필요성

(1) 심성계발의 의미

청소년지도방법에서 심성계발의 원리는 청소년활동 프로그램 참여를 통해 청소년들이 인간에 대한 이해의 폭을 넓히고, 주체성과 사회성, 긍정적 자아개념을 확립하도록 하는 원리이다. 심성계발이란 인간의 참된 본성을 의미하는 심성(心性)과 지능을 깨우쳐 열어주는 것을 의미하는 계발(啓發)의 합성어이다. 따라서 심성계발은 나 속의 나(심성)를 긍정적으로 이해하고 수용하게 하며, 자존감을 형성함으로써 긍정적인 삶의 태도를 형성하게 하는 것을 의미한다(성열준 · 우상용 · 강세현 · 이복희 · 김종찬 · 김재원, 2015).

(2) 청소년과 자아정체감

청소년기는 자아정체감 형성의 결정적 시기(critical period)이다. 즉, '나는 누구인가?', '나는 어디서 와서 어디로 가는 존재인가?', '내가 나라고 말할 수 있는 것은 무엇인가?' 등과 같은 질문을 던지고 그 해답을 얻기 위하여 노력하는 시기이다. 청소년기에 자아정체감을 형성하지 못할 경우 청소년기를 비롯한 그 이후의 발달은 커다란 장애를 겪게 된다. 예컨대 역할혼미를 겪고 있는 청소년들의 가장 큰 특징은 직업을 선택하지 못한다는 점과 추후의 교육을 성공적으로 수행하지 못한다는 점이다. 그리고 지속적인 역할혼미는 청소년들에게 부정적 정체감(negative identity)이나 반항적 정체감(anti identity)을 형성함으로써, 사회적으로 심각한 문제를 야기할 뿐만 아니라 결국에는 자기존재감 상실과 무가치감, 심각한 우울증 등으로 인해 극단적인 자기파괴 행동을 선택하게 할 수 있다(한상철, 2012).

(3) 청소년지도과정과 심성계발

생생한 인간관계 속에서 자기 자신에 대한 깊은 성찰이 중요하다. 즉 또래집단이나 성인들과의 관계 속에서, 그리고 그들의 반응 속에서 자신의 가치에 대해 솔직하게 질문하며, 자신의 욕구충족방법을 수정하고 타인과 교감하는 법을 배워야 한다. 또한 지도자에 의해 제공된 방법 외에도 다른 사람에 의해 제공된 방법들을 어떻게 수용하며, 이에 자기 자신은 어떻게 행동해야 하는가를 배우는 것은 청소년들에게 가장 바람직한 수련활동이라 할 수 있다.

청소년지도의 과정에서 심성계발은 여러 가지 상황 속에서 다양한 만남을 통해 자신에 대한 통찰력을 민감하게 하고, 타인과의 상호작용 과정 속에서 인간성을 체험하게 하는 것이다. 또한 이러한 경험들을 서로 나눔으로써 청소년활동 프로그램에 참여하는 모두에게 자신의 진실한 모습을 발견하게 하고 자기성장을 추구하게 하는 것이며, 아울러 공동체의 중요성을 깨닫고 공동체의 발전을 도모하게 하는 것이다(유수현, 2001).

2) 심성계발 수련활동의 기본 전제

(1) 심성계발 수련활동의 세 가지 전제

일반적으로 심성계발 수련활동(인간관계수련활동)이 발전된 과정이나 그 배경을 이루는 이론적 기초는 심리학에서 출발하여 많은 인접과학의 발전에 그 터전을 두고 있다. 그러나 여기서는 전반적으로 심성계발 수련활동에 직접적으로 관련된 세 가지 기본 전제에 대해 검토하고자 한다(전성민, 1993).

첫째, 인간은 인간관계의 산물이다. 인간은 태어나면서 관계의 구조 속에서 살아간다. 사람됨은 이러한 관계구조 속에서 의미를 갖는다. Sullivan은 그의 성격이론에서 성격이란 순전히 가설 혹은 환상으로, 인간관계상황을 떠나서는 관찰 또는 연구될 수 없다고 주장하면서 성격이란 인간관계의 장에서 연속적으로 발생하는 다양한 과정의 역동적 중심이라고 하였다.

둘째, 모든 참 삶은 만남이다. 인간의 삶을 이해하는 데에는 여러 가지 방법이 있겠지만 그것을 만남의 과정으로 이해하거나 만남 자체로 이해할 수도 있다. 여기서의 만남은 단순히 스치는 관계의 만남이 아니라 열린 만남을 의미한다. 인간은 본질적으로 우주 만물과 함께 존재한다. 이를 Buber는 '모든 참 삶은 만남이다'라는 명제로 표현했다. 그는 관계를 '나와 너의 관계(I-thou relationship)'와 '나와 그것과의 관계(I-itrelationship)'로 나누고 인간의 본질적 관계를 설명하였다.

셋째, 집단이 작용한다. 제2차 세계대전 이후, 미국과 영국을 중심으로 발전한 집단역학에 대한 이론은 인간의 심리치료를 목적으로 집단이 작용하게 만들었다. Lewin에 의하여 실험적으로 시도된 집단에 대한 연구는 집단이 그 집단에 속해 있는 개인에게 미치는 영향을 드러내 주었다. 결국 집단은 집단응집력과 집단과정을 통하여 독특한 집단구조를 형성하게 되고 나름대로의 발전과정을 거친다. 이러한 집단에 속한 집단구성원은 집단 특유의 상호작용을 통하여 영향을 주고받게 되며 집단은 생활의 장으로 작용하게 된다.

(2) 심성계발 수련활동과 관련된 개념

① 인간성장

심성계발의 궁극적 목표는 사람다운 사람이 되는 것이다. 사람답다는 것은 인격적 상호의존을 의미한다. 따라서 심성계발 수련활동은 인간성장에 그 목표를 두면서 인간적인 관계를 개발하고, 그 관계를 통하여 나와 세계의 관계를 정립해 나가면서 인간의 자아실현에 접근해 보자는 것이다. 인간성장과 관련된 차원과 범위에 대해 비지시적(non-directive) 혹은 내담자중심(client-centered) 치료법으로 유명한 Rogers는 인간성장을 인간관계의 진실성에서 찾는다. 그는 이러한 진실성을 두 사람이 서로 접촉하려는 최소한의 자발성, 다른 사람의 의사를 받아들이는 능력과 자발성, 그리고 일정기간 동안 계속되는 접촉을 전제로 가정하고 있다. 따라서 완전한 조화가 이루어진 관계는 경험으로서의 개방, 방어성의 부재, 정확한 의식, 무조건적인 자애, 타인들과의 조화로운 관계를 통하여 완전한 기능을 하는 인간이 될 수 있도록 한다는 것이다(김창대 외, 2011).

② 자기노출

자기노출이란 자신의 생각, 감정, 경험 등 자기에 대한 정보를 남에게 알려주는 것을 말한다(설기문, 1998). 바람직한 인간관계는 상호작용을 하는 두 사람 사이에 자신의 결점이나 단점을 포용할 수 있어야 한다. 이러한 자기노출의 기법을 청소년 개별상담에 적용할 수 있다.

- 각자 차이를 지닌 특정한 인간으로 대함(개별화)
- 부정적 감정을 자유롭게 표현하도록 도와줌(의도적 감정표현)
- 말로 표현되는 감정에 대해 정서적으로 적절히 반응(통제된 정서적 관여)
- 내담자의 장점과 약점, 긍정적 또는 부정적 감정 등을 있는 그대로 다룸(수용)
- 비심판적 태도 유지

- 내담자가 스스로 결정할 권리 보장(자기결정)
- 상담에서 나온 이야기에 대해 비밀을 지켜야 함(비밀보장)

③ 의사소통

자기노출은 의사소통을 통하여 가능하고 발전한다. 의사소통이란 한 사람이 다른 사람과의 관계를 발전시킬 수 있는 본질적인 과정이며, 자기 세계를 넓혀가는 방법이다. 심상계발 수련활동, 특히 인간관계 수련활동에서 의사소통은 단순히 정보의 교류로 끝나는 것이 아니라, 그것이 상호 간에 복합적으로 작용함으로써 서로에게 중요한 영향을 미치고 있음에 유의한다.

상호복합작용으로서의 의사소통은 첫째, 체계적(systematic)이다. 의사소통의 주체인 인간은 하나의 생명체계를 갖고 있다. 따라서 의사소통의 내용이나 행위는 내부적인 요인과 외부적인 요인이 상호 체계적으로 작용하여 나타나는 현상으로 보아야 한다.

둘째, 의사소통은 인간의 지각작용과 관계하고 있다. 지각이란 인간이 그의 주변 세계로부터 어떤 의미를 발견하기 위하여 사용하는 수단이다. 한 개인의 지각작용은 타인들과 공유할 수 없는 고유한 것이며, 능동적이고, 창조적이며, 주관적이다.

셋째, 의사소통은 의미를 창조한다. 인간의 의사소통을 통한 의미의 창조활동이야말로 문화창조 능력의 바탕이 된다.

넷째, 의사소통은 과정의 성격을 내포하고 있다. 인간의 의사소통은 시작도 끝도 없이 계속적으로 일어난다. 인간이 의사소통을 통하여 공감의 영역을 발견하고 그 영역을 확장시켜 나가는 것이 바로 인간관계 수련활동의 목표이다.

3) 심성계발 프로그램의 목적 및 효과

(1) 심성계발 프로그램의 목적

심성계발 프로그램의 주된 목적은 청소년들이 청소년기의 발달적 요구에 응할 수 있도록 관계를 발전시키는 것이며, 자신을 보다 잘 이해함으로써 자아정체감을 확립할 수 있게 하고, 긍정적인 인간관계의 형성과 유지에 필요한 태도와 기능을 학습할 수 있는 계기를 제공해 주는 것이라 할 수 있다(이삼희, 1998).

① 자아발견

- 자기의 생각, 느낌, 행동, 능력 등의 특징에 대하여 눈뜨게 한다.
- 자신에 대한 깊은 성찰과 자기개방의 필요성을 인식한다.
- 독자성, 창조성, 견해차, 장단점을 발견할 계기를 마련한다.
- 인간의 성실성, 인내성, 관용성을 경험하고, 공동사회 속에서 자기의 역할을 인식한다.

② 타인이해

- 사람들은 모든 면에서 나와 다른 독창적인 존재임을 이해하고 수용하게 한다.
- 타인을 신뢰하고 인간의 존엄성을 깨닫는다.

③ 관계개선

- 자기와 타인과 관계, 의사소통 및 집단의 형성과 발전 등에 대한 관심을 갖게 한다.
- 인간생활에서 의사소통의 중요성을 인식한다.
- 진정한 인간관계의 중요성과 수용적 자세를 가진다.
- 자기표현의 유연성과 다른 사람의 발표를 경청하는 태도를 기른다.

• 서로 신뢰하고 협동하며 상호관계를 좋게 한다.

④ 행동변화

• 있는 그대로의 나를 좋아하고, 자아실현에 관심을 두며, 보다 현실적인 가치관이 형성되고, 공동체의식이 배양된다.
• 개인의 바람직한 성장에 도움이 된다.
• 협동정신과 질서의식을 기른다.
• 개방적인 사회성이 발달하여 친숙한 대인관계가 형성된다.
• 희생정신과 봉사정신을 배우고, 부모에 대한 사랑과 효심을 일깨운다.
• 여러 가지 가치와 규범에 기초하여 자신의 가치관을 확립한다.

(2) 심성계발 프로그램의 효과

청소년들이 심성계발 프로그램을 통해 얻게 될 직간접적 효과를 살펴보면 다음과 같다(김려옥, 1993).

첫째, 인간의 무한한 가능성과 그의 평등함을 공감하게 된다. 청소년들은 구성원들과 각각의 장면에서 함께 활동함으로써, 인간은 본질적으로 무한한 발전가능성을 지닌 존재라는 점을 깨달을 수 있다. 또한 이와 같은 인간의 모습은 근본적으로 평등한 것임을 쉽게 발견할 수 있다.

둘째, 인간은 존엄한 존재임을 공감한다. 인간의 무한한 가능성을 경험하고, 그 가능성이 평등함을 이해함으로써 인간(자기와 타인)은 참으로 존중해야 할 존재임을 인식하게 된다.

셋째, 성취동기와 자기신뢰감이 증진된다. 인간의 가능성과 평등성, 그리고 존엄성의 발견을 통해 자신감이 생기게 되고 자기성장의 의욕이 일어나 자연히 성취동기가 높아진다. 이는 곧 긍정적 자아개념 형성을 통한 자기신뢰감으로 연결된다.

넷째, 개척정신이 신장된다. 긍정적 자아개념으로 성취동기와 자기신뢰감이 증진되며, 주체성과 창조성의 발휘는 자기 자신의 생활을 개척하는 의욕으로 발전하게 된다.

다섯째, 정서순화의 방법을 체험한다. 인간이 지니는 장단점과 능력 및 태도 등은 그의 인간됨이 전부가 아니고 일면임을 이해한다. 즉, 분열적인 인간 이해보다 통합적인 이해를 하게 된다. 따라서 인간에 대한 이해의 폭이 넓어지고 품성의 계발과 정서순화의 방법을 경험한다.

여섯째, 의사결정과 유연성을 기른다. 자신이 지니고 있는 잠재능력을 여러 장면에서 여러 가지로 용이하게 나타낼 수 있기 때문에 은연중에 의사결정 훈련을 하게 된다. 따라서 자기 자신을 극복하는 유연성을 기를 수 있다.

일곱째, 참된 자유의 생활을 경험한다. 참된 자유는 외적, 제도적 자유가 아니며, 마음의 참된 자유는 인간이 자기 자신에게 가장 정직할 수 있을 때 찾는 것임을 알게 된다.

여덟째, 인간의 정의·감정·경험의 관계를 이해한다. 인간의 정의(情意)는 감정과 가장 밀접한 관계에 놓여 있으며, 이러한 감정에 크게 영향을 주는 것은 자기의 경험임을 이해한다. 즉, 경험 학습은 어떠한 태도를 스스로 결정하는 감정의 상태를 좌우하는 열쇠임을 깨닫게 된다.

아홉째, 학습을 생활화할 수 있게 된다. 심성계발 프로그램의 경험은 학습하는 방법의 학습(learning how to learn)에 대한 경험이 된다. 따라서 자연에 대한 관찰력과 인식 범위가 커진다. 즉, 학습의 생활화(learning by doing)를 통해 때와 장소에 제한 없이 생활 속에서 항상 스스로 흥미 있게 자기 성장의 학습을 용이하게 한다.

열째, 원만한 인간관계를 이루게 된다. 심성계발 프로그램은 인간관계 학습으로서, 의사소통의 듣기·말하기·쓰기·읽기 등이 훈련과 함께 인격존중의 태도가 함양된다. 이러한 사회성의 개발로 인하여 대인관계의 개선능력이 생기며, 주체성이 확고해지고 자율성과 책임감이 커지게 된다.

열한째, 자기일치를 이루게 된다. 심성계발 프로그램은 한 개체로서 인간이 겪는 생각(판단)과 마음(느낌), 그리고 신체(행동) 간의 상호 갈등을 통합해 주는 자아일치(정신 통일)를 위한 학습방법으로서도 효과가 큰 혁신적인 현장교육이다.

열두째, 자연과 사물의 소리를 들을 수 있는 능력이 개발된다. 심성계발 프로그램을 통해 자연과 친근해지고 사물을 아끼는 마음이 구성원 전부에게 싹트게 된다. 즉, 타인의 강요 없이 자연과 사물을 애호하는 사람이 될 수 있다. 자연과 사물을 애호하는 마음은 시간을 아끼는 마음으로까지 발전한다. 성취의욕은 근면한 태도로, 자율정신은 자조적인 생활인으로 발전하게 하며, 구성원 전원 참가의 훈련은 근면, 자조, 협동적인 태도를 신장시킨다.

4) 심성계발 프로그램 진행방법과 청소년지도자의 자질

(1) 인간관계 프로그램의 청소년지도자의 자질

인간관계 프로그램 진행 시 청소년지도자의 자질과 자세는 집단에 큰 영향을 준다. 청소년지도자에게 필요한 자질과 자세는 다음과 같다(김려옥·허판예, 1992).

인간에 대한 선의와 관심, 자신에 대한 각성으로 실수나 실패의 가능성에도 불구하고 새로운 행동을 모험적으로 시도할 수 있는 사람이어야 한다. 또한 청소년지도자는 실수했거나 실패했을 때, 자신의 지각이나 육감이 부정확하다고 판명되었을 때, 그것을 스스로 솔직히 인정할 수 있는 용기도 가져야 한다. 그리고 창의적이면서 모든 일에 주도적인 입장을 취해야 한다. 끊임없이 새로운 방법을 고안하기 위하여 기존의 방법들에 의문을 제기하고, 가능한 한 자신과 타인과 새로운 경험들에 개방적이 되도록 힘써야 할 것이다.

또한 청소년지도자는 어떠한 압력에도 버텨나갈 수 있는 끈기를 가져야 한다. 심성계발 프로그램지도자들은 참가자들로 하여금 고조된 긴장을 해소하기 위해서도 웃음이 필요하다. 청소년지도자는 다방면의 서적을 많이 읽고 분위기를 밝고 유쾌하게 만들 줄 알아야 한다.

(2) 프로그램 진행의 원리

① 집단에 관한 실천적 가설의 신봉

집단경험학습을 진행하려 할 때 먼저 집단에 관한 몇 가지 실천적 가설을 믿고 임해야 한다.

- 청소년지도자는 집단 응집을 도모하여 방어적 억압이 감소되는 안전한 심리적 풍토에서 타인이나 자기에 대한 즉각적인 감정을 표현하는 경향이 있다.
- 그러한 풍토에서 사람들은 타인이나 자기에 대한 즉각적인 감정을 표현하는 경향이 있다.
- 상호신뢰의 풍토는 진실한 감정을 표현하는 자유로부터 형성되고 발전한다.
- 개인의 방어적 억압이 감소하면 태도나 행동의 변화를 두려워하지 않게 된다.
- 집단은 집단 자체의 잠재력과 구성원 개인들의 잠재력을 발전시키는 촉진적 풍토를 스스로 지니고 있다.

② 집단 분위기 조성의 기능

집단경험학습에서 집단의 분위기를 바람직하게 조성하는 것은 기본적으로 가장 중요한 문제이며, 그 책임은 전적으로 청소년지도자에 달려 있다. 특히 유의할 점은 다음과 같다.

- 너무 의도적인 장면구성은 하지 않는 것이 좋으며 모든 생각, 계획, 결정 등을 청소년지도자가 독점하는 것을 피해야 한다.
- 개인들의 자기표현에 대하여 주의 깊고 민감하게 경청하고 적절하게 때맞추어 반응하여야 한다.
- 개인들의 고통이나 기쁨을 심리적으로 항상 함께하고 또 반응하여야 한다.
- 항상 명랑하고 활기 있는 분위기를 유지하기에 유의할 것이며, 두려움 없이 실수도 하고, 불만 없이 회복할 수 있도록 너그러운 풍토 마련에 힘을 쓴다.

- 관심의 표시는 공평하게 하고 차별대우나 편정을 두어서는 안 된다.
- 사람을 믿고 있다는 것을 실제로 보여주면, 그것이 바로 청소년지도자에 대한 신뢰로 되돌아오고 분위기 자체도 그렇게 발전한다.

③ 집단과 개인의 수용

수용이란 상대방을 해석하거나 평가하지 않고 있는 그대로 받아들인다는 뜻이다. 그것은 찬성이나 동조와는 분명히 구분된다. 모든 인간관계에서도 상대방을 있는 그대로 수용한다는 것은 관계를 원만하게 하는 요소로 작용하지만, 특히 본 프로그램 진행에 있어서 그것은 절대적인 요건이 된다. 이를 구체적으로 살펴보면 다음과 같다(김진화, 2004).

- 개인들의 참가 태도가 마음에 들지 않더라도 기다리는 마음으로 지켜보며, 서둘러 진행하려고 성급하게 굴지 말아야 한다.
- 얼른 납득이 안 가는 일이 있더라도 자기 마음대로 의심하고 추측하고 해석을 내리는 것은 금물이다.
- 개인이나 집단에 매우 바람직하지 못한 일이 일어났어도 그것을 바로 평가하고 판단하는 일이 있어서는 안 된다. 집단경험학습에서는 어떠한 사태나 상황이 벌어지더라도 집단이 성실한 태도로 임하기만 한다면 그것을 학습적인 가치로 이용할 수 있다는 것이 청소년지도자의 생각이어야 한다.

④ 지성보다는 감성에 초점을 둔다.

대개의 지도자들은 감정표현보다는 지성적인 논리의 전개를 선호한다. 따라서 감정을 억제하는 데 익숙하고 타인의 감정 역시 대수롭지 않게 여기는 경우가 많다. 그러나 집단경험학습 진행에는 감정표현이 절대불가결의 조건이 된다. 따라서 프로그램 청소년지도자는 이 면이 핵심이 됨을 잊어서는 안 된다.

⑤ 청소년지도자는 촉진자인 동시에 참가자이다.

- 학습의 장면에서 집단에 대해서뿐만 아니라 개개인에게도 어떠한 특정의 목적을 가지고 진행해서는 안 된다.
- 청소년지도자는 집단을 어떤 일정한 방향으로 의도적으로 몰고 가거나 조작하거나 규제하려 들지 않는다.
- 집단의 성공이나 실패를 어떠한 극적인 일로 단정짓지 않는다.
- 어떤 한 가지 방법을 유일불변의 진리처럼 생각하지 않아야 한다.
- 행동의 동기나 원인에 해석을 내리지 않는다.
- 청소년지도자가 참가자들에게 영합하거나 그들을 방임해서는 안 된다.

06

chapter

사이버공간과 청소년지도

06 사이버공간과 청소년지도

청소년지도는 청소년의 전인적인 성장과 건강한 개발을 위한 것이다. 청소년지도는 청소년이 살아가는 생활과 삶의 현장에 보다 포괄적이며 가깝고 친밀하게 이루어져야 한다. 그러나 청소년현장에서 청소년지도는 청소년이 보내는 일상의 시공간적 여건이나 특성을 고려하여 전개하게 된다. 학교교육 혹은 교육의 보완적 접근에서 이루어지는 청소년지도의 초기에는 청소년이 정규시간과 방과후 학교생활을 마치고 난 후부터 청소년이 가정으로 귀가 전 생활시간을 이용하여 주로 이루어지는 시간적인 제약과 지도 내용의 제한이 있었다. 학교교육과정상 단체활동 또는 청소년현장의 야외현장 프로그램이나 발표회, 체험행사 등 특별한 프로그램이 진행될 경우에는 다소 시간이 확대될 수 있었다. 청소년이 상대적으로 여유로운 주말의 경우에도 학습활동의 보충 또는 가정생활을 마친 후 시간을 이용하여 청소년프로그램이 운영되거나 청소년지도가 이루어졌다. 이에 따라 청소년지도는 참여가능한 청소년들을 대상으로 특정한 시간과 제한된 공간 속에서 주로 유형별 프로그램이나 사업으로 계획되고 추진하기도 하였다. 학교교육과의 협력적 접근을 위해서 청소년지도는 시・공간적 제약을 넘어 청소년과의 만남을 확대하는 한편 청소년지도의 내용과 방법을 전문화하고 보다 풍부하게 갖추도록 해야 한다.

우리 사회의 정보통신기술(ICT)의 발달과 생활세계의 급격한 변화는 청소년의 일상생활에 많은 영향을 미치고 있다. 1990년대 초까지 청소년은 가정생활과 학교생활을 중심으로 일과를 보내며 반복적인 학업활동을 하는 한편 주로 대면접촉을 통한 인간관계의 형성과 사회활동을 하였다. 이후 본격적인 컴퓨터 보급과 인터넷 이용의 확산은 청소년의 학습활동이나 생활패턴에 많은 변화를 가져왔다. 정보통신기술의 확산은 과거와는 다른 언제나(anytime), 어디서나(anywhere), 누구나(anyone)가 가능한 새로운 세상을 만들고 있다. 청소년들은 바쁜 학교생활과 학업으로 인해 제한받는 일상에서도 사이버공간에서 학습활동이나 여가생활을 보내며 자신의 시공간적 장을 확대하여 활용하고 있다. 보다 성공적인 청소년지도를 하기 위해 청소년사업은 확대된 시공간을 적극적으로 활용해야 하며, 보다 다양하고 질적으로 우수한 프로그램을 개발하고 실천해야 한다. 청소년지도는 현실세계 또는 오프라인의 청소년지도와 더불어 사이버공간을 활용한 청소년지도를 주도적으로 만들어가야 한다.

1. 사이버공간의 변화와 사이버청소년지도

사이버공간은 정보통신기술의 발달을 토대로 빠른 성장과 변화를 보이고 있다. 사이버공간상의 변화 양상은 웹1.0, 웹2.0, 웹3.0의 시기별 구분을 특징으로 살펴볼 수 있다.

첫째, 웹1.0시기의 커뮤니케이션은 방송전파형으로 정보는 대체로 정적이며 주로 읽기에 해당한다. 웹의 기능은 조직에 맞춰져 있으며 개인들은 홈페이지를 통해 이용한다. 홈페이지의 게시내용은 소유할 수 있고 상호작용은 웹형식으로 이루어진다. 한 사람이 다수의 사람을 대상으로 하며 데스크탑용 컴퓨터를 통해 자료를 다운로드받는다. 웹1.0의 검색은 주로 디렉토리를 중심으로 하며 측정은 페이지뷰를 통해, 광고는 배너로 이루어진다. 자료검색은 영국의 브리태니커백과 온라인을 이용하며 주된 기술은 HTML/FTP에 해당한다. 웹1.0에서 사람들은 정보를 공유하며 정보는 연결된다.

둘째, 웹2.0시기의 커뮤니케이션은 서로 상호작용적이며 정보는 역동적이다. 웹의 기능은 주로 공동체에 맞춰져 있으며 개인들은 블로거와 위키스(Wikis)를 이용한다. 게시내용은 공유되고 웹어플리케이션으로 상호작용이 이루어진다. 다수의 사람들 간의 관계를 형성하게 되며 노트북용 컴퓨터를 통해 주로 자료를 올리는 경향이 있다. 웹2.0의 검색은 핵심어와 태그이며 클릭 횟수로 측정되고 광고는 상호작용적이다. 자료검색은 위키피디아를 활용하며 주된 기술은 Flash/Java/XML 등이다. 웹2.0에서 사람들은 상호작용을 하며 연계된다.

셋째, 웹3.0시기의 커뮤니케이션은 참여와 투자이고 정보는 이동식이며 개인적이다. 웹의 기능은 개인에 맞춰져 있으며 개인들은 삶의 흐름을 통해 이용한다. 게시내용은 선별기획(curate)되며 스마트 어플리케이션으로 상호작용이 이루어진다. 하나의 장소에서 다수의 사람들 간의 소통이 이루어지며 모바일 디바이스를 통해 자료를 다운받거나 올리게 된다. 웹3.0의 검색은 맥락과 관련성을 중심으로 수행하

표 6-1 ■ 웹의 흐름 변화

구분	웹1.0	웹2.0	웹3.0
의미	지배적/전달적	사회적 구성	사회적 구성, 맥락적인 재발명
기술	입구에서 압수 (디지털 피해)	주의깊게 채택 (디지털 이민자)	어디에서나 (디지털 일반화의)
교수	교사 to 학생	교수 to 학생, 학생 to 학생	교사 to 학생, 학생 to 학생, 학생 to 교사
학교 위치	건물 안	건물 또는 온라인	어디서나, 연결된 사회를 통해
부모가 보는 학교	일과시간 보호	일과시간 보호	학습의 장소
교사	허가받은 전문가	허가받은 전문가	누구나, 어디서나
하드웨어	많은 비용으로 구입	공개자원, 저비용	저비용으로 이용가능
산업이 보는 졸업	공장의 노동자	지식경제의 준비되지 않은 노동자	공동작업자, 기업가

며 측정은 이용자의 참여로 이루어지고 광고는 행동적으로 활발하게 전달한다. 자료검색은 의미웹(semantic web)을 중심으로 하며 주된 기술은 RDF/ RDFS/OWL을 활용한다.

이러한 사이버공간의 흐름과 변화는 사이버공간에서 보다 다양한 청소년지도가 이루어져야 함을 시사하고 있다. 청소년들과 마찬가지로 청소년지도자는 오래전부터 인터넷을 이용하고 있으며, 사이버공간에서 청소년지도를 하고 있다. 사이버공간에서의 청소년지도를 위해 다양한 형태의 서비스와 어플리케이션 활용이 필요하다. 인터넷과 사이버공간은 청소년지도의 주된 대상이 되는 청소년들이 살아가는 새로운 장이기에 청소년지도를 위한 자연적인 환경에 해당한다. 온라인에서 이루어지는 청소년지도의 유형과 청소년활동의 종류는 다음과 같다(Timonen, 2010).

첫째, 웹기반 청소년지도이다. 웹기반 청소년지도는 외부적 커뮤니케이션을 위한 청소년센터 웹사이트, 온라인 청소년정보 및 상담서비스, 인터넷의 열린 청소년활동/센터, 인터넷의 청소년의 참여, 강화 및 자문, 청소년지도의 수단으로 온라인 게임 이용, 실시간 온라인 대화 등이다. 둘째 온라인 청소년지도이다. 온라인 대화, 실시간 온라인 청소년지도, 청소년센터 온라인, 가상청소년센터, 다면 전문온라인 지도 등이 해당한다. 셋째, 온라인 청소년활동이다. 청소년이 개발한 자신의 온라인 활동들을 가리킨다. 넷째, 외부적 의사소통으로 소셜미디어에서의 의사소통의 계획과 적용에 해당한다. 다섯째 학습의 촉진으로 청소년이 온라인에 참여적이며 또래 활동을 하는 것이다. 여섯째 웹기반의 미디어교육이다. 웹기반 미디어교육은 인터넷 안전과 사생활, 넷티켓(netiquette), 참여적 온라인 활동이 해당한다.

2. 게임과 청소년지도

1) 게임의 특징과 유형

놀이는 명확히 제한된 시간과 장소의 한계 내에서 자유롭게 정해졌지만 구속력을 지니는 규칙에 따라 만들어진 자발적인 행동(Caillois, 1957; Huizinga, 1986)을 의미한다. 놀이는 개인 혹은 구성원들에 의한 규칙 설정이 자율적이며, 경쟁 요소가 약해 승패 여부가 확정적이지 않은 경우가 많다. 또한 자발적 참여를 통해 이루어지며, 놀이활동 자체에서 느끼는 재미에 목적이 있다.

반면 스포츠는 제도화된 규칙을 바탕으로 하기 때문에 구성원들은 절대적인 구속력을 지니는 규칙에 따라 행동해야 하며, 주로 육체적 활동을 통해 경쟁함으로써 승패를 명확히 결정짓게 된다(김홍식, 2001; 채희상 · 강신규, 2011).

표 6-2 ■ 놀이, 게임, 스포츠의 특징구분

특징	놀이	게임	스포츠
목표	활동 자체를 통한 재미, 만족	문제해결을 통한 재미, 만족, 성취, 기분 전환	육체활동을 통한 재미, 만족, 성취, 기술 습득
규칙	임의적 규칙	관례화된 규칙	제도화된 규칙
상황	현실/비현실을 반영한 가상의 상황	현실적인 것처럼 꾸며진 가상의 상황	현실에서 분리되어 단순화된 상황
피드백	즉각적, 단기적으로 제공되며 단순함	즉각적, 점진적으로 제공되며 다양함	즉각적, 단기적으로 제공되며 단순함
참여	자발적	자발적	자발적
경쟁 요소	약함 (승패 여부가 확정적이지 않음	대체로 강함 (종류, 방법, 대상에 따라 상이함)	강함 (승패 여부가 확정적이며 중요)

출처: 고홍문 (2013).

게임은 놀이나 스포츠에 비해 목적 달성을 위한 복잡한 문제(장애물)해결 과정을 요구하는데, 이 과정에서 참가자는 사전에 설계된 가상의 상황 속에서 다양한 의사결정을 내리도록 유도된다. 이러한 과정은 즉각적이고 점진적인 피드백을 통해 지속된다. 또한 게임은 장르에 따라 관례화된 규칙을 갖고 있으며, 종류나 방법, 대상에 따라 상이한 수준의 경쟁과 몰입을 유도하는 특성을 갖고 있었다. 게임이란 경쟁을 기반으로 하는 승패를 가르는 일정한 규칙 속에 문제해결을 위한 지속적 의사결정을 게이머가 자발적으로 해나가는 활동을 말하며 오락, 놀이 등으로도 불린다(이상우, 2012; Abt, 1987; Suits, 1979). 게임은 다양한 멀티미디어적 요소들과 규칙, 시나리오, 의사결정을 통한 문제해결, 자발적 참여, 커뮤니케이션 등의 요소들이 복합적으로 상호작용하여 게이머에게 입체적인 경험을 제공한다. 이러한 입체적인 경험은 구성주의적 학습 환경 설계에 필요한 학습자의 참여를 이끌며 풍부한 학습환경을 제공해 주는 등의 요소들을 포함하고 있다.

게임은 개별 요소 간의 상호작용을 통해 게임이 제공하는 경험을 완성할 수 있으므로, 다른 요소들과의 상호작용을 위한 주체로서 보아야 한다(백영균, 2005; Koster, 2004). 게임이 제공하는 멀티미디어적 요소들은 정보화 혁명의 산물로 이미 다양한 분야에서도 활용되고 있다. 게임이 가진 규칙의 요소들은 놀이와 스포츠에도 반영되어 있는데, 게임의 관례화된 규칙은 놀이의 임의적인 규칙과 스포츠의 제도화된 규칙의 중간 정도의 엄격함을 지닌다(채희상 · 강신규, 2011; Huizinga, 1971).

그리고 청소년들이 사이버공간에서 즐기는 게임의 유형은 다음과 같다.

모바일 게임(mobile game)은 무선 인터넷서비스에서 사용되는 게임이다. 넓은 의미에서 모바일 기기(휴대폰, PDA, 휴대용 게임기 등)를 통해 이용하는 게임으로 정의할 수 있으며, 작은 의미에서는 사용자가 핸드폰을 통해 모바일 서버에 접속하여 사용하는 게임이다(김태방, 2004). 모바일 게임은 이동성과 휴대성을 가진 개인용 기기인 노트북, 셀룰러폰, PCS, 팜PC, 단말기, PDA, 메신저 등을 통해, 협의로는 이동통신사의 단말기인 휴대폰에서 이루어지는 게임을 지칭한다(정수연 외, 2006).

모바일 게임은 무선인터넷 접속 없이도 이용할 수 있는 모바일 기기에 탑재된 형태의 게임을 포함하는 용어이지만, 스마트폰 보급 이후 일반적으로 앱스토어, 혹은 구글플레이 스토어 등에서 다운로드 받아 온라인상에서 이용하는 게임으로 인식되고 있다(박복길, 2007).

대체현실게임(Alternate Reality Game: ARG)은 게임에 몰입할수록 가상세계에 머무는 시간이 늘어나고 현실세계와의 접촉이 줄어든다는 문제점을 해결하기 위해 게임의 기쁨이 현실세계에서의 활동에 연결되도록 한 것이다(McGonigal, 2011a). 대체현실게임에서는 온라인 퀘스트가 현실세계의 특정 활동들과 연결되어 있어서 게임이 오히려 현실세계 참여를 유도한다. 따라서 현실세계의 힘든 일을 마다하지 않고 도전하게 하고, 밀실에서 나와 사람들과 기꺼이 어울리게 하며, 매일 실천하기에는 거부감이 드는 활동들을 습관화하는 데 도움을 준다. 퀘스트(Quest)는 주로 게임에서 주인공이 받는 일종의 임무로, 특정 몬스터를 상대해 이기는 것이나 물건을 찾는 등 자발적 도전 과제 해결을 유도하기 위해 부여된다. 이러한 임무는 주로 단기간에 완수가 가능하며, 완수 후에는 그에 대한 보상으로 경험치 상승이나 아이템 획득, 기술 연마, 레벨 상승 등의 이득이 주어진다. 대부분의 게임에서는 단기 도전과제인 퀘스트를 점진적으로 수행해 나가면 장기 도전과제인 던전(Dungeon)이나 특정장소 등을 정복할 수 있도록 설계해 참가자가 더 높은 난이도나 다른 환경에 계속해서 도전하도록 유도한다. 그리고 기능성 게임(serious game)은 게임적 요소를 충분히 포함하고 있으면서 재미 이외에 특별한 목적을 갖는 게임으로, 주로 교육적 효과나 치료 효과, 훈련 효과 등을 갖는 게임을 말한다(장재영, 윤형섭, 2008). 일반 게임이 '재미'라는 요소에 집중한다면 기능성 게임은 재미 이외에도 분야의 목적과 효과를 기대하는데, 주로 교육, 심리, 치료, 건강, 군사훈련 시뮬레이션, 홍보, 훈련 등의 분야에 활용되고 있다.

한편, 게임기제(game mechanics)는 게임의 규칙과 상호작용을 위해 게임 요소 및 매커니즘을 이용한 설계 또는 방법이다. 펀웨어(funware)는 웹, 모바일 사이트 및 어플리케이션에 사용성을 높이기 위해 게임기법(Game Mechanics)을 적용하는 것이며 에듀테인먼트(Edutainment) 교육(Education)과 오락(Entertainment)의 합성어로 게임을 하듯이 즐기며 학습하는 교육형태이다.

2) 게임, 게임화 및 게임기반학습

게임의 시나리오를 통해 제공되는 문제 상황은 게이머의 의사결정을 통해 해결되며 이는 게이머의 자발적 참여에 인해 담보된다(백영균, 2005). 게임의 커뮤니케이션적 요소들은 게임의 놀이적 특성에서 기인하며 게이머의 자발적 참여를 촉진한다. 게임은 일반적으로 일정한 규칙에 따라 승부를 겨루거나 즐기는 활동을 지칭하며 오락, 놀이, 유희 등 다양한 의미로도 쓰인다. Suits(1979)는 게임을 규칙에 의해 허락된 수단만을 사용하여 사건의 특정한 상태를 불러오도록 유도된 활동에 참여하는 것으로 정의하였다. Costikyan(1994)는 게임을 참가자들이 목표 달성을 위해 게임 신호를 통해 자원 관리에 관한 의사결정을 내리는 예술의 한 형태라고 하였다. Crawford(2003)는 충분한 정보 아래 행해지는 의사결정이며, 주어진 자원을 관리해 가며 스스로 참가해 눈앞의 장애물을 넘어 목표달성을 향하는 것으로 보았다. Adams(2010)는 게임을 놀이 활동의 일종으로, 현실인 것처럼 꾸며진 상황 속에서 참가자가 규칙에 따라 행동하며 적어도 하나 이상의 임의적이며 평범하지 않은 목표를 성취하기 위해 도전하는 것이라고 하였다

게임화(gamification)는 'game(게임)'에 '-fication(-化하기)' 또는 'gamify(게임화)'에 '-tion(-하는 행동 또는 상태)' 덧붙인 신조어이다. 게임화란 게임의 요소를 비게임적 맥락에 적용하여 사용자의 내재적 동기 부여를 위한 설계를 하고, 이를 통해 수행의 목적을 달성하려는 방법이다(Zichermann & Chunningham, 2011; 김현수, 2015). 게임화는 기존의 게임기반학습과 여러 층위에서 공통점과 차이점을 보인다. 가장 큰 차이는 게임의 활용 여부이다. 게임 기반 학습은 게임 그 자체를 활용하여 학습

을 유도하는 반면, 게임화는 학습 맥락을 게임처럼 조직하는 것이기에 게임을 활용하지 않아도 실현 가능하다(Bruke, 2014). 학습의 게임화는 게임의 '놀이성'을 활용하여 학습자 간의 상호작용을 촉진하고 참여도를 높이는 데 활용될 수 있다(이상우, 2012).

표 6-3 ■ 게임, 게임기반학습, 게임화의 비교

구분	게임	게임화	게임기반학습
목적	즐거움, 규칙과 목적이 유동적	보상형태, 포인트결합	학습목적으로 정의
결과	승부는 게임의 부분	실패는 행위의 동기부여와 행위	실패는 동일한 행위의 동기부여와 학습결과
보상	선착순이며 보상은 2차적	내재적 보상이 이상적	게임이 내재적 보상
난이도	어렵고 구축이 비쌈	쉽고 구축이 저렴함	어렵고 구축이 비쌈
내용	스토리와 장면이 부분	학습관리시스템 또는 다른 시스템에 부가함	내용은 게임의 장면과 스토리에 적합함

Bree(2011)는 게임화의 수준을 기술적 게임화, 요소적 게임화, 절차적 게임화로 구분하였다. 기술적 게임화는 게임에 활용되는 시각적, 청각적 효과를 활용하는 방법으로 기존에도 많은 멀티미디어 자료의 활용을 통해 적용되고 있는 방법이다. 요소적 게임화는 게임의 특성인 랭킹, 레벨, 진행 바 등의 요소를 활용하여 효과적인 피드백을 제공하는 방법이다. 이는 일차적으로 이해되는 수준의 게임화이기에 많은 곳에서 차용되는 방법이지만, 다양한 게임의 요소 중 일부만을 반영하는 경우에는 낮은 수준의 흥미 유발 이외의 효과를 보기는 힘들기 때문에(Radoff, 2011) 게임의 종합적인 특성을 반영할 수 있도록 다양한 요소를 포함한 설계를 고려해야 한다. 절차적 게임화는 게임의 디자인적 사고를 과제, 조직, 과정, 시스템 설계에 반영하는 방법으로 요소적 게임화가 놓치기 쉬운 총체적 설계를 다루는 방법이며, 실제 게임 개발과 유사한 방법이다. 절차적 게임화를 통해 학습자의 능동적 참여를

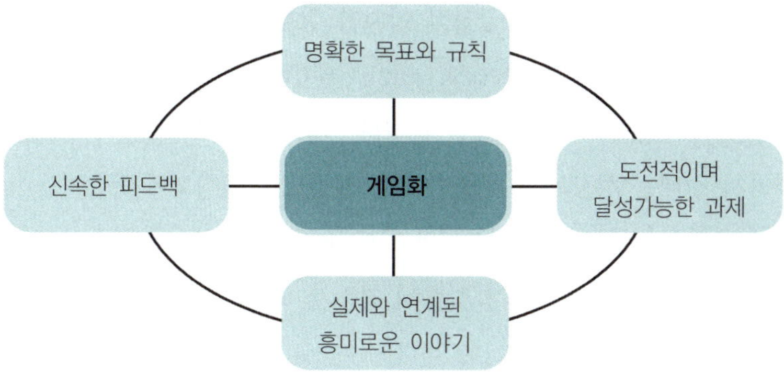

그림 6-1 ■ 게임화의 네 가지 원칙
출처: Gartner (2011).

극대화하고, 높은 만족도를 이끌어낼 수 있다.

Gartner(2011)는 게임화를 기술적으로 구현해 내기 위한 원칙 네 가지 원칙으로 게임화된 학습환경은 학습자에게 신속한 피드백을 제공하여 학습자의 관심도를 유지할 수 있어야 하며 명확한 목표와 규칙을 제시하여 목표달성에 대한 확신을 심어줄 수 있어야 한다. 또한, 도전적이며 달성가능한 목표를 제시하여 학습자가 중도에 포기하지 않고 지속해서 과제에 도전할 수 있도록 만들어야 하며, 실제와 연계된 흥미로운 이야기를 제공하여 학습자가 문제상황을 매력적으로 느껴 적극적으로 참여하도록 해야 한다.

게임화 수업의 교육적 가치는 학습자들에게 재미와 몰입을 통해, 학습의 흥미와 동기를 부여(Rieber, 1996; Thomas et. al., 1994)하여 능동적인 학습참여(백영균, 2005; Prensky, 2006)를 도모한다. 첫째, 게임은 재미를 유발하는 목표, 규칙, 가상 상황, 서사 등의 다양한 요소를 활용하여 학습자를 게임 속에 몰입하게 만든다. 또한 게임에 몰입한 학습자는 문제해결을 위해 자발적으로 다양한 활동들을 시도해 본다. 게임의 특성이 학습에 반영된 게임화 수업에서 학습은 더 이상 지루하지 않고 즐겁고 재미있는 학습 과정이 될 수 있으며, 전통적인 수업에서 보다 더 다양한 학습 경험을 할 수 있게 만드는 것이다.

둘째, 게임화는 실패에 대해 긍정적 정서를 강화한다. 게임에서 실패는 반드시 필요한 과정으로 바라본다(Mcgonigal, 2012). 어떠한 게임이든지 단 한 번에 게임 목표를 달성할 수 없다. 게임 목표를 달성하기 위해서는 여러 번의 실패를 겪어야 한다. 따라서 실패는 성공하기 위한 하나의 실험으로 인식되어 학습자들이 다양한 시도와 도전을 하도록 고무한다. 이러한 다양한 시도를 가능하게 하는 게임화 기반 학습 환경은 학습자들이 계속해서 학습에 집중할 수 있도록 하며, 나아가 창의성을 함양할 수 있는 발판을 제공하기도 한다(Scientists, 2006).

셋째, 게임화는 문제해결능력 함양에 보다 효과적으로 접근할 수 있도록 도와준다. 게임화된 학습환경에서 학습자는 언어, 수학, 물리, 공간인지 등 여러 영역과 관련된 복잡한 도전과제를 수행하게 된다. 이러한 과정은 여러 단계의 도전과제를 통해 진행되며 즉각적이고 점진적인 피드백을 동반하므로 보다 지속적이고 능동적으로 문제해결전략을 증진시킬 수 있다.

3) 모바일 게임과 청소년지도

모바일 게임은 현재에의 몰입, 개인성의 강화, 끊임없는 감각의 조율, 감정에 충실이라는 측면에 매우 두드러지는 매체이다. 모바일 미디어 일반의 모바일 게임은 휴대성과 이동성을 기반으로 한 개인적인 매체이면서 콘텐츠의 특성상 오락적인 요소가 있으며, 그 어떤 모바일 미디어보다 게임 콘텐츠의 몰입도가 높고, 개인 중심적이며, 감각 조율로 감정적인 효과를 유발하는 것을 볼 수 있다(박복길, 2007). 따라서 모바일 게임은 이동성 외에도 몇 가지 특성을 가진다.

첫째, 모바일 게임은 게임 콘텐츠와 모바일 단말기에 대한 즉시 접근성(instant accessibility)을 가진다. 모바일 게임은 휴대성, 간편성, 접근 용이성 등으로 인해 이용자가 원하는 즉시 게임 단말기를 이용할 수 있으며, 단말기 내의 게임 콘텐츠 또한 즉시 플레이할 수 있다. 네트워크 연결을 반드시 전제하는 모바일 게임은 즉시 접속성보다는 게임 콘텐츠와 모바일 단말기를 바로 사용할 수 있는지를 즉시 접근성 개념으로 이해할 필요가 있다(박복길, 2007).

둘째, 이용자 자신만의 단말기를 가지고 있는 모바일 게임은 각각의 단말기에 자신만의 게임 콘텐츠를 내장하거나 네트워크에 접속하여 자신만의 모바일 게임을 선택하고 플레이할 수 있는 개인화된 미디어다.

셋째, 네트워크화로 연결성(connectivity)을 구현한다. 즉시 접속성은 장소나 시간에 상관없이 인터넷 서비스에 접속해 정보를 검색하거나 사용하는 것이다. 모바일 게임으로 네트워크에 접속한다는 것은 사용자의 정보 선택성이 증가되고 인터넷상에서 네트워크 게임이 가능해지는 것이다. 무선인터넷 접속으로 모바일 게임 콘텐츠를 다운로드 할 수 있고, 데이터베이스와 네트워크를 통해 접속함으로써 게임을 진행하는 모바일 네트워크 게임이 증가하고 있다.

넷째, 모바일 게임의 연결성은 위치기반성과 개인식별성에 근거한 연결성으로 차이점이 있다. 온라인 게임의 연결성이 상대방의 위치와 맥락이 강조된 연결성이라면, 휴대성으로 인한 모바일 미디어는 사용 중에도 이동할 수 있기 때문에 모바일 게임의 이동성은 물리적인 공간을 뛰어넘어 언제든 이용가능하다는 특징을 가진다.

다섯째, 모바일 게임은 시간적・공간적 제약을 받지 않는다. 온라인 게임에 비해 그래픽 요소 또는 기술적 측면에서 부족한 것은 사실이지만, 모바일 게임은 장소를 가리지 않고 인터넷에 접속해 이용할 수 있다는 이점이 있다(김태방, 2004).

여섯째, 이용 가격이 상대적으로 저렴하다. 기존의 플랫폼에선 CD 혹은 DVD를 구매하거나 웹상에서 일정 기간 사용료를 지불해야 게임을 이용할 수 있다. 또한 온라인 게임의 경우 별도의 인터넷 이용료를 지불해야 하지만 앱 스토어 등에서 다운로드 받는 모바일 게임은 와이파이 등 이동통신사에서 제공하는 인터넷망을 통해 별도의 인터넷 사용료 없이 이용할 수 있으며, 유료게임 설치 시 구입비용이 상대적으로 적게 든다.

일곱째, 다른 게임 플랫폼에 비해 조작이 간단하다. PC게임과 온라인 게임은 비교적 높은 난이도와 복잡한 시나리오 등으로 인해 게임의 눈높이가 높은 편이지만, 모바일 게임은 다수의 일반인들이 사용하는 스마트폰을 이용하여 조작이 복잡하지 않은 게임에 접근할 수 있어 주로 마니아층을 타깃으로 하는 PC게임, 온라인 게임과는 다르게 보다 많은 대중들이 쉽게 이용할 수 있다.

3. 청소년의 온라인교육과 대면교육

온라인교육과 대면교육의 차이를 비교하면 다음과 같다. Piccoli 외(2001)는 전통적인 면대면 수업과 e-러닝의 차이점을 학습 환경의 차원(dimension)에서 설명하였다. 즉, 시간(time), 장소(place), 활용자원(space), 상호작용(interaction), 테크놀로지(technology), 학습자 통제(learner control)의 6가지 차원에서 전통적인 면대면 수업 환경과 e-러닝 환경을 다음과 같이 비교하였다.

첫째, 시간의 차원이다. 시간은 수업의 시간으로 정의한다. 전통적인 면대면 수업의 경우 학습자들과 교수자는 정해진 시간에 모이지만 e-러닝은 학습자들이 원하는 시간에 온라인 수업에 들어갈 수 있다. 두 가지 방식 모두 학습자들은 과제를 독립적으로 수행할 수 있다.

둘째, 장소의 차원이다. 장소란 수업을 위한 물리적인 공간이다. 전통적인 면대면 수업의 경우 학습자들과 교수자는 물리적 교실에 모이는 반면, e-러닝은 학습자들이 집, 직장, 실험실에서 온라인 과정에 들어갈 수 있다. 두 가지 방식 모두 학습자들은 물리적인 공간에서 과제를 수행할 수 있다.

셋째, 활용자원의 차원이다. 활용자원이란 학습자가 활용할 수 있는 자료 및 자원의 모음으로 정의할 수 있다. 전통적인 면대면 수업의 경우 교수자는 수업시간 동안 강의를 하고, 학습자들은 교실 밖에서 과제를 할 때 노트를 참조할 수 있다.

하지만 e-러닝에서의 학습자들은 온라인 교수모듈(teaching modules)을 이용하며, 과제를 위해 수업했던 것과 동일한 내용을 다시 참조할 수 있다.

넷째, 상호작용의 차원이다. 상호작용은 학습자 간, 학습자와 교수자 간 교육적인 교류 활동의 정도이다. 전통적인 면대면 수업의 경우 학습자들은 강의시간 동안 교수자와 면대면으로 상호작용을 할 수 있고, 질문에 대한 응답을 즉시 받을 수 있다. 교실 밖에서는 E-mail을 통해서 교수자와 몇몇 학습자들 간의 제한된 상호작용이 이루어질 수 있다. 그러나 e-러닝에서의 의사소통은 전자적인 매체를 통해서만 일어나며, 일반적으로 학습자들은 온라인 토론방에 질문을 하고 즉시 응답을 받지 못할 수도 있다. 하지만 학습자들 간의 의사소통은 지속적으로 일어난다.

다섯째, 테크놀로지의 차원이다. 테크놀로지란 학습 자료를 전송하고, 학습자 간 의사소통을 촉진시키기 위한 수단들이다. 전통적인 면대면 수업의 경우 교수자는 프레젠테이션 자료를 통해 설명을 하며 학습자들은 수업시간 동안 앉아서 교수자가 보여주는 활동들을 반복한다. e-러닝에서의 학습자들은 웹 브라우저(web browser)를 통해 온라인 자료에 접근하며, 학습자들은 웹 브라우저를 통해 의사소통을 위한 다양한 테크놀로지에 접근할 수 있다.

여섯째, 학습자 통제의 차원이다. 학습자 통제란 학습자가 통제할 수 있는 교수자료의 범위이며, 통제는 다양한 학습자 통제를 설계하는 것으로 연속적이다. 즉, 전통적인 면대면 수업의 경우 학습자들은 보는 자료의 속도나 순서를 통제할 수 없고 강의가 진행되는 동안 주제들을 건너뛸 수 없다. 또한 학습자들은 개념이나 주제에 대해서 반복해서 질문할 수 있지만 대개 한 번 이상의 반복은 거의 드물다. 반면, e-러닝의 경우 학습자들은 자신들이 접근할 수 있는 자료의 속도와 순서를 조절할 수 있고, 자유롭게 강의의 일정 부분을 다시 보거나 건너뛸 수 있다. 학습자들은 전체 강의나 부분을 계속적으로 반복학습을 할 수 있다.

표 6-4 ■ 온라인교육과 대면교육 비교

구분	온라인	대면
양식	• 텍스트를 통한 토의 • 구조화 • 조밀한, 영구적, 제한적, 완전함	• 언어적 토의 • 일반모드, 임시적
교수관리	• 교수자로부터 낮은 통제감 • 교수자를 무시하기 쉬움	• 교수자로부터 강한 리더십 • 교수자를 무시하기 어려움
토의	• 집단이 지속적으로 유지 • 심층분석이 증가 • 특정기간 동안 정지, 재개 • 성찰수준이 높음 • 이해와 성찰의 기초로 대화형성	• 모임 간 집단작용이 드묾 • 시간에 따라 분석이 변함 • 토의는 시간 프래임 속에 일어남 • 모임 간 성찰의 시간이 많지 않음 • 모임 간 대화형성이 적음
집단역동	• 낮은 불안감 • 더 많은 동등한 참여 • 낮은 위계성 • 역동은 숨겨지며 추적가능 • 지속적인 모임, 휴식 없음 • 참여 없는 적극적 경청 • 매체(기술)는 영향적 • 참여에 대한 다른 기대 • 상호작용과 토의가 느림, 지연	• 시작/과정의 불안감 • 참여가 불평등함 • 보다 높은 위계 • 역동이 있으나 시간 후에 사라짐 • 모임 간 휴식 • 참여 없는 경청은 제한적 • 매체(교실)는 덜 영향적 • 참여에 대한 명확한 기대 • 상호작용과 토의가 빠름, 즉시적
재결합	• 높은 심리적/정서적 스트레스	• 스트레스는 높지 않음
피드백	• 매우 세부적 집중된 개인적 과제 • 전체 집단이 피드백을 볼 수 있음 • 문자의 피드백이 유일 • 숨기기 힘들며 피드백을 줘야 함 • 주어진 피드백의 지속적 기록 • 피드백의 지연된 재반영 • 피드백 후 토론이 적음 • 집단은 동시에 참여자를 봄	• 일반적 토의로 세부 내용은 덜 선호 • 집단은 피드백을 들음 • 언어/외양적 피드백 • 무임승차가 가능하며 피드백을 회피 • 피드백 기록의 임시적 • 가능한 즉각적인 피드백 • 피드백 후 토의가 이어짐 • 집단은 특정시간에 개인 작업을 봄
선택수준	• 느슨한 성향은 발산적 대화와 모험적 학습 조장	• 견고한 성향 • 토의참여방법에 관한 일반적 이해가 덜 선호됨

출처: McConnell (2000).

4. 이러닝과 청소년지도

e-러닝은 인터넷과 첨단 정보통신 매체를 활용한 학습관리시스템을 바탕으로 누구나, 언제나, 어디서나 원하는 교육정보서비스를 제공받으면서 학습을 전개해 나가는 수업이다. 또한 교수내용의 80% 이상의 학습 내용이 e-러닝을 통해 전달되며, 면대면 학습활동은 거의 없거나 전혀 없는 강좌이다. 국내에서는 온라인교육, 사이버 교육, 가상 교육, 웹 기반 교육 등과 혼용되어 사용되고 있다. 정보통신기술로 구현된 컴퓨터 네트워크를 통해 시・공간을 초월하여 누구나 필요한 내용을 학습할 수 있으며, 전자・기술(electronics) 기반을 바탕으로 하는 학습(learning)이라는 의미에서 'e-러닝(e-Learning)'이라는 용어가 점차 많이 사용되고 있다. 'e'는 전자・기술(electronics)이라는 의미에 국한되지 않고 보다 다양한 의미로 넓게 사용되고 있다. Peterson 외는 탐색(exploration), 경험(experience), 참여(engagement), 쉬운 사용(ease of use), 권력이양(empowerment)의 의미를 부여하였다. 탐색은 e-러닝 학습자들이 무한한 정보와 지식에 접근하기 위한 도구로 사용한다는 의미이다. 경험은 학습자에게 실시간 학습에서부터 학습자 개개인의 이해 속도에 맞춘 토론까지 종합적인 학습 경험을 제공한다. 참여란 e-러닝을 통해 학습자들이 누구나, 언제, 어디서나 학습공동체를 형성하고 토론을 통해 참여할 수 있다는 의미이다. 쉬운 사용은 인터넷을 사용할 수 있는 곳이라면 쉽게 e-러닝에 접근할 수 있다는 뜻이다. 권력이양은 학습권이 어느 특정 계층에 부여되지 않고 누구나 누릴 수 있음을 의미한다. 즉, 지식 구성의 경우 위에서 일방적으로 하달되는 것이 아니라 하부에서 학습되어 얻어진 지식의 총체가 최종 의사가 될 수도 있다. Masie는 확장(expansion)과 확대(extension)의 의미를 부여하였는데, 이는 학습기회의 확장과 학습대상의 확대라는 의미를 담고 있다(추은경, 2001).

e-러닝은 컴퓨터 기반(computer-based) 교육, 웹 기반(web-based) 교육, 가상학습

(virtual classrooms), 디지털 협동학습(digital collaboration)을 포함하는 개념이다. 컴퓨터 기반 교육은 컴퓨터를 통해 이루어지는 교육으로서 주로 CD-ROM이나 화일 등을 사용한다. 이것은 온라인 네트워크로 연결되지 않고 독립 컴퓨터 단위로 개인별 교육이 이루어지는 형태이며, 면대면 교육의 일부를 차지하고 있다. 웹 기반 교육은 인터넷을 통해 온라인으로 이루어지는 교육을 말한다. 따라서 교수자와 학습자는 인터넷 사이트에 접속을 통해서 연결되며 대부분의 교육과정이 인터넷을 통해 진행된다. 가상학습은 온라인 형태가 아니더라도 가상공간에서 이루어지는 교육으로 시뮬레이션(simulation)이나 가상현실(virtual reality) 기법을 교육에 활용한 것이다. 디지털 협동학습은 웹을 통하여 교육에 필요한 디지털 콘텐츠를 주고받으며, 상호 커뮤니케이션하는 것을 말한다(유인출, 2001).

e-러닝의 특징은 다음과 같다. 첫째, 인터넷이나 전자적 매체를 기반으로 한다. 강조하는 정도의 차이는 있지만 e-러닝은 인터넷이나 전자적 매체 혹은 디지털 테크놀로지를 활용하고 있다. 이는 교수자 및 학습자가 정보통신 인프라와 정보통신 기술 활용능력을 갖추고 있다면 사용자 접근면에서 용이하게 서비스를 제공받을 수 있다는 장점이 있다. 그러나 교수・학습시 장애가 발생하지 않도록 교수자와 학습자에게 e-러닝을 위한 인프라가 갖추어져 있어야 하고, 정보통신기술 활용능력을 갖추고 있어야만 가능하다. 한편, 컴퓨터나 인터넷을 제대로 다룰 줄 모르는 학습자들의 경우 학습과는 별개로 심리적인 불안감이 조장되기 쉽다는 견해도 있다(박성익・윤순경, 2000).

둘째, 시간과 공간을 초월한 융통성 있는 학습 환경이다. 이는 e-러닝에 대한 개념을 이해하는 데 보편화된 개념으로 누구나, 언제든지, 어디서나, 원하는 내용을 학습할 수 있다는 것이다. 즉, 시・공간의 제약이 없기 때문에 학습자가 원하는 시간에 원하는 장소에서 자유롭고 편리하게 학습함과 동시에 정해진 장소로 이동하지 않아도 되므로 비용을 절감할 수 있다. 반면, 학습자가 학습에 대한 주도권을 갖고 있으므로 교수자 또는 튜터가 학습자가 학습을 하고 있는지를 점검하지 않을 경우 학습에 소홀해질 수 있다는 맹점도 있다.

셋째, 상호작용 활동을 지향한다. e-러닝을 활용한 학습에서는 교수자와 학습자, 학습자와 학습자 간에 다양한 방식으로 협력하고 상호작용 활동을 수행할 수 있다. 전통적인 면대면 수업에서는 동일한 시간과 장소에서 상호작용이 일어나는 반면, e-러닝에서는 시간대에 따라 동시적 상호작용뿐만 아니라 비동시적 상호작용을 가능하게 해준다. 동시적 상호작용은 학습자와 교수자, 학습자와 학습 내용, 학습자들 간에 실시간으로 의사소통하는 것이고, 비동시적 상호작용은 실시간이 아닌 시차를 두고 의사소통이 일어나는 경우이다(Rommizowski & Mason, 1996). 다양한 형태의 상호작용은 교수·학습활동 그 자체가 상호작용을 통해서 이루어진다고 볼 수 있기 때문에 효과적인 학습을 위해 중요한 요소이다(임규연, 1999). 반면, 교수자는 학습자의 질문에 대한 상호작용 외에도 테크놀로지 기반의 수업운영과 피드백, 온라인 콘텐츠 개발 등 많은 시간과 기술적, 인력적 부담이 크다는 것이다. 즉, 수업을 운영하기 위한 학습관리시스템(LMS)의 다양한 상호작용 수단인 e-mail, 게시판, 자료실, 토론방 및 실시간 메신저(messenger) 등에 신속한 피드백(feedback)을 해줘야 하며, 교수자의 강의내용을 디지털 콘텐츠(digital contents)로 개발해야 하는 등 많은 노력이 필요하다.

넷째, 학습자의 자기주도적 학습활동과 다양한 형태의 학습경험을 강조한다. e-러닝에서 반드시 '학습'만이 발생하는 것은 아니며, 교수자의 다양한 '교수' 활동도 포함될 수 있다. 하지만 기본적으로 e-러닝은 학습자 중심의 학습 환경과 활동을 지향하고 능동적이면서도 자기주도적인 학습자로서의 역할을 강조하기 때문에 교수보다는 학습영역에 좀 더 강조점이 있다. 개인의 능력 및 학습 욕구에 따라 얼마든지 반복학습 및 학습의 진도를 조절할 수 있는 융통성이 있다. 특히 e-러닝의 특성상 교육정보서비스가 풍부하므로 하이퍼미디어를 기반으로 하는 멀티미디어 콘텐츠와 풍부한 정보 자원을 무한히 제공받을 수 있다. 또한 학습자 개인의 역량에 따라 방대한 정보 자원을 활용하여 독립적인 학습 내용의 선택과 학습 속도를 조절할 수 있어 학습자 주도의 학습이 이루어질 수 있다. 반면, e-러닝은 문자해독 능력이 떨어지는 학습자들에게는 비효과적이며, 운동기능적 영역이나 신체적 기능 등의 학습에 있어서는 과다한 양의 동영상 자료나 음성자료를 활용하는 것은 비효과적이다. 또한 e-러닝은 학습 내용이 다양하고 여러 단계일 때 학습자는 학습 도중에 방향감각을 상실하는 부정적인 결과를 초래할 수도 있다는 지적이 있다(서성일, 2002). 반면, e-러닝의 경우 교수자는 학습자를 직접 볼 수가 없으므로 학습자의 수업태도나 학습에 대한 동기, 흥미, 준비도와 같은 정의적 측면을 점검할 수가 없다. 일단 실제 교육으로 들어가서는 면대면 교육에서 교수자와 학습자 간의 직접적 접촉으로 제공될 수 있는 구체적인 내용의 이해와 문제해결이 e-러닝에서는 아직까지 충분히 제공되지 않는 것이 사실이다(서성일, 2002).

그리고 1990년대 중반부터 인터넷이 대중화되면서 웹기반의 이러닝(e-learning) 학습체계로 발전하였다. 2000년대 중반에는 PDA와 모바일의 주요 통신수단이 발전하면서 엠러닝(m-learning)이 등장하였다. 또한 2000년대 후반에는 임베디드(embedded) 기술의 발전으로 새로운 학습 모형인 유러닝(u-learning) 학습체계로 발전하였다. m-러닝은 노트북이나 모바일기기를 활용한 학습으로, 시간과 장소에 구애받지 않고 무선인터넷을 통하여 학습이 가능한 형태로 이러닝에 모바일 기술이 도입된 이러닝의 한 부분이다. u-러닝은 유비쿼터스 컴퓨팅 기술을 접목한 학습의 형태로 PC 없이도 언제 어디서나 인터넷에 접속하여 학습이 가능한 형태로 시공간적 한계가 없으며, 멀티미디어의 다양한 교재 활용, 개인별 수준을 고려한 맞춤식 교육이 가능하며, 자기주도적 학습 환경을 제공한다. r-러닝 u-러닝 교육환경을 기반으로 지능형 로봇 기술과의 융합을 통해 발전하고 있다. 유비쿼터스 교육환경과 로봇 기술의 융합은 지적 상호작용뿐만 아니라 비언어적 의사소통과 같은 감성적인 상호작용이 가능하므로 교육에 대한 활용 범위가 확장되고 있다. r-러닝은 e-러닝과 u-러닝의 범위를 포함한 개념이다. r-러닝은 대표적인 유형은 로봇 보조학습(robot-aided learning)이다.

표 6-5 ■ 러닝체계의 상호 비교

구분	e-러닝	m-러닝	u-러닝
학습발생시점	접속하고 있을 때 일상과 학습공간이 분리		일상생활의 언제나 일상과 학습의 일체화
주된기기	pc, pc기반 네트워크	PDA, TPC, 모발일	RFID, USN, IPv6 유비쿼터스기반 pc
학습형태	온라인학습과 오프라인학습의 분리		온라인, 오프라인이 통합된 학습활동
학습공간	안정된 물리적 공간에서 사이버학습	물리적 공간을 이용한 사이버학습	일상적인 물리적 공간에서 학습
특징	사이버공간에서 학습	시공간의 제약 해소	단말기 독립적 콘텐츠

출처: 경태원, 김경훈 (2009).

5. 블렌디드 러닝과 플립드 러닝

플립드 러닝(Flipped Learning)은 영어 동사 Flip(뒤집다)의 수동형태 Flipped와 학습이라는 Learning 단어를 합쳐 Flipped Learning과 Flipped Classroom으로 사용되고 있으며 유사한 단어로는 Inverted Classroom, Reversed Classroom 등이 있다(이종연 외, 2014). 플립드 러닝은 '뒤집는(Flip)' 학습(방진하 · 이지연, 2014), 거꾸로 학습역진행학습, 역전학습 등으로 번안되어 사용되고 있다

기존의 수업 방식의 순서를 거꾸로 진행하여 미리 교사가 수업시간에 배울 내용을 파워포인트 자료 및 동영상, 활동지 혹은 사이버 강의 등을 통해 먼저 제공하고 학습자는 집에서 학습 내용을 미리 요약하여 교실 수업에서는 집에서 학습한 사전 지식을 토대로 질문을 하거나 토의를 하는 방식으로 진행된다(서미옥, 2015). 이러한 수업 방식은 기존의 전통적 수업 패턴을 뒤집어 교수자의 강의 전달 형태와 역

할변화를 가져오게 되었다(이민경, 2014). 학습자는 자신의 학습 방식에 맞게 개념을 학습하고 과제를 수행할 수 있으며, 전통적 수업 방식에서의 학생들이 쉽게 경험할 수 있는 뒤처짐이나 알고 있는 내용의 반복 학습에 대해 느끼는 지루함이 줄어들게 된다(이동엽, 2013). 전통적인 수업과 플립드 러닝을 활용한 수업의 구조 및 활동의 차이점은 다음 〈표 6-6〉과 같다(이지연 · 김영환 · 김영배, 2014).

표 6-6 ▪ 전통적 강의와 플립드 러닝

구분	전통적 강의수업	플립드 러닝
수업 전	• 교수자의 강의 준비 • 학습자가 읽어야 할 과제 배정	• 교수자는 여러 형태의 학습 내용을 준비 • 학습자는 제공된 학습을 하고 내용 관련 질문은 기록해 둠
수업 도입	• 교수자는 무엇이 도움이 될 것인지 일반적인 가정을 함 • 학습자들은 기대학습에 대한 제한된 정보를 가짐	• 교수자는 학생들이 가장 도움을 필요로 하는 곳을 예상 가능함 • 학습자들은 교수자에게 학습을 안내해 줄 질문을 함
수업 중	• 교수자는 모든 학습 자료를 사용하려고 노력함 • 학습자는 수업을 따라가려고 노력함	• 교수자는 피드백과 소규모 강의를 통해 학습자들의 과정을 안내함 • 학습자들은 배워야 할 기능을 실습함
수업 후	• 교수자는 지난 과제에 대해 평가함 • 학습자들은 보통 지연된 피드백을 받으며 숙제를 하려고 함	• 교수자는 추가적인 설명과 리소스를 게시하고 질 높은 작업에 대해 점수를 부여함 • 학습자는 교수자의 명확한 설명과 피드백에 따라 그들의 지식과 기술을 계속 활용함
수업 외 시간	• 교수자는 종종 수업 시간에 있던 일을 반복함 • 학습자는 공부한 것에 대한 확인을 원함	• 교수자는 학생들이 더 깊은 이해를 할 수 있도록 지속적으로 안내함 • 학생들은 스스로 필요한 것을 찾기 위해 도움을 구할 수 있는 능력을 갖춤

플립드 러닝의 특징을 전통적인 수업에서 교사는 수업의 주체가 되고 소집단 및 개별 수업보다는 전체 학생을 대상으로 한 수업이 대부분이며, 교사중심의 활동이 이루어지기 때문에 학습자는 수동적으로 학습에 임하게 될 가능성이 컸다(김현진, 2004). 플립드 러닝의 학습 방식은 일방적인 강의중심에서 학습자들 중심으로 재편

성하여 교육할 수 있으며 교실만이 의미 있는 학습의 공간이 아닌 학습자가 있는 어느 곳이 지식 공유 및 새로운 가치 창출의 장소로 진화하는 계기를 마련해 주고 있다(한국U러닝연합회, 2014). 전통적인 주입식 교육에서 벗어나 새로운 형태로 등장한 플립드 러닝에서 교사의 역할은 밖과 안으로 구분되는데, 교실 밖 수업에서는 자신의 기존 교과 수업에서 어떤 부분을 미리 수업에 배정할 것인지를 결정하는 과정을 통하여 먼저 가르쳐야 할 핵심적 이해를 숙지하고 수업 내용을 재구성하는 성찰적인 역할을 하며, 교실 안 수업에서는 즉각적인 피드백과 학생과 면대면 상호작용을 통해 자연의 학습 활동이 자발적으로 일어날 수 있도록 하는 통로 역할을 수행한다(방진하, 2014).

그리고 Smith(2001)는 블렌디드 러닝을 고기술(high-tech)인 TV, 인터넷(Internet)과 저기술(low-tech)인 음성메일(voice-mail), 회의전화(conference calls)와 같은 테크놀로지를 사용하는 원격교육과 전통적인 교육의 조합으로 보았다. 블렌디드 러닝의 초점은 학습자들에게 최상의 학습 스타일을 제공하는 것으로, 자신만의 스타일로 학습하는 학습자들을 이해시킬 수 있는 개념이라는 점에서 중요하다. 또한 교육내용을 제공함에 있어 학습자에게 가능한 한 많은 기회를 접할 수 있도록 해야 하며, 학습자가 새로운 학습경험을 접하는 데 있어 부담 없이 흡수할 수 있어야 한다. Driscoll(2002)은 블렌디드 러닝을 매우 포괄적으로 보았는데, 이는 서로 다른 다양한 학습자들에게 다양한 방법으로 블렌디드 러닝을 적용하고자 하는 것이다. Driscoll은 구체적으로 다음 네 가지 정의를 들었다. 첫째, 교육목표 달성을 위해서 웹 기반 테크놀로지(예: 실시간 가상수업, 자기진도학습, 협동학습, 스트리밍 비디오 · 오디오, 텍스트)를 조합하거나 섞는 형태이다. 둘째, 교수 테크놀로지의 유무에 상관없이 최적의 학습 성과를 내기 위한 다양한 교육학적 접근들(예: 구성주의, 행동주의, 인지주의)을 조합하는 것이다. 셋째, 각종 교수 테크놀로지(예: 비디오테이프, CD-ROM, 웹 기반 훈련, 필름)와 강사 주도의 면대면 훈련과 조합하는 것이다. 넷째, 학습과 업무의 조화로운 효과를 내기 위해서 실무 과제와 교수 테크놀로지를 조합하는 것이다.

Singh와 Reed(2001)는 블렌디드 러닝의 효과로 부각될 수 있는 다음 네 가지를 제시하였다. 첫째, 학습의 효과성을 향상시킨다. 블렌디드 러닝 전략은 실제로 학습자들이 원하는 학습방법과 제공된 학습 프로그램의 조합을 통하여 학습효과가 향상되었다. 둘째, 학습자들이 도달할 수 있는 기회의 범위를 확장한다. 교실수업은 오직 고정된 시간과 장소의 교사들만 접근하게 한다. 반면에 온라인 수업은 멀리 떨어진 학습자들과 특정 시간에 참석할 수 없는 학습자들까지 범위를 확장시킬 수 있다. 셋째, 개발 비용과 시간의 최적화이다. 한 가지 방식이 아닌 여러 전달방식의 조합은 학습 프로그램을 개발하는 데 드는 비용과 시간을 절감하고 균형을 이룰 수 있는 잠재성을 갖고 있다.

07

chapter

청소년프로그램 개발과 평가

1. 청소년프로그램의 개념
2. 청소년프로그램 개발의 개념
3. 프로그램 개발의 이론
4. 프로그램 개발의 개발과정

07 청소년프로그램 개발과 평가

1. 청소년프로그램의 개념

1) 청소년프로그램의 의미와 성격

프로그램(program)은 본래 "미리 쓴다"는 뜻을 지닌 라틴어에서 유래한 말로서 17세기에 처음으로 문헌에 나타났으며, 운동회의 순서와 연주곡목·순서 등을 미리 짜놓은 것을 의미하였다. 이후 1920년대 라디오가 개발되면서 방송 시간표를 일컫는 말로 흔히 사용하였다.

컴퓨터에서는 1946년 과학 잡지 네이처(Nature)에 게재된 에니악(Eniac) 관련기사에서 처음으로 쓰였다. 순서에 따라 한 번에 한 번씩 실행되는 명령어로 구성되어 있어 컴퓨터가 수행해야 하는 절차를 나타낸다(두산 세계대백과사전).

이처럼 프로그램이란 용어는 일상에서 쉽게 접할 수 있는 개념이다. 그렇지만 프로그램 자체가 가지는 의미는 형식과 내용에 따라 약간씩 다른 의미로 이해되고 있어 혼란스럽다. 청소년지도사가 활동하고 있는 현장에서도 프로그램이란 용어는 상황에 따라 다양한 의미로 사용되고 있는 것이 현실이다(김진화, 2005).

또한 프로그램은 활동 내용이나 활동의 순서만으로 국한되는 것이 아니라, 일정의 활동이 구체적으로 실현하기 위해 필요한 모든 활동을 의미하는 보다 포괄적인 활동 내용 그 자체와 함께 활동목적과 목표, 활동대상, 과정, 방법, 장소, 시기, 조직 등 모든 제반활동을 포함한다. 좀 더 구체적으로 말하면 프로그램은 어떤 목적을 달성하기 위해 선택된 활동에 관해서 누가, 무엇을, 어떻게, 왜, 언제, 어디서, 그리고 누구와 행할 것인가를 종합적으로 묶어서 부분별로 보다 구체적으로 일목요연하게 제시해 주는 활동지침이라고 볼 수 있다. 이러한 맥락에서 청소년활동 프로그램은 청소년의 건전한 육성을 목적으로 실시하는 다양한 청소년활동을 보다 효과적이고, 효율적으로 실현시키기 위해 필요한 활동들의 집합이라고 볼 수 있다. 따라서 청소년활동 프로그램은 일정한 청소년활동을 구체화하기 위하여 필요한 활동 내용과 함께 관련된 자원, 조건 등의 제반여건을 종합적으로 연결하여 단계적으로 자세히 편성해 놓은 것을 의미한다(한국청소년개발원, 1997).

청소년활동 프로그램은 청소년들의 균형된 성장을 위한 접근수단으로서, 다양한 청소년활동의 내용을 포함하고 있다. 청소년활동 프로그램은 프로그램으로서 가지는 기술적인 성격과 청소년들의 균형된 성장·발달을 위한 고유한 성격 등을 동시에 가지게 된다. 이러한 청소년활동 프로그램의 기본적인 성격에 대해 요약하면 다음과 같다(한국청소년개발원, 1997).

첫째, 청소년활동 프로그램은 일정한 청소년활동에서 앞으로 전개될 행동을 미리 예측하여 이를 바탕으로 미래의 행동노선을 사전에 수립하는 미래지향적인 성격을 가지고 있다.

둘째, 청소년활동 프로그램은 제시되는 활동이 최종적으로 실현하거나 도달하려는 결과로서의 목표가 명확하게 명시되는 목표지향적인 성격을 가지고 있다.

셋째, 청소년활동 프로그램은 구체적인 목표를 효율적으로 달성하기 위한 최적의 전략을 선정하여 보다 합리적이고 구체적인 방안을 의식적으로 모색하고 제시하는 수단적인 성격을 가지고 있다.

넷째, 청소년활동 프로그램은 어떤 일을 실현하는 데 필요한 실제 행동을 전제로 하는 행위지향적인 성격을 가지고 있다.

다섯째, 청소년활동 프로그램은 일정한 공간과 기간 내에서 수행되어야 하는 활동들이 변화하고 발전하는 시간적인 연속상태를 내용으로 하는 동태적인 성격을 가지고 있다. 그러므로 청소년활동 프로그램은 목표, 계획, 설계, 절차, 조직된 방법, 창안된 행위, 정돈된 준비, 도식화 등을 포함한 광범위하고 포괄적인 성격을 가지고 있다.

2) 청소년프로그램의 기능과 유형

청소년활동프로그램의 기능은 청소년들의 바람직한 성장이행을 위한 청소년들의 체험중심활동으로서, 청소년과 청소년지도자와의 만남과 활동을 위한 각종 공간, 즉 사회와 자연, 청소년활동터전과의 접점을 형성시켜 주고, 각종 사물과의 연결을 도모하는 등 다양한 기능들을 가지고 있으며, 이러한 기능을 정리하면 다음과 같다(김진화, 2005).

첫째, 청소년프로그램은 청소년집단의 풍토를 수정하고 청소년집단 내에 바람직한 효과를 불러일으키기 위해 자체 활동을 변경시키는 데 도움을 준다.

둘째, 청소년프로그램은 청소년들에게 이익을 줄 수 있고 활동에 대한 만족에도 영향을 주며, 활동의 전 과정을 촉진시키기 위해서도 유용하게 활용된다.

셋째, 청소년프로그램은 청소년에게 간접적 수단으로 제공하고 바람직한 행동목표를 달성하기 위해 집단 지도자에 의해 의도적으로 사용된다.

넷째, 청소년활동 프로그램은 청소년들의 의사 및 사회의 가치와 규범을 변화·유지시키고 집단구성원의 흥미와 요구를 충족시킨다.

다섯째, 청소년들 사이의 상호작용을 촉진시키며 정서적 긴장 및 갈등의 완화에도 도움을 준다.

여섯째, 청소년활동 프로그램은 청소년들에게 과제수행에 필요한 정보를 수집할 기회를 제공하며, 특별한 생활과제를 위한 기술을 개발하는 수단으로 활용되기도 한다.

일곱째, 청소년활동 프로그램은 활동을 통해 형성된 긍정적 관계를 기초로 금기나 수용된 규범으로부터 벗어날 수 있도록 허용하기도 한다.

이외에도 청소년활동 프로그램의 기능은 위에서 제시된 내용을 포괄하는 것으로 청소년활동을 통해서 바람직한 태도의 변화와 다양한 삶의 장면에서 발현될 수 있는 기량을 배양하고, 지식을 함양하며, 역량을 개발 촉진하는 기능들이 있다(이교봉, 2008).

청소년활동 프로그램의 유형을 분류하고 체계화한다는 것은 매우 어렵다. 그러나 청소년활동을 분류하고 유형화를 하는 것은 청소년프로그램의 개발과 전개, 평가 등의 과정에서 보다 분명하게 프로그램에 대한 이해가 선행될 수 있으며, 프로그램이 추구하고자 하는 목적과 방향성을 잃지 않고 일관되게 추진할 수 있다는 측면에서 프로그램을 분류하고 유형화하는 것은 필요한 작업이다(이교봉, 2008).

(1) 개발주체에 따른 분류

개발주체에 따라 프로그램을 분류하면 프로그램의 개발과 보급에 책무가 있는 국가에서 개발되는 '국가 프로그램', 청소년기관에서 수행되는 '기관 프로그램', 청소년지도자 또는 개인이 개발하여 운영되는 '개별 프로그램'으로 구분할 수 있다. 여기서 국가 프로그램이란 국가가 청소년활동의 활성화를 위하여 일선 현장의 청소년지도자들에게 다양한 프로그램을 보급하는 것을 주요 목표로 하여 개발하는 정책적인 성격의 프로그램을 의미한다. 기관 프로그램은 주로 청소년단체나 청소년시설 등의 청소년관련기관들이 각 기관에서 전개될 청소년활동을 위해 독자적으로 개발하는 사업적 성격을 가진 프로그램을 의미한다(한국청소년개발원, 1997).

(2) 프로그램의 구성범위에 따른 분류

청소년활동 프로그램은 청소년활동을 통해서 도달하고자 하는 목표에 접근하기 위한 체험거리 또는 경험하게 될 거리들의 조합으로 이루어지게 된다. 여기서 가장 기본적인 단위인 활동거리가 단위 프로그램이며 이러한 단위 프로그램을 기준으로 프로그램의 구성의 형태와 범위에 따라 프로그램을 분류하면 단위 프로그램, 연속 프로그램, 통합 프로그램, 종합 프로그램으로 구분할 수 있다.

2. 청소년프로그램 개발의 개념

청소년활동 프로그램은 청소년의 건전한 성장과 역량강화를 목적으로 실시되는 다양한 청소년활동을 효과적으로 실현시키기 위해 필요한 활동들의 집합이라고 볼 수 있다. 이러한 청소년활동 프로그램의 의미를 크게 구조적 · 절차적 측면, 행위적 측면, 현상적 측면의 세 가지 측면에서 알아볼 수 있다(한국청소년개발원, 2005; 송병국, 2007; 김진호 외, 2009).

첫째, 구조적 · 절차적 측면에서 프로그램의 개발범위를 어디로 할 것인가와 관계된다. 프로그램의 개발범위는 연극이나 공연의 일정표부터 국가적인 대규모 정책까지 다양하다. 일반적으로 프로그램 개발은 프로그램의 기획, 프로그램의 설계, 프로그램의 마케팅, 프로그램의 실행, 프로그램의 평가를 포함한다. 따라서 이러한 절차와 단계들을 체계적으로 이해하고 실천할 수 있는 능력이 프로그램 개발자에게 요구된다.

둘째, 행위적 측면에서 프로그램 개발의 의미는 프로그램 개발자의 역할과 행위에 초점을 맞춘다. 청소년활동 현장에서 프로그램 개발은 많은 이해당사자들이 생기고 이들 이해당사자 간의 영향력과 권력관계를 협상하고 조정할 필요성이 있다.

셋째, 현상적 측면에서 프로그램 개발의 의미는 청소년활동의 주체인 청소년에게 필요한 의미 있는 지식 · 정보 · 활동거리를 창출하고 프로그램에 포함될 내용을 합리적으로 선정 · 조직하며, 매체화된 자료를 개발하는 일련의 현상을 말한다. 즉,

활동의 주체자인 청소년과 청소년지도자 사이의 상호작용의 내용을 창출하고, 선정하고 조직하는 일련의 행위의 총체를 말한다.

3. 프로그램 개발의 이론

1) 청소년프로그램 개발의 패러다임

일반적으로 패러다임(paradigm)은 어떤 한 시대 사람들의 견해나 사고를 지배하고 있는 이론적 틀이나 개념의 집합체라고 정의한다(네이버사전, 김진호 외, 2009). 청소년프로그램 개발의 패러다임이란 청소년지도사가 청소년프로그램을 개발하기 위해서 가지고 있는 이론적 틀이나 개념의 집합체, 인식의 틀이라 할 수 있다. 패러다임은 실증주의 패러다임, 구성주의 패러다임, 비판주의 패러다임으로 구분할 수 있다(한국청소년개발원, 2009).

첫째, 실증주의 패러다임은 지식이 인식의 주체인 인간과 분리되어 존재한다는 객관적 인식론의 입장으로 객관적으로 존재하는 지식을 학습자에게 전달하는 기계론적 교육관에 초점을 둔다. 교육현장에서는 교수자의 역할, 자극과 강화 등 행동주의 학습원리를 강조하는 특징을 가지고 있다. 프로그램 개발은 타일러(Tyler)가 제시한 네 가지 질문에 따라 미리 계획된 특정 목표를 성취하기 위한 수단들을 표준화하는 것으로 인식하여 목표-수단 모형 또는 전문가 모형 등으로 이해된다. 전통적으로 자연과학에서 강조해왔던 경험, 분석적 패러다임에서는 프로그램이란 청소년의 외부세계에 존재하는 새로운 지식과 정보, 프로그램 개발의 절차를 강조하고, 이러한 의도된 행동변화에만 관심을 두어 잠재적 성과를 등한시한다.

둘째, 구성주의(practical-interpretive) 패러다임의 지식이란 인간의 감각적 혹은 지각적 경험으로부터 구성되며, 학습이란 그러한 구성적 과정을 통해 지식에 대한 내적표상을 형성시켜나가는 과정으로 규정한다. 교육관은 인간이 의미를 창조해가는 주체적인 존재라고 인정하고 교수자와 의미를 창조하는 상호작용의 과정을 교육으로 규정한다. 교육현장에서 교수자보다는 학습자의 행위를 강조하여 자율적인 참여와 적극적인 역할수행을 강조하고 있다. 프로그램 개발은 슈왑(Schwab)의 재개념주의자의 논리에 입각하여 교육실천과 실질적으로 관련된 사람들의 집단적 노력과 합의를 강조하는 순환적 합의제 모형을 뜻한다. 의미를 창조해가는 주체적인 존재, 실존적 존재로 인간을 간주함으로써 청소년지도의 과정을 청소년지도사와 의미를 창출하는 상호작용의 과정으로 봄으로써, 청소년지도사와 교수자는 합의와 의사소통이 강조된다.

셋째, 비판주의(criticivism) 패러다임은 비판적 또는 해방적 패러다임이라 하며, 더 넓은 사회에서 이데올로기적, 사회경제적 힘들로부터 발생되는 인간의 억압 상태를 해방시키는 데 관심을 기울였다. 이 억압상태는 교육적 성장을 방해하므로 이러한 요인들을 밝혀내고, 극복하기 위해 교육을 필요로 한다고 주장하였다. 즉, 교

표 7-1 ■ 프로그램 개발 패러다임의 특성 비교

구분	실증주의	구성주의	비판주의
이론	전통적 합리성이론 체제접근이론	맥락적 상호주의 이론	비판적 실천주의 이론
특성	행동주의 교육철학에 기초를 둠. 목표성취를 위한 수단표준화로 프로그램을 이해, 교육의 효율성 극대화를 위한 통제과정이 프로그램, 합리적 개발 절차 중시	진보주의 교육철학사조에 기초, 사용자중심 프로그램 개발 강조, 교수자의 역할 중시. 숙고와 절충의 순환과정으로 프로그램 개발 가중	급진주의 교육철학사조에 기초, 규정된 목표의 성취 여부에 초점을 두지 않고 의사결정과정과 그 환경의 질 강조, 학습활동과 프로그램 개발을 구분 안 함, 대화과정을 중시하며 이것은 행위와 반성의 상호작용으로 구성됨

출처: 김진화 (2005). p. 120.

육이 개인의 진정한 해방을 목적으로 하므로 교육을 '의식화' 과정으로 간주하여 학습자의 적극적 참여와 임파워먼트(empowerment)를 부각시켰다. 프로그램의 내용은 청소년의 반성(reflection)과 행위(action)의 상호작용으로 설명되는 비판적 실천 행위(praxis)이고, 프로그램의 개발형태는 대화모형(dialogical model)의 형태를 갖는다. 프로그램 개발 패러다임의 특징을 구체적으로 비교하면 〈표 7-1〉과 같다.

2) 프로그램 개발의 접근방법

프로그램 개발의 접근방법은 미시적 관점에서 보다 구체적으로 청소년지도 계획 및 프로그램 개발을 설명하고 있다. 대표적인 접근방법으로는 전통적 합리주의적 접근, 자연주의적 접근, 체제적 접근, 비판적 실천접근, 경영관리적 접근 등으로 구분하고 구체적으로 살펴보고자 한다(한국청소년개발원, 2009).

첫째, 전통적 합리성 이론은 기술공학적 합리성에 기초를 두고 교육의 효능성과 효율성을 증진시키기 위해 프로그램 개발의 절차에 초점을 맞춘다. 가장 오래되고 지배적인 프로그램 개발이론의 하나로 타일리언 모델(Tylerian model)이 있는데, 바라는 결과(목표)와 결과에 도달하기 위한 수단(학습경험)과 이 수단이 목표를 성취했는지를 결정하는 과정(평가)을 주로 기술하므로 수단-결과모델이라고 하기도 한다. 교육목표-학습경험 선정조직-교육활동-평가라는 선형적 프로그램 개발 절차의 합리성과 실천성과 목표설정이 중요한 관심사가 되고 교육내용이 목표달성의 수단에 불과하다는 관점에서 프로그램의 과정을 밟아가는 것이 큰 특징으로 볼 수 있다.

둘째, 맥락적 상호작용이론은 구성주의 패러다임 혹은 실제적-해석적 패러다임에 지적 토대를 두고 있는 것으로 프로그램 개발자와 학습고객 사이의 상호작용행위와 프로그램 개발이 이루어지는 맥락을 중시한다. 프로그램 개발에 참여한 모든 사람의 신중한 숙의와 실제적 합리성의 역동적 상호작용을 강조하는 순환-합의접근에 따른다. 교육목표가 프로그램 개발의 출발점도 아니며 단지 더 나은 프로그램을 만들도록 해주는 여러 요소와 방법들 중의 하나로 간주하여 현실과 실제에 기초한 문제탐색에서 출발한다. 이 이론의 접근방법은 프로그램 개발자가 갖고 있는 신념과 가치체계, 설계(design), 이 설계결정을 위해 신념과 정보가 사용되는 과정으로 구성된다.

셋째, 체제이론(system theory)의 체제란 여러 부분이 하나로 결합하여 생긴 전체를 의미하며, 목표를 달성하기 위해 여러 구성요소들이 각기 독립성을 지니고 상호의존, 상호작용을 가지면서 외부환경과 영향을 주고받는 집합체이다. 프로그램 개발과정에 필요한 관련요소와 맥락에 초점을 두며, 프로그램 개발이 교육기관을 둘러싼 사회적 · 기능적 맥락과 변화를 요구하는 사회 · 문화적 맥락 속에서 이루어짐을 전제로 한다. 대표적으로 훌(Houle), 분(Boone), 코왈스키(Kowalski)의 모델 등을 들 수 있다.

넷째, 비판적 실천이론은 프로그램을 통한 변화의 대상을 개인학습자뿐 아니라 사회적 구조까지 포함시키고 있는 것이 특징이다. 교육자와 학습자가 학습상황에서 행동하는 비판적 실천(praxis)과정을 프로그램 개발로 규정하고, 학습자는 자신의 학습경험을 선택하고 조정할 수 있는 통제력을 가지며 비판적 실천이라는 행위를 통해 프로그램 내용에 능동적으로 참여하게 된다. 프로그램 내용과 지식을 선정하여 구성하는 정당화의 학습과정이 학습자 상호 간의 대화과정에 초점이 맞추어지고, 학습과정은 대화과정이며 동시에 프로그램 개발의 과정이다. 대화과정은 행위와 반성(reflection)의 상호작용으로 나타난다. 인간의 지식이 사회적 구성물임을 전제하여, 학습자들은 교육자와의 상호작용에서 동등한 권리와 존재가치를 지닌 교육의 주체로서 스스로 지식의 구성과정에 참여하고(행위), 이것의 갈등적 의미를 비판적으로 검토(반성)한다.

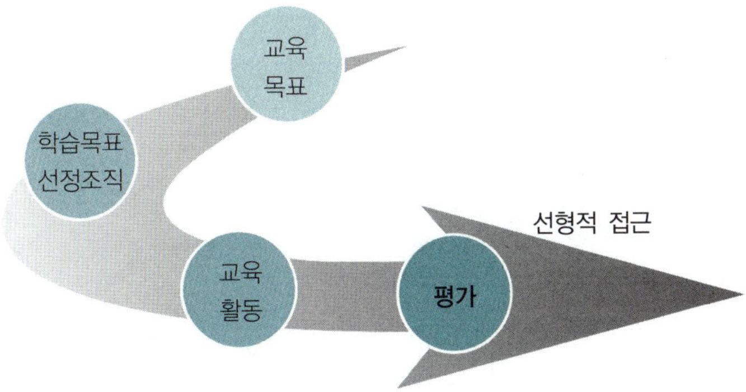

그림 7-1 ■ 전통적 합리성 이론의 개념도
출처: 김진화 (2005). p. 123.

4. 프로그램 개발의 개발과정

프로그램을 개발하기 위해서 여러 가지 형식의 모형들이 개발되어왔다. 그중에서도 청소년활동의 특성을 반영한 창조적이고 계획적인 활동을 가능케 하는 청소년활동 프로그램 개발모형으로 한국청소년개발원(2009)은 프로그램 개발 통합모형을 체계화하여 제시하였다. 즉, 프로그램 기획(program planning), 프로그램 설계(program design), 프로그램 마케팅(program marketing), 프로그램 실행(program implementation), 프로그램 평가(program evaluation) 등 다섯 개의 과정으로 설정하여 각 영역에서 수행되어야 할 다양한 절차에 대하여 [그림 7-2]와 같이 정리하였다.

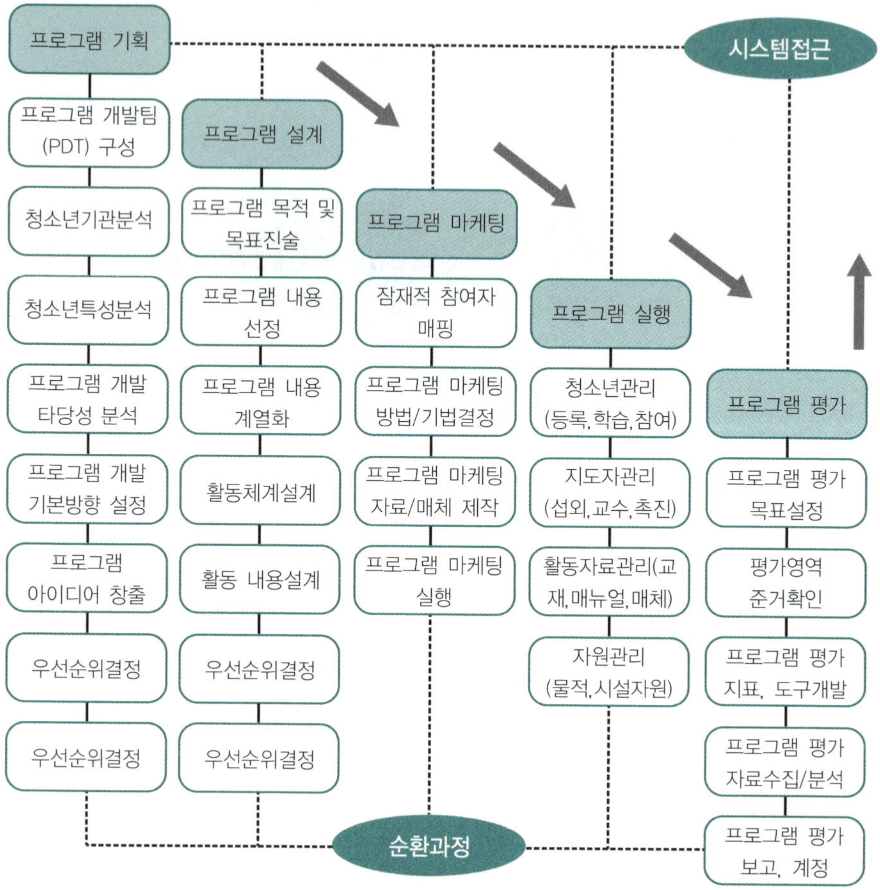

그림 7-2 ■ 프로그램 개발 통합모형

출처: 한국청소년개발원 (2005). p. 60.

1) 프로그램 기획

프로그램 기획이란 프로그램 개발에서 무엇을 할 것인가? 왜 개발해야 하는가? 프로그램 개발을 통해서 내놓을 혁신적인 결과물이 무엇인가? 프로그램을 어떻게 할 것인가를 체계적이고 논리적으로 추진하는 것을 의미한다. 프로그램 기획단계에서 수행하여야 할 내용은 [그림 7-3]과 같다(김진화, 2005).

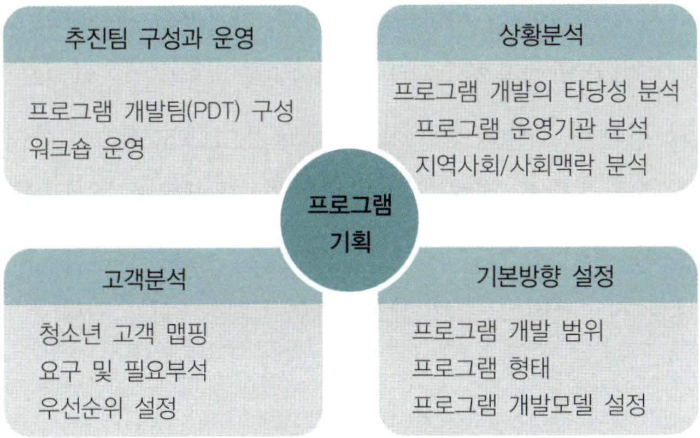

그림 7-3 ■ 프로그램 설계의 4요소 간의 작용관계
출처: 김진화 (2005). p. 177.

2) 프로그램 설계

프로그램 설계(program design)란 프로그램 기획단계에서 확인된 교육적 요구와 필요를 기초로 프로그램 내용과 방법을 선정하고, 조직하는 과정을 말한다. 프로그램 설계의 과정으로 해당하는 기관이나 단체가 추구하는 이념에 맞추어 구체적인 프로그램의 목표를 설정하고, 그것을 실행하기 위한 프로그램 내용 선정, 이를 효과적으로 전달할 후 있는 방법 선택, 구체적인 프로그램 지도안을 구성한다.

프로그램 설계 시 거쳐야 할 질문들을 정리하면 다음과 같다. 첫째, 해당 청소년 기관이나 단체가 추구하는 프로그램 목표는 무엇인가? 둘째, 프로그램 목표를 추구하기 위하여 제공될 수 있는 교육적 경험은 무엇인가? 셋째, 이들 교육적 경험들은 어떻게 효과적으로 조직될 수 있나? 넷째, 프로그램 목표의 달성 여부는 어떻게 평가될 수 있나? 등의 질문을 통해서 프로그램 설계를 살펴볼 수 있다.

프로그램 설계 시 유의점으로는 참가대상이 같은 청소년이라고 하더라도 성, 연령, 지역, 사회계층, 교육적 배경 등 가지고 있는 속성이 다르므로 프로그램 대상 집단 내의 청소년의 속성과 특성을 구체적으로 파악해야 한다.

참가자 분석 시 고려해야 할 사항들로는 첫째, 참가자의 생물학적 특성분석(연령, 성별 등), 둘째, 참가자의 교육적 배경분석(참가자의 교육수준, 선행지식, 선행경험 등), 셋째, 참가자의 정의적 특성(태도, 가치, 신념, 흥미, 선호도 등으로 학습에 대한 동기, 불안감 학습유형 등과 관련됨), 넷째, 참가자의 지각 및 운동적 특성분석 등이 고려되어야 한다.

프로그램 설계 시 4가지 요소의 상호관계는 [그림 7-4]와 같다.

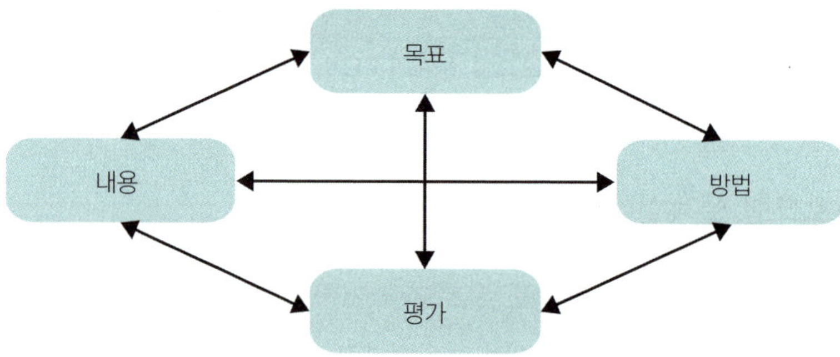

그림 7-4 ■ 프로그램 설계의 4요소

출처: 한국청소년개발원 (2005). p. 135.

3) 프로그램 마케팅

프로그램 마케팅(program marketing)과 청소년시설 및 단체가 다양한 청소년활동 프로그램에 청소년들의 참여를 유도하기 위해 취하는 여러 가지 조치를 포괄적으로 지칭하는 개념이다(송병국, 2007).

프로그램 마케팅의 기본과정은 총 7단계로 이루어진다. 첫째, 사명(mission)의 성립, 둘째, 기회(opportunities) 및 위협(threats) 분석, 셋째, 조직의 강점(strengths)과 약점(weakness), 넷째, 마케팅 목표 설정, 다섯째, 마케팅 전략의 형성, 여섯째, 실행 계획 형성과 실행, 일곱째, 피드백과 통제이다(일본마케팅시스템, 1994).

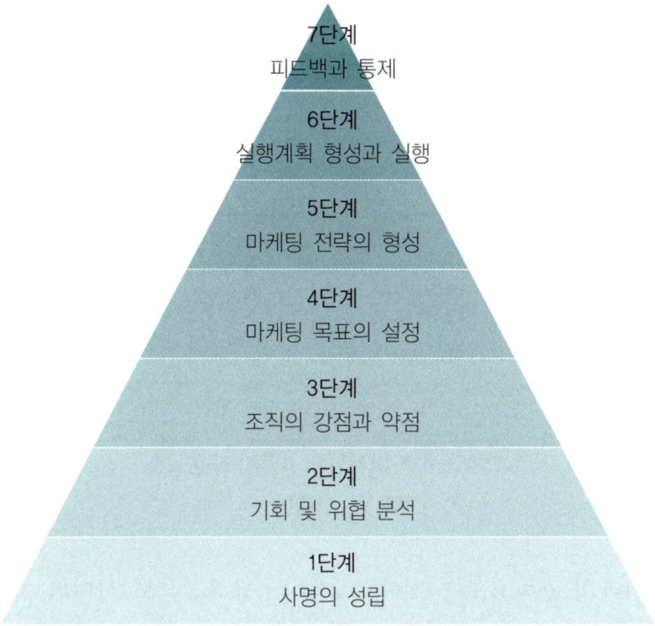

그림 7-5 ■ 프로그램 마케팅의 기본과정

출처 : 오해섭 외 (2012). p. 232.

프로그램 마케팅의 4가지 구성요소는 생산물(Product), 진흥(Promotion), 장소(Place), 가격(Price)의 4p가 필요하다. 첫째, 생산물은 기관에서 산출된 프로그램이나 서비스를 뜻한다. 둘째, 진흥(Promotion)은 기관이 창출한 프로그램을 잠재적 고객에게 알리고 다양한 커뮤니케이션 기법을 사용하는 것이다. 주로 라디오, 텔레비전, 신문, 현수막, 포스터, 게시판, 전화 등의 매체를 활용한다. 셋째, 개발된 프로그램을 어느 장소에서 운영하느냐 하는 것이다. 장소는 고객의 직접적인 참여에 상당한 영향을 미친다. 넷째, 가격(Price)은 기관에서 운영되는 프로그램에 보다 더 많은 고객들이 이용할 수 있도록 프로그램의 가격, 즉 수강료와 같이 잠재적 고객이 지불하는 비용을 결정하는 것이다.

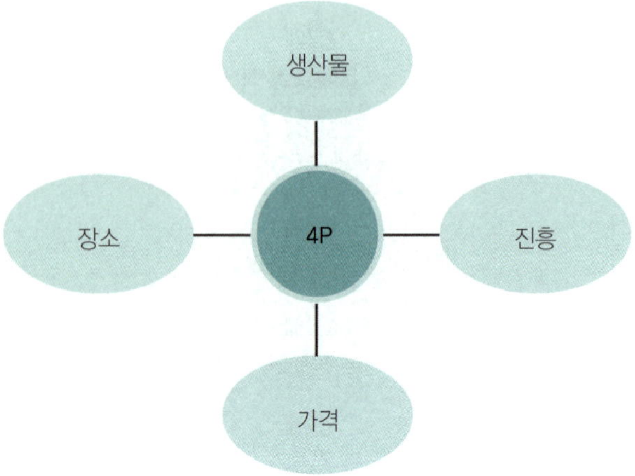

그림 7-6 ■ 마케팅의 4가지 구성요소

출처: 오해섭 외 (2012). p. 233.

프로그램 마케팅 전략으로는 첫째, 마케팅·광고·홍보 사이의 차이점에 대한 명확한 정의가 보다 효과적인 마케팅 계획의 개발에 도움이 된다. 즉, 광고와 홍보는 마케팅 목적을 성취하기 위해 사용하는 촉진기술이며, 마케팅은 프로그램을 가지고 기관이 고객들에게 가장 잘 봉사하기 위한 연구, 분석, 결정의 종합적인 과정으로 구분할 수 있다. 둘째, 마케팅이 효과적이기 위해서는 기관의 전체적인 임무, 목적, 목표의 성취와 직접 관련이 있어야 한다. 셋째, 환경에 대한 검토와 분석은 모든 마케팅 노력이 효과적이 되도록 하여야 한다. 넷째, 고객의 서비스 지향체제를 개발하는 것은 마케팅 기초 자료 중 중요한 요소들로 적극 활용하여야 한다. 여섯째, 시장분할전략에 대한 인식 필요, 일곱째, 마케팅 효과에 대한 추적은 전체적인 마케팅 계획애서 필수적인 단계이다. 여덟째, 마케팅 계획의 수립은 일회적으로 단 한 번으로 끝나는 것이 아니라 계속적인 과정이다.

4) 프로그램 평가

평가(evaluation)란 가치를 부여하며 비평을 가하는 것, 대상의 가치를 판단하고 결정하는 매우 광범위한 일로 정의할 수 있다. 평가는 가능한 한 수량적으로 나타내도록 하는 것이 일반적이나 최근에는 질적인 평가가 강조되기도 한다. 교육활동이나 프로그램과 관련해서 평가는 4가지로 정의될 수 있다.

첫째, 프로그램의 가치나 장점을 판단하거나 결정하는 것이다. 즉, 평가대상의 장점이나 가치를 체계적으로 프로그램 확대보급 또는 추가투자를 하기 위한 판단 도구로 정의될 수 있다.

둘째, 프로그램의 효과 및 영향을 파악하고 판단하는 일이다. 프로그램 실시로 인한 효과나 영향을 사정 및 판단하는 것으로 일종의 독립변인으로 보는 경우이다.

셋째, 프로그램의 목적달성 정도를 확인하는 일이다. 바람직한 목적추구를 위한 활동을 체계화하고자 평가가 이루어진다.

넷째, 프로그램에 대한 의사결정을 보조하는 일이다. 기존 프로그램을 계속 또는 수정하여 실시하고, 새로운 프로그램을 개발하는 것이다. 평가대상 영역은 [그림 7-7]과 같다.

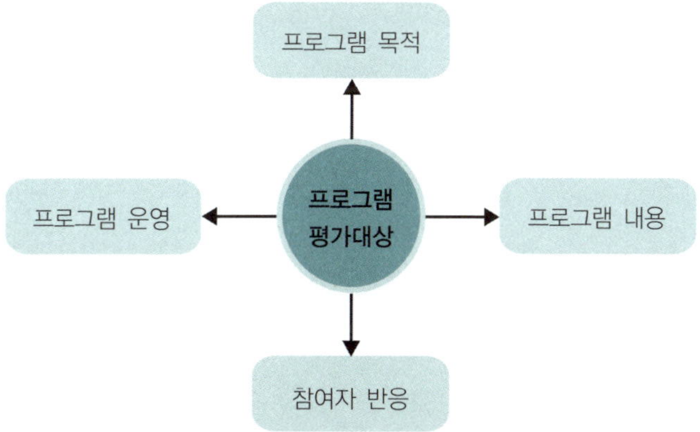

그림 7-7 ■ 평가대상과 영역

출처: 오해섭 외 (2012). p. 235.

08

chapter

청소년지도의 단계과정

1. 사전단계
2. 초기단계
3. 중간단계
4. 종결단계

08 청소년지도의 단계과정

청소년지도의 과정은 청소년들을 만나기 이전에 어떤 청소년 대상을 어떤 목적으로, 목적달성을 위해 어떤 내용과 수단으로 청소년을 지도할 것인가에 대한 사전 준비의 단계부터 시작하여 지도의 목적을 달성하고 이를 종결하기까지의 일련의 과정과 단계를 거친다.

청소년지도의 과정에 대해서는 박성희(1994), 이광호(1997), 김민(2003), 한상철(2012) 등의 대표적인 선행연구가 있다. 청소년지도의 과정을 프로그램 운영의 과정에서 살펴본 박성희(1994: 22-30)는 지도자가 운영하는 프로그램의 단계를 계획-설계-실행-평가의 4단계로 나누었고, 이광호 외(1997: 10) 역시 계획-준비-실행-평가의 단계로 구분하였다. 김민(2003: 310)은 계획과 기획의 개념을 구분한 후 계획 단계를 기획단계로 치환하여 기획-설계-실행-평가단계로, 한상철(2012: 272-298)은 청소년지도의 과정을 사전단계-초기단계-중간단계-종결단계 등으로 구분하였다. 본 장에서는 청소년지도의 과정을 사전단계-초기단계-중간단계-평가단계로 구분하여 살펴본다. 청소년지도의 각 단계들은 각 단계 간 영향을 주고받는 쌍방향적이고 상호 작용적인 관계를 유지하는 특성이 있다.

1. 사전단계

사전단계는 청소년지도자가 청소년을 대면하기 전의 지도단계로 청소년지도를 사전에 준비하는 기획(planning)의 단계이다. 사전단계의 기획단계는 이후의 단계를 포함하여 전체 지도활동 및 방법의 성패를 가늠하는 매우 중요한 단계이다. 즉, 이 단계에서 얼마나 충실하게 잘 준비하였는지에 따라, 이후의 단계를 결정짓고 궁극적으로 청소년지도 전반의 성패를 가늠하기 때문이다. 따라서 청소년지도자는 사전단계에서 지도활동의 내용들을 꼼꼼하고 충실하게 기획하고 설계해야 한다.

1) 지도 목표의 설정

청소년지도의 가장 우선적인 과제는 지도 목표를 설정하는 일이다. 지도 목표는 청소년지도의 일반적인 목적, 프로그램 목표, 단시지도 목표 등의 위계로 구분될 수 있다. 다양한 위계적 수준의 목표들은 다음과 같은 두 가지의 공통적인 기능을 갖는다(이희도, 1996; 한상철, 2012 재인용).

첫째, 지도 목표는 청소년지도의 지침이 되고 평가의 준거가 될 수 있도록 구체적이고 명시적이어야 한다. 목표는 지도의 방향을 안내하는 기능과 학습경험선정의 기준으로서의 기능, 그리고 평가준거로서의 기능을 갖는다. 따라서 구체적이고 명시적인 형태로 진술될 때, 목표의 기능을 충실하게 수행할 수 있다.

둘째, 지도 목표는 청소년들에게 의미가 있어야 한다. 목표의 의미성이란 청소년의 현재 준비도에 비추어볼 때 성취 가능해야 한다는 점을 포함하고 있다. 만일 청소년이 지도 목표의 중요성과 필요성을 의심하거나 인정하지 않을 경우 지도의 효과를 최대화하기란 불가능하다.

2) 지도 내용(프로그램)에 대한 확신과 문제 인식

청소년지도자가 지도 목표를 설정하기 위해서는 당연히 해당 지도 내용이 청소년과 지도 현장에 왜 필요한지를 분명하게 인식해야 한다. 즉, 지도의 내용이 프로그램 단위로 구체화되는 과정에서 지도자는 지도 내용에 대한 확신과 문제 인식을 가져야 한다. 이러한 확신과 인식은 지도 내용인 프로그램의 특성과 성격을 결정짓는다. 이 단계에서 지도자는 왜 이 프로그램을 수행해야 하는지에 대한 분명한 이유와 필요성에 대해 기획자로서의 확신과 신념을 가져야 한다(김영인 · 김민, 2016).

이러한 확신과 신념은 사실 지도 내용(프로그램)을 개발 · 운영하는 전체 과정에서 중요함에도 불구하고 청소년활동 현장이나 이론의 영역에서 지금까지 간과된 측면이 없지 않다. 실제로 지도자가 자신이 개발하고자 하는 프로그램에 대한 확신과 신념을 갖는다는 것은, 프로그램의 특성과 성격을 규명하고 결정짓는 일이며, 또한 논리성을 기반으로 지도자가 소속되어 있는 시설과 기관의 동료와 타 지도자들을 설득할 수 있는 근거가 되고, 나아가서는 실질적으로 프로그램화하는 데 요구되는 주요한 타인과 기업 등의 후원자 개발, 지역사회, 정부(지방자치단체 포함) 등의 지원을 이끌어내는 기반이 된다. 따라서 지도자는 프로그램을 준비하는 과정에 있어 관련 문제 인식과 지도 내용에 대한 확신과 신념을 내재화할 필요가 있다.

3) 참여 청소년에 대한 진단(요구 조사)과 정보수집

청소년지도자는 지도 내용인 프로그램을 기획하는 데 필요한 다양한 조사활동과 정보 및 자료수집, 의견 수렴 등을 하게 된다. 구체적으로 수요자인 청소년에 대해 진단을 하기 위해 요구 조사, 현황 및 실태 조사 등의 각종 조사활동을 수행할 수 있으며, 프로그램과 관련된 다양한 자료와 정보를 수집 · 가공하고 개인과 집단을 대상으로 널리 의견을 수렴한다.

청소년지도자는 무엇보다 수요자인 청소년들의 제반 특성, 즉 과거 경험의 종류,

그들의 적성, 준비도, 흥미, 동기상태, 욕구 등을 정확하게 진단하여야 한다. 이것은 지도의 효율성과 매력을 향상시킬 수 있는 중요한 정보가 되기 때문이다(한상철, 2012). 특히 지도자는 이 단계에서 참여 청소년의 흥미와 관심에 기초한 요구 조사를 실시할 필요가 있다. 프로그램이 기본적으로 청소년들의 자발적인 선택과 참여에 의해 수행되는 활동의 계획이자 내용이란 점에서 청소년을 대상으로 하는 요구 조사는 사전단계의 필수적인 과정이다. 동시에, 요구 조사의 결과들은 앞서 언급한 프로그램에 대한 확신, 신념과 더불어 기획자가 갖는 설득력의 근거이자 논리성의 기반이 된다.

각종 자료와 정보의 수집은 사전단계뿐만 아니라 다른 단계를 포함하여 전체 지도 내용(프로그램) 개발의 질적 측면을 결정하고 강화하는 요인이기 때문에 지도자는 프로그램과 관련된 자료와 정보들을 최대한 수집하고 이를 기획안 구성에서부터 활용해야 한다. 아울러 지도 내용의 객관적인 타당성과 전체적인 균형과 조화를 위하여 타인의 의견을 수렴하는 데에도 적극적인 노력을 기울일 필요가 있다.

4) 집단구성

청소년지도는 대부분 집단을 통해 이루어진다. 청소년지도에 앞서 지도사는 청소년 개인이 지닌 의도나 개인적 속성 등에 기초하여 집단을 구조화하고 집단의 크기와 형태를 결정하여야 한다(한상철, 2012).

(1) 집단의 동질성과 이질성

청소년들의 개인적 특성이나 지도활동에 참여하는 개인적 목적 및 관심사, 연령과 발달수준, 성, 사회 문화적 배경 등에 따라 집단의 성질을 결정해야 한다. 즉, 개인적 특성이나 목적의 유사성이 높은 집단을 동질적 집단이라고 하고, 이와 반대의 집단을 이질적 집단이라고 하는데, 지도 목표에 따라 적합한 집단의 성질을 결정하여야 한다. 동질적 집단의 경우에는 청소년들의 목적과 관심사, 연령을 비롯한 제반 특성 등이 유사하기 때문에 집단활동에서 문제를 공유하기가 용이하고 구성원 간의 의사소통이 촉진되며, 관계형성이 용이한 장점이 있다. 반면에 이질적 집단은 구성원 상호 간의 활동이 활발하게 이루어질 수 있다는 장점이 있다.

(2) 집단의 구조화

청소년지도사는 청소년의 욕구충족과 지도 목표 성취를 위하여 청소년의 행동특성에 기초하여 특정한 청소년을 적절히 혼합하여 집단을 구성할 필요가 있다. 즉, 지도사는 집단 내에서 청소년들 간의 상호작용을 촉진시키고, 결속력을 증진시킬 수 있는 능력을 지닌 청소년들을 선발하여 각 집단에 의도적으로 포함시킬 필요가 있다.

(3) 집단의 규모

지도사는 청소년지도의 목표, 청소년의 욕구, 과업성취에 필요한 조건 등을 고려하고 소집단과 대집단의 장단점을 면밀히 검토하고 집단의 규모를 결정하여야 한다. 일반적으로 지도 목표의 범위가 좁아서 구성원의 문제영역이 구체화되어 있는 경우에는 소집단이 적절하고, 그 반대의 경우에는 대집단이 적절하다.

(4) 개방집단과 폐쇄집단

집단구성 시 지도사의 또 한 가지 고민은 지도활동 중에 새로운 구성원을 받아들이는 개방집단의 형태를 취할 것인지, 아니면 기존의 청소년만으로 집단활동을 계속해 나가는 폐쇄집단의 형태를 취할 것인지를 결정하는 일이다.

개방집단은 새로운 구성원으로부터 새로운 아이디어나 자원을 얻을 수 있고 집단의 영속성을 유지할 수 있는 장점이 있으나 집단 정체감의 상실과 지도력의 결여 등으로 인하여 집단의 안정성을 유지하기 어려운 단점도 지니고 있다.

폐쇄집단은 집단 결속력이 높고 구성원의 역할이나 규범이 안정적이며, 구성원 간의 협력이 잘 이루어지는 장점이 있으나, 새로운 사고나 가치의 유입이 어려우므로 집단적 사고에 빠질 위험이 있고, 구성원에 대한 순응의 요구가 많아질 수 있다는 단점이 있다.

5) 지도환경의 준비

사전단계에서는 앞으로 이루어질 청소년지도활동에 대비하여 물리적 환경을 준비하고 소요 재원을 조달하는 등의 지도환경을 준비하여야 한다. 물리적 환경의 준비과정에는 회합실의 크기, 밝기, 소리, 냉난방, 의자 및 가구의 배열, 분위기 창출 등을 포함한다. 회합실의 크기는 청소년의 참여와 행동에 영향을 미치므로 집단의 규모를 고려하여 적절한 크기의 회합실을 마련해야 한다.

그리고 토론을 위주로 하는 집단에서는 편안한 소파나 의자 등을 준비하여 비공식적 분위기를 조성해 줄 필요가 있으며, 공식적 과업을 수행하는 집단인 경우에는 테이블이나 작업대 등을 준비해 둘 필요가 있다. 지도사는 청소년지도에 소요되는 비용을 계산하여야 하며, 어떤 방법으로 이 비용을 조달할 것인지에 대해 관심을 가져야 한다. 청소년지도의 소요 예산을 추정하는 과정에서 전화비, 복사비, 다과비 등의 잡비는 충분하게 책정하는 것이 좋다. 그리고 재정조달방법을 강구하기 위해서는 후원기관의 재정적 후원 정도, 기관의 전체적인 재정상태 등을 평가해야 하며, 후원기관의 지원이 부족할 경우, 모금이나 다른 후원기관의 확보 등 다양한 재원조달방안을 검토해 보아야 한다.

2. 초기단계

초기단계는 청소년지도가 본격적으로 시작되는 실제단계이자 실행단계의 초기 단계이다(김영인 · 김민, 2016). 대부분 참여하는 청소년들은 새로운 사람(참여 청소년, 지도자 등)과 지도 내용, 활동의 장을 대면하게 된다. 이 단계에 어떤 지도자가 어떻게 개입하느냐에 따라 사전단계에서 공들인 결과들이 효과적으로 전달될 수 있느냐의 여부가 달려 있고, 이후 본격적인 중간단계의 성패가 달려 있다. 특히 지도 내용에 대한 풍부한 경험과 전문성을 가진 청소년지도자일수록 초기단계의 어색한 분위기를 효과적으로 완화하는 등 매끄러운 진행을 할 수 있다.

1) 친밀감 조성

청소년지도가 시작되었을 때 지도사는 무엇보다 청소년 상호 간의 소개와 기타 활동(예: 간단한 레크리에이션, 신뢰감 확립 활동 등)을 통하여 친밀감과 안락한 분위기를 조성하여야 한다. 친밀감 조성활동(rapport)은 첫 대면에서의 긴장감이나 어색함을 깨뜨리고 상호 신뢰감을 발달시키는 데 크게 기여할 것이다. 친밀한 관계 속에서 생산적이고 건설적인 인간관계가 이루어지고 합리적인 문제해결을 할 수 있으며, 의미 있는 삶을 계획하고 실천할 수 있게 된다. 이것이 곧 자기성장(self-growth)이며, 청소년지도의 궁극적인 목적이라고 할 수 있다.

친밀감 조성을 위해 지도사는 상호 소개과정에서 청소년 상호 간의 공통적 특성과 관심사를 연결시켜 주고, 이에 대해 토론할 수 있도록 격려해 주는 것이 좋다. 집단에서 활용할 수 있는 소개방법으로는 순번제, 변형 순번제, 문제교환방식, 1급 비밀 방식, 보물찾기 방식, 가족유산 방식 등이 있다. 이러한 소개방법 중에서 가장 일반적으로 사용되는 것이 차례대로 돌아가면서 자신을 소개하는 순번제이다. 첫 대면에서의 소개는 자칫 피상적인 수준으로 그칠 우려가 있다. 따라서 지도사는 먼저 자신에 대한 소개를 함으로써 청소년들에게 모델링이 될 필요가 있다. 친밀감 형성을 위해 초기단계에서 간단한 레크리에이션과 친교 프로그램을 도입하는 것도 의미 있는 지도활동이 될 것이다.

2) 동기유발

청소년지도의 성패는 청소년들의 자발적이고 적극적인 참여에 의해 결정된다고 해도 과언이 아니다. 실제로 지도활동 장면에 청소년들을 동원할 수는 있지만, 그들에게 억지로 의미 있는 경험이나 학습을 시킬 수는 없다. 그들의 지도활동에 대한 동기(motive)가 형성되어 있지 않다면 아무리 우수한 프로그램이나 열성적인 지도사도 속수무책일 수밖에 없으며, 이런 상황에서 지도활동의 효과를 기대하기란 무리이다.

청소년지도사는 지도활동이 시작됨과 동시에 다양한 자극을 사용하여 참여 청소년들의 지도활동에 대한 동기를 유발시켜야 한다. 이것은 청소년지도의 매력성과 참여에 대한 의지를 높여줄 뿐만 아니라 지도활동에 대한 주의집중을 촉진시켜 줄 것이다. 주의집중은 학생들에게 단순히 주목을 요구함으로써 이루어지는 것이 아니라 지도사와 청소년 간의 인간관계, 즉 친밀성을 전제로 활동에 대한 동기를 부여함으로써 가능하다.

동기유발 및 주의집중방법은 언어를 통한 방법, 몸짓을 통한 방법, 교구나 교편물을 이용하는 방법, 활동을 통한 방법 등이 있다. 그리고 동기유발의 원리로는 흥미의 원리, 변화의 원리, 다양성의 원리를 들 수 있다. 즉, 주어진 과제 또는 프로그램이 청소년들에게 흥미 있어야 하고, 계속적인 변화를 추구해 나가야 하며, 그리고 다양한 자극들로 구성되어야 한다는 것이다.

3) 지도 목표의 통지와 한계 설명

구체적인 목표는 지도의 방향을 제시하고 지도방법을 결정하게 하며, 학습자들에게 동기를 유발하도록 하는 등의 효과가 있다. 따라서 청소년지도사는 사전에 설정된 구체적 목표를 구두로 통보하거나 칠판 등을 활용해 공지함으로써 청소년들이 이를 분명히 이해하고 내면화할 수 있도록 하여야 한다.

한계 설명에서는 지도활동 기간 동안 관련 기관이 제공하는 서비스나 지원의 내용 및 제약사항 등을 알려줌으로써 구성원들에게 기관에서 제공해 줄 수 있는 요인과 제공해 줄 수 없는 요인 등에 대하여 명확하게 인식하도록 해주어야 한다. 그리고 지도사 자신이 청소년들을 위해서, 그리고 기관의 입장에서 어떤 기능과 역할을 할 것인지에 대해서도 설명해 주어야 한다. 또한 지도활동의 운영과 관련해서 활동 기간, 빈도, 장소, 준비사항, 유의점 등에 대해 설명하고 안내해 주는 것도 이 단계에서 이루어져야 한다.

4) 선수학습 또는 경험의 재생

청소년지도의 과제가 특히 위계적이고 지도가 지난 시간이 지도 내용과 연속성이 있을 때 선수학습 또는 경험을 재생하도록 하는 것은 지도활동의 효과를 높이는 데 매우 중요하다. 선수학습이나 경험의 재생은 청소년들을 대상으로 한 질문을 통해 이루어질 수도 있고 지도자의 간단한 설명이나 요약으로 이루어질 수도 있으며, 차트나 유인물, 그 밖의 교수매체를 통해서도 가능할 것이다.

5) 자극의 제시

지도활동에 대한 전반적인 설명이나 개요 제공, 실제 사례나 구체적인 모형 제시, 활동 내용과 관련된 에피소드나 인물사, 배경 이야기(behind story) 등을 소개하는 것을 말한다. 이러한 내용들은 청소년들에게 본 활동에 대한 추론을 가능하게 하고 동기를 촉진시키는 등의 효과를 갖는다. 따라서 청소년지도사는 활동 내용을 분석하고 연구하는 것만으로 충분하지 않으며, 사전에 이러한 자극들을 충분히 수집하고 정리해 두어야 한다. 무엇보다 지도사의 창의적인 아이디어와 교양적 소질이 크게 요구되는 부분이라고 할 수 있다.

3. 중간단계

중간단계는 청소년지도의 목표를 실현하는 핵심적인 과정이다. 아무리 훌륭하게 계획된 청소년지도활동이라 할지라도, 중간단계가 제대로 이루어지지 않으면, 청소년지도의 목표를 실현하기란 불가능하다. 따라서 청소년지도자는 중간단계에서 수행해야 할 행동전략과 지도기법의 특성에 대한 전문지식을 갖추어야 한다. 흔히 중간단계는 사전에 기획되고 설계된 지도 내용들을 실제로 수행하여 애초에 설정한 목표를 달성해 가는 구체적인 과정을 말한다. 즉, 이 단계는 청소년들이 프로그램에 참여하여 적극 활동할 수 있도록 지도하여 프로그램의 목적을 달성해 가는 단계이자 동시에 청소년지도자가 처음 사전단계에서 기획한 내용들을 현실적으로 체화해 나가는 단계이다(박성희, 1994; 김영인 · 김민, 2016 재인용).

청소년지도활동의 중간단계는 복잡하면서도 역동적인 성격을 띠고 있으므로 청소년지도사의 입장에서 볼 때, 이론과 경험의 조화가 필요하고, 인내와 관용이 요구되며, 때로는 청소년과의 맞닥뜨림도 필요하다(한상철, 2012).

1) 중간단계의 성격

청소년지도활동의 중간단계는 갈등 및 통합단계와 목적 성취를 위해 노력을 경주하는 문제해결단계로 구분할 수 있다. 청소년지도의 초기단계를 거쳐 중간단계에서 청소년지도활동이 어느 정도 안정화되면 청소년들은 자신들의 요구사항을 충족시키기 위하여 활동을 재구성하려고 시도한다. 이 과정에서 청소년들은 이전보다 더 많은 권력을 행사하고 보다 높은 지위를 확보하기 위해 경쟁하며 지도사에게 도전하기도 한다. 따라서 청소년들 간에, 그리고 청소년과 지도사 간에 갈등이 일어난다.

청소년지도사는 이 과정에서 갈등이 심화되고 또 다른 문제행동으로 발전되지 않는 한, 이를 부정하거나 차단하려고 노력하기보다 갈등을 있는 그대로 인정해 줄 필요가 있으며, 청소년들로 하여금 스스로 갈등을 해결해 나갈 수 있는 방법 및 전략을 터득할 수 있도록 조력해 주어야 한다. 갈등에 직면했을 때 대부분의 청소년과 지도사는 이를 억제하거나 회피해 버리는 경향이 있으나 그것은 이후 사회생활에서 계속될 수 있는 갈등에 효과적으로 적응할 수 있는 합리적인 방법이 되지 못한다. 그러므로 청소년들이 대인 간 갈등에 직면했을 때 이를 적극적으로 해결할 수 있는 자세, 즉 타협과 양보 등의 전략을 사용할 수 있도록 안내해 주어야 한다.

2) 지도사의 개입전략

청소년지도사는 지도활동과정에 적절한 수준으로 개입하여야 한다. 즉, 지도사는 청소년의 주체적인 지도활동이 보장될 수 있도록 하기 위하여 후원자적이고 격려자적인 자세로 개입해야 한다. 이를 위하여 청소년지도사에게 요구되는 기법은 다음과 같다.

(1) 주의집중기법

지도활동에 대한 청소년들의 주의집중은 도입단계에서부터 전개와 정리단계에 이르기까지 지속되어야 한다. 이 기법은 언어 및 비언어적 행동을 통하여 청소년의 말이나 행동에 관심을 기울이고, 이에 대하여 이해의 감정을 전달하는 방법이다. 이것은 청소년의 지도활동에 대한 참여를 증진시키고 청소년과 지도사 간의 관계를 촉진시키며, 청소년 간의 수용과 결속을 증진시키게 될 것이다. 지도사의 주의집중기법으로 청소년의 말을 반복하거나 다른 말로 표현하는 것, 청소년의 감정 기저에 감정이입으로 반응하는 것, 청소년이 이야기할 때 눈을 맞추는 행동 등이 포함된다.

(2) 초점유지기법

청소년지도의 특정 부분에 초점을 두게 함으로써 관련성이 없는 부분에 대한 의사소통을 감소시키고 문제를 계속적으로 탐색하게 하는 기법이다. 이를 위해 지도사가 사용할 수 있는 기법으로 명확화, 특정 의사소통의 반복, 토론범위의 제한, 의사소통 내용의 요약과 세분화 등이 있다.

(3) 상호작용지도기법

청소년지도사는 청소년지도에 영향을 미치는 특정한 행동을 이끌어 낼 수 있어야 한다. 그리고 상호작용을 특정 방향으로 인도하기 위하여 활동에 방해가 되는 의사소통을 제한 또는 차단하여야 하고, 참여도가 낮고, 소외된 청소년의 의사소통을 격려하여야 하며, 한 청소년의 의사소통을 다른 구성원들과 연결시켜 주어야 한다. 이것은 역기능적 하위집단의 발달을 억제하고, 특정 문제에 대한 탐색 및 해결을 위한 상호작용을 증진시키며, 개방적 의사소통을 촉진시킬 수 있다.

(4) 지도활동 참여촉진기법

청소년지도사는 침묵하거나 소외되어 있는 청소년들을 활동에 적극적으로 참여시켜야 한다. 이를 위해 그들에게 직접적인 방법으로 활동에 참여할 것을 요구할 수도 있고, 특정한 내용에 대한 의견을 물어볼 수도 있으며, 활동에 대한 개인적 느낌이나 활동에 대한 앞으로의 기대를 질문으로 물어볼 수도 있다.

(5) 개인 내적 수준에의 개입

청소년지도사가 청소년의 내적 변화를 일으키기 위해서는 먼저 사고, 감정, 행동의 특성과 그 연관성을 파악하여 사고와 신념의 합리성을 분석하고, 왜곡되거나 비합리적인 신념을 변화시킬 수 있도록 지도하여야 한다. 개인 내적 수준의 변화를 일으키기 위한 개입 기법으로는 인지 재구조화법, 인지적 자기지시법, 사고중단법, 재정의법, 인지적 심상법, 점진적 이완법, 체계적 둔감법 등이 있다.

(6) 대인관계 수준의 개입

대인관계 수준의 변화를 일으키기 위해서는 관찰학습이나 역할연기를 활용할 필요가 있다. 관찰학습은 지도사나 보조지도사가 여러 가지 대인관계 상황을 설정해 두고, 각 상황에 따라 적합한 인간관계 행동을 보여줌으로써 청소년들이 그 행동을 관찰하고 모방하도록 하여 종국에는 이를 내면화하도록 하는 방법이다.

역할연기(role play)는 어떤 특정한 사회적 상황을 가정하여 실제로 사회적 역할을 수행하게 함으로써 청소년의 대인관계에 대한 인식과 이해를 증진시키는 방법이다. 이 방법은 안전한 집단 환경 속에서 닥쳐올 행동을 미리 연습할 수 있는 기회를 제공함으로써 행동의 변화를 유도하기 위한 것이다. 역할극에서 활용할 수 있는 기법과 즉석면접, 독백, 보조자아, 거울기법, 공유 등의 보완적 역할극 기법이 있다.

(7) 청소년 환경 수준에의 개입

청소년이 자신을 둘러싼 사회・심리적 환경이나 물리적 환경을 수정할 수 있도록 지도하기 위한 것이다. 청소년을 특별한 자원과 연결시키거나, 청소년의 사회적 관계망을 수정하고 확대하거나, 청소년의 행동에 대해 환경에서 제공해 오던 보상이나 처벌 등의 강화물을 수정하거나, 청소년의 목적성취를 촉진시킬 수 있는 물리적 환경을 계획하는 기법 등이 이에 포함될 것이다.

4. 종결단계

종결단계는 청소년지도활동의 목표 달성 정도와 계획 수행의 효과성·효율성 수준을 종합적으로 분석·평가하고, 평가결과에 근거하여 지도방법을 개선해 나가는 단계이다. 종결단계는 기획된 지도의 내용이 구체적으로 기획된 안에 따라 실행한 이후 애초 설정한 사전단계의 목적과 실행 이후의 결과를 비교하여 실제 전개된 지도활동의 결과를 알고 그 의미를 부여하는 과정이다(권일남·오해섭·이교봉, 2010).

종결단계에 이르면 청소년들은 친숙하게 지내던 동료들과 분리되고 활동장소를 떠나 현실장면으로 되돌아가게 된다. 종결이 가까워지면 지도활동에 대한 참여도가 낮아지고 집단의 결속력이 저하되며, 집단의 사회적 통제기제가 약화된다. 이러한 상황에서 청소년지도사는 마지막까지 참여도와 결속력을 유지시키면서 지도활동 전반에 대하여 점검하고 평가해야 하며, 지도과정에서 청소년들이 경험했던 모든 것들을 그들의 일상생활에 적용하고 일반화할 수 있도록 지도해야 한다. 그리고 청소년들 또한 개인적 평가와 더불어 자신의 일상생활을 새롭게 설계하는 일에 몰두해야 한다(한상철, 2012).

1) 지도사의 과업

(1) 수행유도

청소년들이 학습한 내용을 완전히 자신의 것으로 이해하고 내면화하며, 실생활에 적용하고 일반화하는 데 목적이 있다.

(2) 피드백 제공

청소년들이 새롭게 획득한 행동의 정확성을 판단하고, 특히 부정확한 행동에 대해 그 원인을 분석하고 올바른 해결책을 유도한다.

(3) 수행평가

청소년들의 수행이 지도 목표에 어느 정도 일치하는지 여부를 확인하여 청소년들에게는 교정적 피드백을 제공하고, 지도사에게는 다음 지도의 질적 개선을 가져오기 위한 것이다. 청소년지도활동 전반을 평가할 수 있는 가장 직접적인 방법은 지도사의 관찰이다. 이외에도 청소년의 자기관찰과 모의검증, 집단 외부인의 보고, 표준화된 평가도구를 이용하는 방법 등을 고려할 수 있다.

청소년집단에 대한 평가기법으로는 의미미분기법, 상호작용과정분석기법, 사회측정법(sociogram), 체계적 중다수준 집단관찰기법 등을 들 수 있다.

(4) 파지 및 전이

청소년들이 지도를 통해 학습하고 수행한 내용을 오랫동안 기억하도록 하기 위하여 반복 연습이나 심상을 해 보도록 하고, 획득한 학습 내용의 일반화 가능성을 증진시키기 위하여 이를 새로운 장면이나 상황 또는 유사 영역에 적용해 보도록 한다.

(5) 종결감정의 처리

청소년지도를 종결할 때 청소년들은 성취감, 유능감, 자부심, 만족감, 지배감 등 긍정적 감정을 경험할 수도 있고 부정, 분노, 슬픔, 거부, 정의감 등 부정적 감정을 경험할 수도 있다. 뿐만 아니라 활동 종결 시에 청소년들은 긍정적인 감정과 부정적인 감정 사이를 오가는 양가감정(ambivalence)을 경험하기도 한다. 그러므로 지도사는 청소년들의 긍정적인 감정을 보다 강화하고 부정적인 감정을 적절히 해결할 수 있도록 지도하여야 한다.

(6) 추후지도의 안내

청소년지도활동은 일 회 또는 한 과정을 통해 완결되는 것이 아니라, 일상생활 중에도 계속되어야 함을 강조한다. 뿐만 아니라 지도활동 기간 중에 경험한 내용의 지속적인 효과를 보고하도록 하고, 지도활동의 문제점이나 상쇄효과에 대해서도 피드백을 제공해 주도록 요구한다. 그리고 언제나 청소년지도활동이나 새로운 프로그램에 다시 참여할 수 있음도 설명한다.

2) 평가의 의미

청소년지도사는 청소년의 성취 정도와 행동발달을 측정하고 평가하여야 한다. 그러나 지도의 목표가 복잡해지고 청소년의 수가 점차 증가됨에 따라 지도활동을 평가하는 문제는 더욱 어렵게 되었으며, 더 많은 전문성을 요구하게 되었다.

따라서 평가를 정의하는 문제만 하더라도 많은 변화와 발전과정을 거쳐 왔다고 말할 수 있다. 여기서 대표적인 몇 가지 정의를 통해 평가의 개념을 보다 명확하게 제시하고자 한다.

Cronbach(1963) 등에 의하면, 평가란 한마디로 행동변화의 증거를 수집하는 과정이라고 할 수 있다. 이 정의는 첫째, 평가란 교육프로그램 개발 및 개선의 기능을 지니고 있으며 둘째, 정보자료는 학습자의 목표성취, 목표 자체의 타당성, 교육프로그램의 타당성과 비용, 그것이 이해 당사자에게 주는 영향 등으로 확대된다는 점을 강조하고 있다.

평가(evaluation)의 개념적 · 실제적 발전은 측정(measurement)운동에서부터 비롯되었다. 측정이란 어떤 대상이나 사상(events)에 수치를 매기는 과정으로 Thorndike의 유명한 명제, 즉 '존재하는 모든 것은 양으로 존재한다. 양으로 존재하는 것이라면 측정할 수 있다'는 것이 그 출발점이라 할 수 있다. Thorndike 이전에는 인간의 정신능력처럼 가시적이지 않은 특성에 대해 그것을 질적인 변인으로만 생각하였을 뿐 수량화할 수 있다고는 전혀 생각하지 못했다. 그러나 20세기 이후 인간의 정신능력에 대한 측정운동이 본격화됨에 따라(예: 지능검사와 성격검사 등의 개발) 인간의 정신능력을 보다 과학적으로 분석하고 해석하게 되었다.

측정운동은 인간 정신능력에 대한 과학적이고 객관적인 연구를 활성화시킴으로써 교육과 심리학의 과학화를 촉진시켰다. 그러나 측정은 교육적 가치판단을 배제하고, 교육의 진정한 효과를 도외시하고 있으며, 집단 내 개인차에 대처할 수 있는 구체적인 처치방법에 대해 관심을 갖지 않는 등의 문제점을 내포하고 있다. 이러한 한계점은 어떤 사상(events)에 대한 정확한 측정과 더불어 합리적인 평가관을 수립함으로써 극복할 수 있을 것이다.

평가는 행동변화의 증거를 수집하는 과정이며, 증거는 양적인 것뿐만 아니라 질적인 것까지를 포함한다. 그리고 질적 · 양적 증거는 행동의 변화, 즉 교육목표의 달성도와 목표달성 과정에 관한 것이며, 이러한 증거는 곧 다음 교육을 위한 의사결정의 기초자료로 활용된다. 다시 말하면, 교육목표 달성도에 대한 양적 분석과 질적 분석을 통하여 교육의 계속적인 개선을 이루어 나가는 과정이라고 할 수 있다. 이러한 관점에서 볼 때 평가 자체가 청소년들에게 시련과 중압감, 불안감을 조성하는 것은 아니다. 평가는 청소년의 학습과 발달을 지원하기 위한 것이고, 더욱 적절하고 효과적인 교육의 방법을 탐색하고 처치하기 위한 것이며, 청소년과 지도자 모두에게 적절한 피드백을 제공하기 위한 것이다(한상철, 2012).

PART 03

지도방법의 실제

09

chapter

개인지도

09 개인지도

1. 개인지도

1) 개인지도의 개념과 필요성

개인지도는 집단지도(일제지도)에 적응하지 못하는 청소년에 대한 적극적인 개입의 방법으로 일대일로 행해지는 지도를 일컫는다. 개인지도는 대개 학습지도와 생활지도의 두 가지 영역으로 나눌 수 있다. 학습지도는 개인적인 경험이나 지능, 학습이 이루어지는 과정, 학습방법, 학습적 소양 같은 측면에 의해 행해진다. 반면에 생활지도는 개인이 가진 문제를 해결하기 위해 개인의 정서 같은 심리적 측면에 주의를 기울이고 이에 대한 관찰을 통해 상담과 지도를 행하는 것이다. 또한 최근에는 학습지도, 생활지도와 더불어 진로지도에 대한 중요성이 부각되고 있다. 진로지도는 청소년의 적성이나 능력을 고려하여 이에 적합한 교육을 받고, 직업세계에 대한 폭넓은 이해를 바탕으로 자신의 진로를 개척하는 사람을 목표로 하는데 현대사회의 여러 특성상 진로지도의 필요성은 더욱 강조되고 있다. 진로지도 시 진로검사와 진로상담, 진로체험, 진로탐색 등 다양한 방법으로 진로지도가 행해지고는 있으나 보다 효과적인 방법이나 실질적인 정보는 부족하다.

현재 학교교육에서는 여러 가지 여건상 불가피하게 집단지도가 이루어지고 있다. 그러나 집단지도방법으로는 청소년들이 가진 개별적인 차이를 극복하고 각각의 소질이나 적성을 계발하는 데 한계를 지니며, 효율적인 학습지도나 생활지도로 이어지기 힘들다. 물론 학교 교육에서도 청소년에 대한 집단지도의 폐단을 시정하기 위하여 분단지도나 소집단지도 같은 여러 가지 연구가 이루어지고는 있지만 실질적인 한계를 지닌다. 반면에 청소년수련시설에서는 집단활동도 이루어지지만 동아리활동 같은 소규모 집단의 개별활동을 통해 적극적인 개인지도가 이루어지고 있다.

개인지도 시 청소년지도자는 청소년 개개인의 개별성과 고유성을 인정해 주며, 개인이 지닌 성향이나 흥미, 관심, 특성에 따른 욕구를 적극 수용하며 더 나아가 청소년에게 동기부여를 통한 자율적 참여를 이끌어낼 수 있는 지도방법을 제시해야 한다. 또한 청소년기는 개인의 인성적인 측면에서 매우 중요한 시기인데, 이를 위해선 자아정체감 형성, 감정의 조절, 인간 관계기술 등을 경험할 수 있는 다양하고 체계화된 지도가 필요하다.

특히 청소년은 개인지도를 통해 자신에 대한 가치를 인식하며, 또래와의 원만한 대인관계를 통해 타인과의 관계형성 기술을 학습할 수 있다. 이는 자신을 객관화하는 능력과 타인에 대한 이해와 의사소통 능력을 계발을 통해 이룰 수 있다. 즉, 개인지도의 목적은 청소년 스스로 자신이 처한 현실을 지각하고 인지과정을 통해 자신의 행동에 대해 사고하며, 스스로 건전한 생활습관을 형성하도록 조력한다. 그리고 청소년 스스로 원하는 목표를 달성하며 건강한 성인이 되어 한 사회의 독립된 구성원으로 성장하도록 돕는 것이다.

2) 개인지도의 효과

개인지도의 장점은 다음과 같다.

첫째, 청소년이 가진 개인차를 고려하여 자발적 참여를 유도하기에 집단지도보다 훨씬 높은 효과를 가져올 수 있다. 둘째, 청소년 개인의 관심과 욕구를 적극적으로 반영할 수 있다. 셋째, 청소년 개인이 가진 여러 가지 가정문제나 사회문제,

심리적 부적응 같은 것들을 지도자와 함께 적극적으로 해결할 수 있다. 넷째, 학습에 대한 개별적인 지도 시 학교생활 적응에 도움을 줄 수 있다. 다섯째, 다양한 체험이나 학습을 통해 구체적인 진로개발을 용이하게 만든다. 여섯째, 개인이 가진 시간을 좀 더 효율적으로 사용할 수 있다.

반면 개인지도의 단점으로는 다음을 들 수 있다.

첫째, 개인지도 시 학습부진아나 학교 밖 청소년 같은 경우 지도자와의 상호작용에 문제가 생길 경우 심리적으로 큰 부담을 느껴 효과성이 떨어질 수 있다. 둘째, 지도자의 역량에 따라 개인지도의 효과가 없을 수 있다. 셋째, 각각의 목적과 상황에 맞는 지도자와의 매칭이 어려울 수 있다. 넷째, 지도자의 업무에 부담으로 작용할 수 있다.

이런 단점들을 최소화하기 위해선 개인지도 시 첫째, 보호자와 사전에 충분한 상담이 선행되어야 하며, 둘째는 상황에 맞는 적절한 피드백과 상호작용이 일어날 수 있도록 구조화가 필요하다. 셋째, 지도자는 항상 결과뿐만 아니라 진행과정에도 관심을 가지고 관찰해야 하며 때로는 여러 가지 다양한 방법의 제시가 필요하다.

2. 개인지도의 방법

1) 코칭

(1) 코칭의 개념 및 특징

코칭이라는 말의 어원은 헝가리의 Kocs라는 마을에서 처음 개발된 마차인 Koczi에서 유래되었다(Stern, 2004). 이 마차는 덮개가 있고, 큰 바퀴를 갖고 있어서 이전보다는 훨씬 편안한 이동수단이었는데, 코치는 원하는 목적지까지 안전하고, 수월하게 이동할 수 있는 도구라는 의미로 쓰이게 되었다. 이후 1880년경 스포츠 분야에서 운동선수를 지도하여 역량을 향상시키는 행위를 코칭이라 하면서 새로운 용어로 자리잡았다(나진, 2010).

현대적 의미에서의 코칭은 1980년대 초반 미국의 Thomas J. Leonard라는 재무플래너로부터 시작되었는데(김현수 외, 2008), 그 후 산업이나 조직, 교육학, 심리학, 경영학 등 다양한 분야에서 조금씩 다른 개념으로 사용되어왔다. 이러한 코칭은 유사한 용어인 카운슬링(counseling), 멘토링(mentoring)과 자주 호환되어 사용되어 왔으나, 많은 학자들은 이를 구별하고 있다(김순영, 2011).

멘토링(mentoring)은 가장 추상적인 방법으로 간접적인 상호작용이며 멘토가 가진 풍부한 경험과 지식으로 지표를 제시해 준다. 전문적인 멘토는 멘티가 보지 못하는 맹점을 지적해 주며 동기를 부여하고 멘티의 마음속 장애물을 미리 없애준다. 직접적으로 지식을 전달해주는 티칭(teaching)은 일반적인 역량을 증진시키는 것으로 개별적인 상황에서 성공에 이를 수 있도록 일반화시키는 것을 돕는다. 상담과 함께 조언 역할을 하는 카운슬링(counseling)과 다르게 코칭은 간접적인 상호작용으로 계약관계로 맺어지며, 개인의 변화와 발전을 지원하는 수평적이고 협력적인 파트너십에 중점을 둔다. 그리고 성취를 목표로 하는 개인에게 적극적인 질문으로 상호 동기부여를 통해 스스로 문제점을 찾아 해결할 수 있도록 도와주는 일이다. 전문가로서의 코치는 개인이 가진 잠재력이나 역량을 극대화시켜 그들의 성과달성과 삶의 질을 높일 수 있도록 돕는 사람이다. 즉, 훌륭한 코치는 자신감을 북돋워주며 수행이나 실행에 있어 불안감을 감소시켜 준다. 이런 코칭의 특성들은 많은 부분 청소년지도자의 역할과 일맥상통한다.

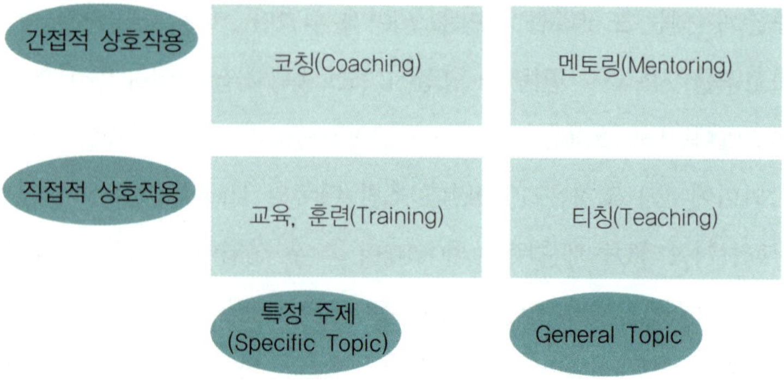

그림 9-1 ■ 개발 유형(Development Style)

연구자들마다 기존의 코칭에 대한 정의는 다양하게 제시하지만 몇 가지 공통점을 발견할 수 있다.

첫째, 코칭은 피드백, 동기부여, 지원 등 다양한 기법을 가진 활동이라고 할 수 있다. Heslin, Vandewalle & Larham(2006)은 코칭은 수행을 향상시키는 방법이며 명확한 수행 기대, 수행 결과와 관련된 건설적인 피드백을 제공한다고 했다(임창현, 2013). 또한 스스로 문제를 해결하고 역량을 향상시킬 수 있는 방법을 찾을 수 있도록 하며 그들의 가능성을 깨닫고 그것을 발휘하도록 돕는 것으로 정의하였다. Max(2005)에 따르면 코칭은 타인의 업무수행과 학습능력 향상을 목표로 피드백 제공, 동기부여, 효과적 질문유도 등 여러 가지 테크닉을 포함하여 고객을 돕는 데 기초를 두는 것이다(김지현, 2010).

둘째, 조직 측면에서 바라 본 코칭은 조직구성원들의 직무 수행 향상을 도와주는 것이다. Ellinger와 Keller(2003)는 코칭을 성장과 학습을 지원하고 가치를 부여하며 실질적인 경영을 통하여 업무친화적인 환경의 개발을 강조하는 조직적인 현상이라고 정의하였다. HR focus(2001)는 코칭은 전통적으로 수행이 낮은 사람들을 개선시켜주고, 조직 내 수행과 더불어 개인적인 효과성과 관련하여 접근하는 방식이라고 정의한 바 있다. 미국항공우주국(National Aeronautics and Space Administration:

NASA, 2006)에서 발행한 코칭 가이드북에 따르면 코칭은 개인의 수행이나 임무 결과를 향상시키기 위해 조직적 혹은 개인적인 목표에 초점을 두는 것을 의미한다(임창현, 2013).

셋째, 코칭을 하나의 과정(process)으로 정의한 연구자들도 있다. Stowell(1986)은 코칭이란 리더가 토의나 대화를 통해 개입 또는 중재하는 것으로 구체적인 기능이나 행동을 포함하며, 방향을 제시(direction)해 주고 성과 향상을 위한 개발(development)을 도와주고, 수행한 것을 평가(accountability) 및 피드백해 주며, 고객과 지속적인 관계(relationship)를 갖는 일련의 과정이라고 정의하였다. Fournies(1987)는 코칭을 문제가 많은 직무 과제를 개선시키기 위한 하나의 과정으로 정의하였다. 또한 Burdett(1998)은 과거보다 높은 수준의 성과를 내도록 하기 위한 권한위임 과정이라고 했으며, Redshaw(2000)는 학습자(learner)에게 안내(guidance), 격려(encouragement) 그리고 지원(support)을 해주는 과정으로 정의하였다(박선영, 2010 재인용).

넷째, 코칭은 기본적으로 일대일로 상호작용하는 과정이라고 정의한 연구자들도 있다. Garman, Whiston 및 Zlatoper(2002)는 코칭이란 조직과의 연계가 없는 외부인이 조직의 맥락에서 내담자의 수행에 대한 일대일 자문을 제공하는 것이라고 주장하였다. 또한, Hall Otazo 및 Hollenbeck(1999)은 실용적이고 목표에 초점이 맞춰진 개인적인 일대일 학습의 형태로 정의했다. 그리고 Nigro(2006)는 코칭은 코치와 고객의 일대일 관계로 문제점을 지닌 개인에 초점을 두고 그러한 문제점을 통해 육성과 동시에 성과를 향상시키는 것으로 정의한 바 있다.

위에서 정의한 여러 코칭이 내포하고 있는 개념들은 청소년지도의 원리와 많은 부분 부합된다. 청소년지도자는 다양한 청소년을 만나게 되는데 개별적인 청소년에게 적절한 지원이나 조력과 함께 다양한 기법을 적용하여 그들의 잠재력을 계발시키고 자립을 촉진할 수 있다.

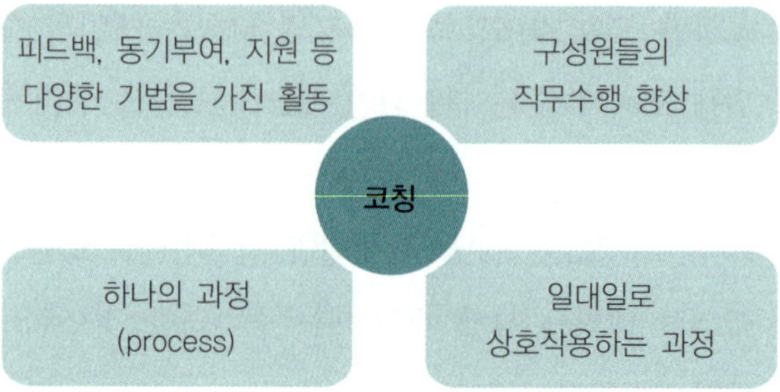

그림 9-2 ■ 코칭의 정의

(2) 코칭의 방법

코칭은 일정기간 또는 목표 달성 시까지 지도자가 청소년이 이루고자 하는 목표 달성을 위한 적절한 훈련 및 방법을 제시하는 것이다. 청소년은 지도자를 신뢰하며 과정목표와 최종목표를 달성하기 위해 최선을 다해야 하며 신체, 심리, 정서적 변화를 지도자인 코치에게 알려주고 코치는 이를 피드백하며 상호작용 해야 한다. 또한 지도자는 제자관계를 맺은 청소년에게 정보를 지원하고, 정서적인 격려를 제공하며, 최고 의사결정자를 소개해 주는 등의 도움을 제공해 주는 것을 의미하는데 (Northouse, 2000), 다음으로 구분할 수 있다.

① 개인코칭(Personal Coaching)

현재보다 좀 더 발전하려는 의지를 지닌 사람과 전문가인 코치가 함께 개인의 잠재된 능력을 계발하고자 하는 것이다. 개인코칭은 개인과 코치가 수평적 관계를 이루며 파트너의 관계로 1 : 1로 진행된다. 이는 개인의 잠재력 성장을 도모한다는 점에서 교육자가 우월한 위치에서 지식과 경험을 개인에게 주입시키는 멘토링(mentoring)이나 컨설팅(consulting)과는 차이가 있다. 개인코칭은 개인의 다양한 관심사에 따른 서비스를 제공하는 것으로 볼 수 있다. 개인코칭은 학습, 진로, 인생설계 등 인생 전반의 이슈를 다루는 라이프 코칭, 진학을 고민하는 청소년을 대상으로 하는 커리어 코칭, 올바른 자녀 교육 및 좋은 부모가 될 수 있도록 지원하는 부모 코칭 등을 들 수 있다.

② 동료코칭(Peer Coaching)

Gottesman(2000)은 동료는 같은 수준의 동료 전문가 사이를 의미하며, 코칭은 코치가 식별한 영역의 구체적인 부분에 대해 짧고 비형식적인 관찰이라고 하였다(임창현, 2013). 동료코칭은 객관적인 관찰을 토대로 문제를 해결할 수 있도록 돕는 역할을 하는 동료끼리의 코칭을 의미하며 청소년의 경우 또래상담 등을 들 수 있다.

③ 팀코칭(Team Coaching)

팀코칭은 공동의 임무를 수행하는 팀이 팀의 성과를 향상시키기 위해서 팀원이 함께 코칭에 참여하는 형태를 의미한다(Anderson, Anderson & Mayo, 2008). 일반적으로 팀코칭은 그룹코칭과 혼용하여 사용되고 있으나 조직의 목표 달성을 중점으로 개인의 역량을 모으는 방식을 의미하며 조직 내에서 업무효율을 높이는 데 많이 활용되고 있다.

④ 그룹코칭(Group Coaching)

그룹코칭은 다수의 사람들이 자신들의 공통의 주제 범위 내에서 개인적인 코칭 목표를 세우고 그것의 달성을 위해 상호 학습을 증진시키는 형태의 코칭을 의미한다(Rolo, Crisina, Gould & Daniel, 2007). 그룹코칭은 비교적 새로운 형태이기 때문에 규모, 기간 등의 면에서 매우 다양한 형태로 진행되고 있다(Britton, 2010). 국제코치연맹(ICF)에서는 코칭 시간을 인정하는 그룹코칭의 인원을 15명으로 제한하고 있다. Thornton(2010)은 면대면 그룹코칭일 경우 5~8명이 적정하다고 하였는데, 만약 10명 이상일 경우 개인적 욕구를 충족시킬 만큼 충분한 관심을 쏟을 수 없다고 하였다.

(3) 코칭의 절차

일반적으로 코칭의 절차는 아래 제시된 그림과 같으며, 각 항목에 해당하는 유의점들을 지도자와 청소년에게 적용시켜 보면 다음과 같다.

Check	Open	Ask	Comment	Help
•사전조사	•경청 •공감 •수용 •친밀감 •신뢰감 •호혜분위기 •조성	•상황질문 •문제질문 •확대질문 •대안질문	•기대설명 •기대-실제와 차이 설명 •피드백	•실행계획수립 •지원약속 •관심과 격려

그림 9-3 ■ 코칭의 절차

출처: 유수동, 김현수, 한상진 (2008).

① Check : 상대방 이해하기

- 코치(지도자)는 청소년이 현재 겪고 있는 문제뿐만 아니라 사적인 사항까지도 종합적으로 관찰하고 검토했는가?
- 코치(지도자)는 피코치(청소년)에 대한 깊은 애정과 관심을 바탕으로 관찰하고, 관찰한 내용들을 기록하고 관리했는가?
- 코치(지도자)는 피코치(청소년)에 대한 사전 정보를 입수하여 파악하였는가?
- 코치(지도자)는 문제의 증상 및 징후들을 포착하였는가?

② Open : 대화의 장 열기

- 피코치(청소년)는 자신에게 귀 기울여주고, 자신의 상황을 이해하며, 자신이 처한 문제를 해결하는 데 도움을 받을 수 있는 코치(지도자)를 원하는데 코치(지도자)는 이에 부응했는가?

- 코칭의 첫 단계는 격의 없는 대화로부터 시작되는데 코치(지도자)는 자신의 입장을 버리고 완전히 피코치(청소년)의 입장에서 얘기를 경청했는가?
- 피코치(청소년)가 터놓고 이야기할 수 있도록 충분히 공감이나 수용 및 칭찬과 인정을 하였는가?
- 현재 피코치(청소년)가 처한 상황을 폭넓게 이해하였는가?

③ Ask : 목표 및 문제 확인과 해결안 찾기

- 지도자는 청소년의 기본적 정보들을 기초로 숙지하고, 개방 단계에서 파악된 청소년에 대한 정보들을 참고하여 질문을 했는가?
- 청소년에 대한 문제를 확인하고 아울러 해결방법을 찾을 수 있도록 노력했는가?
- 청소년이 진정 원하는 것/목표/바람직한 모습이나 상태가 무엇인지 확인하였는가?
- 청소년이 가진 문제와 근본원인을 분명히 파악하였는가?
- 청소년이 제시할 수 있는 모든 해결 방안들을 도출하였는가?
- 청소년에게 최적의 해결안을 찾도록 하였는가?
- 문제해결이나 목표 달성을 위한 장애물을 확인하고 제거방법을 찾았는가?

④ Comment : 발전적 피드백 제공하기

- 청소년의 부정적 행동 및 사고방식에 대해 진심어린 피드백을 제공하였는가?
- 발전적 피드백의 제공은 코칭의 과정에서 반드시 필요하다는 걸 인지하였는가?
- 장기적 관점에서 청소년의 성장/발전을 위해 꼭 필요한 피드백을 하였는가?
- 청소년에게 바람직한 변화에 대한 실천 의지를 강화시키고 이를 적극 지지해 주었는가?

⑤ Help : 실행계획 구체적으로 도와주기

- 지도자와 의견 일치를 이룬 청소년에게 문제해결방안에 대한 실행 계획을 구체적으로 수립할 수 있도록 인지시켰는가?
- 청소년에게 구체적인 해결방안의 실행계획을 수립하도록 하였는가?
- 가장 먼저 실천한 행위의 결과를 청소년과 상호 공유하는 방법을 정하였는가?
- 청소년에게 이번 만남의 주요 내용을 요약, 정리하도록 하였는가?

2) 멘토링

(1) 멘토링의 개념과 특징

영어에서 '스승'을 뜻하는 '멘토'는 그리스신화에 나오는 오디세우스의 친구 멘토르(Mentor)에서 유래하였다. 멘토르는 오디세우스가 트로이전쟁에 출정하여 10년이 되도록 귀향하지 않는 동안 그의 아들 텔레마코스를 돌보며 가르쳤는데, 친절한 성인, 대리부모, 위임받은 조언자, 교육자와 안내자의 역할을 하였다(두산백과). 멘토의 역할은 양육(nurturing), 지지, 보호, 역할모델 제시와 피후견인의 잠재역량에 대한 통찰력을 소유한 사람으로 '현명하고 성실한 조언자' 또는 '스승'의 뜻을 지니게 되었다(Colley, 2002). 경험과 지식이 많은 사람이 스승 역할을 하며 지도와 조언으로 대상자의 실력과 잠재력을 향상시키는 것 또는 그러한 체계를 '멘토링'이라고 하는데, 스승 역할을 하는 사람을 '멘토(mentor)', 지도 또는 조언을 받는 사람을 '멘티(mentee)'라고 한다. 멘토와 멘티의 관계는 살아가는 과정에서 자연스럽게 형성되기도 하고, 인위적으로 활성화되기도 한다(두산백과).

채형일(2001)은 멘토링 프로그램을 성인과 청소년 간의 친밀하고 상호적인 일대일 관계를 통해 도움이 필요한 한부모 가정, 빈곤가족, 학교 부적응 학생들에게 정서적 · 사회적 지지와 격려를 제공하는 것이라고 했다. 조형숙과 김현주(2005)는 멘토링은 일반적으로 조직이나 사회에서 경험이 풍부한 연장자가 경험이 부족한 사람에게 지원과 후원, 지시, 피드백 등을 제공하여 경력 발전의 기회를 주는 활동이라고 하였다(황동주 · 김진호, 2016).

멘토링은 앞서 언급한 일반적인 멘토링과 또래 멘토링(peer mentoing)의 형태로 행해진다. Garringer & McRae(2008)는 또래 멘토링을 성인 멘토가 아닌 청소년이 멘토가 되어 자신보다 나이 어린 청소년을 대상으로 형이나 언니의 역할모델을 제공하는 것으로 정의하였다. 또한 김지연(2010)은 청소년 또래 멘토링의 개념을 청소년(멘토)이 나이가 적은 아동과 청소년(멘티)을 대상으로 일정기간 동안 결연관계를 유지하며 두 사람 모두의 성장을 도모하는 활동으로 정의하였다(황동주 · 김진호, 2016).

(2) 멘토링의 방법

멘토링이란 수평적인 형태가 아닌 수직적인 관계로 멘티에게 성공적인 수행을 독려하거나 심리 및 정서적 지지 등을 제공하기 위해 멘토의 경험적 지식을 제공하거나 훈련하는 것을 의미한다. 멘토링은 업무조직에 대한 충성심을 이끌어내고 혁신적인 변혁에 유용하며, 소수자 문제 등 사회적으로 민감한 이슈에 적합하다. 멘토와 멘티 간의 상호작용이 활발할 때 더 깊이 있는 결과가 나타난다. 오인경(2003)에 의하면 멘토는 전문적이고도 구체적인 지식이나 지혜를 가지고 도움을 주는 내용 전문가로 멘토링 활동은 적어도 한 사람의 돌보는 성인과의 긍정적 관계성을 수립하는 형식적 메커니즘이라고 했다.

실제로 멘토링은 한 명의 청소년과 다른 성인 또는 또래 사이의 지속적 관계로서 정의되며, 그 속에서 청소년에게 지지, 지도 및 원조를 제공하는 것을 의미한다(Glodson, 2008). 청소년멘토링 활동은 청소년을 잘 이해하는 성인 또는 또래의 멘토(mentor) 역할을 통해 대상이 되는 멘티(mentee) 청소년의 조화로운 발달을 강조하는 효과적인 활동원리로서 받아들여지고 있다. 멘토링의 핵심 토대는 만일 청소년들에게 그들을 제대로 돌보는 성인들이 있다면, 그 청소년은 보다 성공적인 성인으로 성장할 것이라는 인식이다(천정웅 외, 2012).

아동과 청소년을 위한 멘토링 활동은 초기에는 자원봉사활동으로 시작하였으나, 점차 유급 멘토를 통한 사회복지서비스 사업으로 확대되고 있으며, 최근에는 비행청소년을 위한 멘토링 활동, 또래 멘토링 활동에 대한 연구와 시범 사업 등이 다양하게 실시되고 있다(김경준 외, 2013).

멘토링의 활동방법도 그룹멘토링, 사이버멘토링 등으로 확산되고 있다(이혜경 · 조미경, 2012). 어려움을 겪고 있는 아동과 청소년이 멘토의 지지와 도움으로 자신의 문제나 어려움을 극복하고 사회의 성공적인 성인으로 성장할 수 있게 된다면 개인적으로나 사회적으로 매우 중요한 역할을 하는 일이 될 것이다. 청소년지도자들은 이런 멘토링의 가치를 이해하며 아래의 특성들을 염두에 두고 효과적인 멘토링을 수행할 수 있다.

① 멘토와 멘티의 연결

- 멘티인 청소년의 의견을 최대한 존중하며, 서로의 성격과 가치관을 검토하라.
- 멘토와 멘티를 연결할 때에는 청소년의 관심사에 대해 잘 이해하며, 상담기법(경청, 공감, 아이컨택 등)을 적용하며, 멘토의 역할에 충실할 수 있는 지도자를 선정하여 지속적인 교류가 가능하도록 해야 한다.

② 멘토링 활동 전개

- 멘토링은 오리엔테이션으로부터 출발하는데 이때 첫 만남의 어색함을 극복하고 서로의 기대치를 확인하여야 한다.
- 멘토인 지도자는 코치로서의 활동을 강화하고 대화의 힘을 적극적으로 활용해야 한다.
- 멘토인 지도자와 멘티인 청소년은 정기적인 만남을 유지해야 하는데, 진지하게

고민하는 멘토가 되어야 하며, 발전하는 멘티가 되어야 한다.

③ 멘토링 활동에 대한 평가

- 멘토는 멘토활동에 관해 지속적으로 평가를 모니터링하고, 멘토링의 성과 지표를 명확히 설정해야 한다.
- 멘토는 필요시 멘티인 청소년의 부모 개입 여부에 대해서도 적절히 판단해야 한다.

④ 멘토링의 특성

- 멘토인 지도자와 멘티인 청소년 간의 상호작용이 효과적이어야 멘티를 수용하고 지원을 제공할 수 있다.
- 멘토인 지도자는 멘티에게 긍정적인 태도를 보여주고 역할모델이 되어야 한다.

3) 튜터링

대학의 개별지도교사를 일컫는 튜터링은 14세기경 영국의 옥스퍼드대학교와 케임브리지대학교에서 처음으로 실시되어 그 후 다른 많은 대학으로도 확산됐는데 영국 대학교육의 진수(眞髓)라고까지 일컬어졌다. 튜터링은 학생이 각 대학을 구성하는 칼리지에 입학하면, 전공과목에 따라서 튜터가 결정되어 재학 기간 동안 지도를 받게 된다. 교수조직과는 별도로 졸업생・대학원생 등이 튜터가 되어 학생들의 연구・수강계획・학생생활 등에 관한 상담이나 지도를 맡는데, 이것은 그 대학의 특색을 형성하는 기초가 되었다(최도순, 2015).

튜터가 된 교사는 전문적인 입장에서 학생의 학습・연구에 대해서 지도 및 조언을 하며, 각종 과제를 부여하는 외에 학생생활 전반에 대해서도 상담・조언하도록 되어 있다(이상호, 2016). 강의실 수업의 보조수단으로서의 효과를 발휘하며 학생들의 인격 형성에도 큰 역할을 담당하고 있지만, 학생이 급격히 증가한 대학에서는 운영하는 데 어려움이 있다.

Collins, Brown, Newman(1989)은 학생들의 역할과 관련해서 튜터의 역할이 변화하는 순서를 다음과 같이 3가지로 구분했다.

첫 번째는 Modeling(본보기 제시)로서, 튜터링 초기 학생들이 과제를 다루면서 확인해야 할 질문들을 제시하여 학생들이 해야 할 사고과정에 대한 본보기를 제시한다. 두 번째 단계는 Coaching(코치하기)으로서, 학생들이 사고과정에 문제가 있다고 보이거나 방황하고 혼돈하고 있을 때에만 옆에서 안내해 주는 것이다. 마지막으로 Fade(물러서기)단계에서는 학생들의 사고과정이 향상되어 튜터가 의도적으로 문제해결단계에서 물러나 학생들을 지켜보는 단계이다(이혜정, 2016).

튜터링은 낯선 환경이나 스스로 목표달성을 시도하는 청소년에게 적용할 수 있으며 튜터는 우선 이미 같은 경험을 한 지도자로 우선 매칭을 하여, 같은 경험을 얘기하며 튜티의 심리적 안정을 도모할 수 있다. 튜터는 주로 진로나 학습과정에 참여하는데 튜티가 목표에 도달할 수 있도록 이끌어주며 방황이나 혼란 시 이를 바로잡아 줄 수 있다. 튜터의 도움으로 자신감을 얻은 청소년은 직접 경험 및 실습을 하며 튜터는 자신의 실패의 경험까지도 고려하여 튜티를 코치할 수 있으며, 마지막에는 스스로 수행할 수 있는 기회를 충분히 주는 것이다.

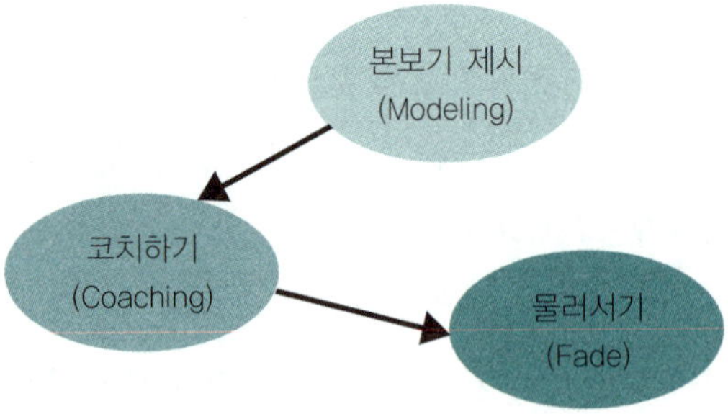

그림 9-4 ■ 튜터의 역할

출처: Collins, Brown & Newman (1989).

황은영(2008)은 튜터링의 운영방법을 5단계로 설명하였다.

1단계는 튜터와 튜티를 신청하는 단계로 이때에는 튜티로 신청하는 학생들이 튜터링 진행 내용에 대해 알 수 있도록 학습 계획서를 함께 제공해야 한다. 학습계획서에 들어가는 내용으로는 튜터의 기본정보, 과목명, 시간, 학습 목표, 학습 개요 및 과목 설명, 평가방법, 남기고 싶은 말을 포함한다.

2단계에서는 튜터링 오리엔테이션을 실시하여 튜터링 진행시 유의해야 할 사항을 제시한다. 오리엔테이션에서 제공되는 내용으로는 튜터링의 목적, 튜터와 튜티의 역할, 과목별 자료, 튜터링 진행 시 나타날 수 있는 갈등해결 방법, 활동 일지 작성법, 이전 튜터링 참여 만족도 조사 결과, 튜터링 효과, 일정, 튜터의 인센티브가 있다. 뿐만 아니라 직전학기 튜터링 우수팀과 우수 튜터에 대한 시상식으로 구성하여 참여 동기를 유발해야 한다.

3단계는 활동일지 중간 확인 및 학기 말 최종 제출 단계이다. 활동일지는 튜터와 튜티의 정보, 출석 현황, 학습 계획서, 차시별 활동 내용 및 방법, 다음 차시 계획, 장소, 평가, 소감, 진행방법, 확인란으로 구성되어 있다.

4단계는 튜터에 대한 교육단계이다. 튜터가 가지고 있는 지식, 기술, 태도를 효과적으로 튜티에게 전달하는 방법에 대해 교육한다. 교육 내용으로는 정보 공유방법, 튜티의 이해방법, 동일한 과목의 자료 및 진행 노하우, 커뮤니케이션 방법, 갈등해결방법, 명예 튜터와의 만남, 튜터링 성공 및 실패 사례가 있다. 또한 이는 곧 튜터의 역량과도 관련이 있다고 할 수 있다.

마지막 5단계에서는 튜터링 평가를 실시한다. 인증서를 발급하고, 인센티브를 제공하기도 한다. 평가 요소로는 오리엔테이션 참가 여부, 튜터링 중간 확인 및 최종 확인, 활동일지 내용, 활동 시간, 팀별 튜터링 발표회 내용, 튜티의 만족도 조사 등이 있다.

1. 튜터와 튜티 신청-학습계획서 제공
2. 튜터링 오리엔테이션 실시-진행시 유의사항 제시
3. 활동일지 중간 확인 및 학기말 최종 제출
4. 튜터에 대한 교육
5. 튜터링 평가실시

그림 9-5 ▪ 튜터링 운영방법

출처: 황은영 (2008).

4) 카운슬링

Rogers(1951)는 상담을 치료자와의 안전한 관계에서 자아의 구조가 이완되어 과거에 부정했던 경험을 자각해서 새로운 자아로 통합하는 과정이라고 정의내렸다. 또한 NASA business coaching handbook(2006)에 따르면 카운슬링(Counselling)은 전문 카운슬러나 심리치료자가 내담자의 삶에 부정적인 영향을 주는 경험을 해결하기 위하여 지원해 주는 것으로 과거 혹은 현재의 문제점에 초점을 두고 문제를 해결하고 심리적 안정을 위한 해답을 찾도록 도와주는 것을 말한다(박선영, 2010).

개인적/직업적 목표들을 달성할 수 있도록 도와주는 것으로 카운슬링이 과거 지향적인 면이 있는 반면, 코치는 과거 혹은 현재의 고객이 당면한 문제점들을 깨달을 수 있도록 도와주기에, 코칭은 철저히 미래 지향적인 특성을 지닌다(한국코치협회, 2006). 구체적으로, 카운슬링의 특징은 심리적으로 어려움을 가지고 있는 사람들이 상담이나 심리치료 전문가를 찾아와 과거부터 현재까지 자신의 내면을 탐구할 수 있도록 도와주며 이를 해결할 수 있도록 적절한 조언이나 해결책을 제시하는 반면에, 코칭은 고객의 현재시점에서 미래에 관심을 가지고 심리적인 측면보다는 고객의 잠재성이나 행동의 변화를 지원하는 활동이라고 할 수 있다(이상훈, 2013).

5) 도제교육

도제교육은 직업 교육의 한 형태로 13세기 이후 산업혁명기까지의 가내 수공업 사회에서 실시된 것이다. 10세가 지난 어릴 때부터 상업, 공업, 기술 등의 분야에서 뛰어난 장인(匠人)의 개인집에서 도제가 되어 학습하기 시작한다. 교육과정은 직업적인 기술의 연마뿐만 인격형성에도 영향을 미치며, 매우 엄격한 압제적인 훈련을 장기간(5~7년)에 걸쳐 이수한 뒤 다시 일정한 작품 제작에 합격해야 비로소 장인이 될 수 있다(네이버 지식백과).

도제교육이 학교나 기타 시설을 통한 교육과 다른 점은 다음과 같다. 첫째, 교육의 대부분이 직장에서 이루어진다. 둘째, 모든 교육이 직장에서 일을 하면서 수련되는 것이기에 신분상 교사와 학생과의 관계가 아닌 주인과 도제와의 관계로 진행된다. 그리고 주인과 도제 사이의 교육 내용, 도제기관, 임금 등은 도제계약에 의하여 이루어진다. 오늘날의 도제계약은 각국이 모두 특정의 법으로 규제하고 있다. 이 도제제도는 원시시대의 생활 형태에서도 찾아볼 수 있는데, 희랍, 로마시대의 도제제도는 상당히 명확한 형태로 존재하였다. 이와 같이 고대의 도제제도가 11세기 말경 길드의 발생과 더불어 부활하였고 길드의 최전성기였던 14세기와 15세기에 걸쳐 직업 교육의 터전으로 번창하였다(네이버 지식백과).

유럽 도시에는 동직조합(同職組合, 길드)이 있었는데, 그 내부조직은 도장인(都匠人)·장인(匠人)·도제라는 3가지 계층으로 구성되어 있었다. 도제제도의 역사는 독일에서는 12세기까지 거슬러 올라가지만, 당시는 도장인 자격으로서 일정 연한의 도제수업을 필요로 하는 일은 없었다. 이것이 의무로서 제도화된 것은 14세기 후반부터이다(두산백과).

수업기간은 대륙에서는 2~8년, 영국에서는 약 7년이었는데, 이 기간은 도장인 집에서 침식을 함께 하면서 기술을 연수하였다. 도제가 되는 연령은 10~16세이며, 도제 기간을 마치면 다시 3년 정도의 장인 과정을 거쳐야 했다. 장인 기간을 마치면 도장인 시작품(試作品)을 동업조합에 제출하여 기능심사에 합격해야 했고, 그 이후에야 한 사람의 도장인으로서 독립할 수 있었다(두산백과).

그러나 중세 말기 이후에는 독립된 도장인이 되는 일은 매우 어려워 후계자 양성이라는 본래의 뜻도 쇠퇴하였다. 그 후 공장제수공업(工場制手工業)의 발전에 따라 도제제도는 해체되었으나, 동직조합의 자치(自治)와 긍지의 전통은 오늘날까지 유럽사회에 남아 있다(두산백과).

도제제도의 교육적 특징은 교육자(도장인)와 도제와의 관계가 인격적 관계였다는 점, 기술교육과 인성교육이 병행되어 이루어졌다는 점, 장래의 직업이나 지위가 보장되었다는 점 등에서 오늘날 우리의 진로교육에 시사하는 바가 크다.

3. 개인지도의 분야

1) 생활지도

(1) 생활지도의 개념과 목표

청소년들의 개인지도에서 생활지도는 주로 바람직한 태도와 습관형성, 교우관계를 중심으로 교육적, 가정적, 사회적, 신체적, 정서적 문제를 스스로 해결할 수 있도록 훈련하고 기초적인 상담을 하는 것이다. 청소년들의 여가활동지도라던가, 문화활동, 또래관계와 이성관계, 부모-자녀관계, 봉사활동, 취미활동, 소비활동 등 생활 전반에 지도가 필요한 상황이면 이들 모두가 대상이 된다. 즉, 청소년의 자아실현을 목표로 경험을 통해 문제해결능력이 배양되도록 돕는 과정이다.

생활지도의 궁극적인 목표는 개인이 독립된 존재로서의 자신의 위치를 확인하고 자신의 삶의 방향을 설정하며 설정한 방향대로 살아갈 수 있도록 돕는 것이다. 이에 생활지도는 사회적 존재로서 개인이 자신의 자아를 발견하고 자신이 처한 삶의 조건과 환경을 바르게 파악하여 스스로에게 맞는 삶의 방향을 설정하도록 하는 것이 중요하다. 생활지도의 일반적인 목표는 다음과 같다.

첫째, 통합적 존재로서 인간의 전인적인 발달을 촉진한다. 조화와 균형은 인간이 추구하는 이상으로 신체적 성장과 발달, 인지적 발달, 사회적 발달과 도덕적 인격 발달이 균형 있게 이루어지도록 하는 것이 생활지도의 목표이다.

둘째, 개인의 다양한 경험을 통합한다. 개인들은 일상에서 많은 경험을 하는데 이러한 경험들이 의미 있게 통합될 때 청소년의 인격성숙이나 인성발달에 도움이 된다. 생활지도의 목표는 이러한 여러 활동과 경험을 개인적인 측면에서 의미 있게 정리되고 통합될 수 있도록 하는 것이다.

셋째, 환경에 적절하게 대응할 수 있는 적응유연성을 계발하도록 하는 것이다. 자신과 자신을 둘러싼 환경에 대해 객관적으로 인식하며 이를 바탕으로 자신이 처한 환경을 적극적으로 개선하거나 변화시킬 수 있다. 또한 이를 위해 필요한 가치관, 태도, 지식, 기능과 같은 인간 특성을 기르는 것이 생활지도의 목표라고 할 수 있다.

넷째, 자신을 바르게 이해하고 자신이 가진 여러 특성을 현명하게 활용할 수 있도록 하는 것이다. 생활지도의 목표는 청소년이 자신이 가진 지능, 적성, 학력, 성격, 가치, 태도들을 바르게 이해하며 이에 기초하여 능력을 개발하고 동시에 내적 세계를 창조적으로 표현하도록 돕는 것이기도 하다.

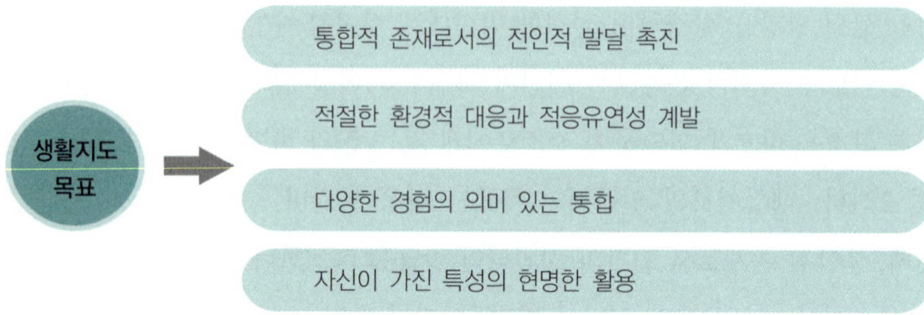

그림 9-6 ■ 생활지도의 목표

(2) 생활지도분야

생활지도 분야는 인성지도, 사회성 지도, 건강지도, 여가지도로 나눌 수 있는데 각각의 특성은 다음과 같다.

① 인성지도

인성지도의 목표는 자신의 성격을 올바르게 인식하고 원만한 인격을 갖추도록 하는 것이다. 청소년의 원만한 인격형성에 장애가 되는 기본적인 욕구불만, 우월감, 열등감, 공격적 태도, 정서적 불안감등을 통제하거나 제거해 줌으로써 올바른 성격형성을 지도하는 것이다. 인성적 문제란 대체로 성격, 정서적 불안, 욕구불만, 정신건강, 신경과민, 개인적 습관과 태도, 이성문제 등 개인적, 심리적 적응 문제에 관한 문제를 뜻한다(한석웅, 2000). 지도자는 청소년의 건전한 성격형성과 유지, 발달을 돕기 위해 다양한 수련활동과 개인지도를 행하게 된다.

② 사회성 지도

사회성이란 타인과 함께 사회를 살아가고 적응하는 심적 경향을 말한다. 즉, 사람이 사회에서 생활하기 위해서 그 사회를 인식하고 여러 집단의 사람들과 적절한 관계를 맺고 그들과 같이 생활해 가는 모든 활동의 능력을 말한다(한석웅, 2000). 인간이 사회적 동물이라는 명제에서도 알 수 있듯이 사회성이란 인간생활의 핵심으로 청소년발달에서 중요하게 다루어진다. 청소년은 또래관계, 이성관계, 가족관계 및 기타 대인관계에서 다양한 문제에 직면하게 되는데, 이러한 사회성과 관련된, 지도활동이 모두 이 영역에 포함된다.

③ 건강지도

건강지도는 주로 신체발달, 영양섭취, 공중보건 등의 지도를 의미하며, 심신의 균형 있는 발달을 위해 신체적 건강으로 인한 청소년의 부적응을 관찰하고 이를 지도하는 것이다. 청소년기에 바람직한 신체상을 형성하기 위해 외모에 대한 지나친 관심과 콤플렉스, 각종 질병, 공중위생, 보건 및 기타 건강과 관련한 문제해결을 시도하는 지도활동이다.

④ 여가지도

여가지도는 취미, 오락, 놀이 및 기타 여가시간 활용에 관한 지도활동으로 문화, 예술, 신체활동, 동아리활동, 레크리에이션, 봉사활동 등을 일컫는데, 이를 통해 균형 있고 보람 있는 여가시간을 보내며 진로관련 활동을 통해 진로탐색의 기회를 부여하는 것이다. 청소년들의 여가시간에 일어나는 소비활동이나 범죄, 비행에 관련된 것들을 관찰하고 건전하게 여가시간을 이용하는 방법을 제시하며 봉사활동이나 동아리활동 같은 적극적인 청소년활동에의 참여를 권장하기도 한다.

[주요 지도기법]

- 사회성 지도, 건강지도: 생활상담, 카운슬링
- 인성지도, 여가지도: 멘토링

2) 학습지도

학습지도란 교육에 대한 정보를 제공하고 학업부진 청소년을 지도하며 학습방법을 제시하는 것으로 주로 학교에서 행해지는 학업수행에 문제가 있을 때 실시하는 지도활동이다. 학습지도는 학습의 진행, 그리고 학습의 최종단계에서도 수행되는데 학습에 대한 포괄적인 정보를 제공하며 수준별 학습설계가 이루어져야 한다. 단순한 학습지도와 병행하여 자기주도학습 같은 학습태도에 대한 지도도 함께 병행되어야 한다.

[주요 지도기법]

- 학습지도: 튜터링, 멘토링
- 학습태도, 습관형성: 튜터링, 멘토링

3) 진로지도

(1) 진로지도의 개념

진로지도(Career Guidance)란 학생들이 상급학교에 진학하거나 자신에게 적합한 직업교육을 받기 위한 적절한 교육기관을 선택할 수 있도록 지도해 주고, 사회적으로 원만하게 적응할 수 있도록 도움을 주는 활동이다(이용근, 2006). 하지만 진로는 청소년들이 가장 혼란스러움을 호소하는 부분으로 적성이나 흥미를 고려한 적절한 진로지도를 받을 수 없거나 진로에 대해 적극적인 표현을 하지 못하는 청소년들이 가장 힘들어하는 영역이기도 하다.

진로교육이나 진로지도의 필요성은 강조되어 왔는데 진로 분야를 연구하는 학자들도 많으며 그것에 대한 이론과 방법들도 많이 연구되어 알려지고 있다. 그러나 청소년들에게 있어 진로란 단순한 진학의 문제가 아니다. 진로는 청소년의 인생 전체를 고려해 설계되어야 하며 독립된 성인이 되기 위한 중요한 출발점이다. 또한 진로지도는 가능한 한 조기부터 개인의 직업적 발달에 상응하는 형태로 지속적으로 이루어져야 하지만(박아청, 2004). 대부분 대학진학에 임박하여 제한적인 정보를 토대로 이루어지는 것이 일반적이다.

개인지도의 대상으로 진로지도는 우선 개별적인 청소년의 적성을 고려해야 하며, 무엇보다도 청소년 스스로 자신을 정확히 이해하도록 돕는 것이 중요하다. 그리고 지도자는 청소년이 직업에 대한 올바른 가치관을 형성하도록 돕는 것이 필요하다. 진로지도에는 2가지 측면이 있는데, 넓은 의미로는 개인이 나아가야 할 인생의 방향과 관련이 있으며, 좁은 의미로는 진학이나 직업에 대한 선택으로 볼 수 있다.

(2) 진로지도의 목표

진로문제에 대한 개인지도의 목표는 다음과 같다. 한국교육개발원(1982)은 진로지도의 목표를 다음과 같이 정하고 있는데, 첫째는 자신의 적성, 흥미, 인성, 능력 등을 정확히 이해하는 것이다. 둘째는 경제나 사회구조의 측면에서 직업의 세계를 이해하며, 셋째는 자신에 맞는 진로계획을 수립하고 진학 또는 취업에 필요한 지식과 기능을 습득하는 것이다. 넷째로는 일과 직업에 대한 건전한 가치관과 태도를 형성하는 것이다(이용근, 2006).

이를 청소년지도자의 진로지도에 적용시켜 보면 첫째, 청소년에게 대학진학인가, 취업인가를 선택하는 데 도움을 줄 수 있다. 둘째, 진학이든 취업이든 어느 부문이 적성에 맞을 것인가를 찾아준다. 셋째, 생애주기에서 진로에 관한 많은 어려움을 슬기롭게 극복해 나가며 관리할 수 있는 자기주도적 진로관리기술(Self-directed Career Management Skill)을 함양시켜 자신의 직업 생활을 스스로 개척할 수 있는 생애 진로개발(Life-long Career Development) 능력을 길러주는 것이다. 이를 위해 지도자는 청소년의 희망과 적성 그리고 수학능력이 모두 뒷받침되는 진로를 선택하도록 학생을 지도해야 할 것이다.

[주요 지도기법]

- 진로검사: 진로상담, 카운슬링
- 진로체험: 코칭, 멘토링, 도제교육

4. 개인지도방법의 선택

개인지도방법을 생활지도, 학습지도, 진로지도를 분류할 때 지도자가 선택할 수 있는 방법은 〈표 9-1〉과 같다.

표 9-1 ■ 개인지도방법

생활지도					
구분	인성	사회성	건강	여가	봉사활동
코칭	●	●	●	●	●
멘토링	●	●			●
카운셀링	●		●	●	
학습지도					
구분	학습부진	기초학습	예체능		
코칭	●	●	●		
멘토링	●				
카운셀링					
튜터링	●	●	●		
진로지도					
구분	진로검사	진로분석	진로체험	진로탐색	
코칭	●	●	●	●	
멘토링	●	●	●	●	
카운셀링	●	●			
도제교육			●	●	

지금까지 살펴본 청소년 개인지도의 방법들은 여러 가지 심리적인 부분이나 대인관계는 물론 진로지도를 위한 학습활동의 영역까지 영향을 미친다. 즉, 개인지도는 청소년기의 자아존중감, 유능감, 대인관계기술, 역할훈련, 사회관계기술 등을 향상시키는 유용한 방법 중의 하나로 볼 수 있다. 또한 청소년 스스로의 동기부여를 통해 삶의 목표를 설정하고 이를 실천함으로써 자기주도적인 삶을 살 수 있도록 해

표 9-2 ■ 코칭, 상담, 멘토링, 튜터링의 차이점

분야	코칭	상담	멘토링	튜터링
주된 목적	개인, 조직의 변화	개인의 이슈해결	개인의 지도, 지원	개인의 학습발달
해답의 근원	대상자 본인	대상자 본인	멘토	개인교수자
대화의 초점	미래, 현재의 행동과 결과	과거의 경험과 감정	멘토의 과거경험과 대상자의 행동과 결과	개인교수자의 학습지식 전달과 대상자의 성적 향상
실시장소, 시간	on-site 실행과정 중 코치동반	off-site 실행과정 중 상담자 없음	on-site 실행과정 중 멘토 동반	on-off site 실행과정 중 개인교수자 동반
주요 대상자	high-performer 개인	low-performer 개인	개인	개인
주재자의 전문자격 대상자 분야관련지식	코칭 자격증 선택 (대상자) 업무분야 지식 선택	심리자격증은 필수 (내담자) 업무분야 지식 불필요	전문자격증 불필요 (대상자) 업무분야 지식 필수	전문자격증 불필요 (대상자) 업무분야 지식 필수
개인대화 내용에 대한 조직 내의 기밀보장	계약에 따른 개인의 비밀보장	법에 따른 개인의 기밀보장	없음	없음

출처: 하우코칭(www.howcoach.com)을 바탕으로 저자가 재구성함.

준다. 또한 청소년에 대한 개인지도는 개별적인 청소년의 상황과 목적에 부합하도록 적절히 선택하여 지도할 때보다 긍정적인 효과가 나타날 수 있다. 그러므로 청소년지도자는 다양한 개인지도방법과 개념을 숙지하여 보다 효과적인 지도를 행해야 할 것이다.

10

chapter

집단중심지도의 이해

1. 집단의 개념과 유형
2. 집단모델
3. 집단지도의 이해
4. 집단지도자의 자질

10 집단중심지도의 이해

인간은 집단 내에서 사회의 한 구성원으로 태어나 의미 있는 타인들과 상호작용하며 삶의 모든 기초적인 토대를 집단 안에서 영위한다. 특히 청소년들에게 집단은 자기의 능력을 펼 수 있는 능력의 장이며 인격을 완성시키는 경험을 하게 하는 장이다. 즉, 집단은 청소년들의 사회화가 이루어지는 학습의 장이 된다(성열준 외, 2015). 청소년지도 현장에서 실질적으로 행해지는 교육방법은 대체로 집단을 대상으로 하고 있다. 즉, 청소년들이 다른 사람과 함께 주어진 공동의 목표를 해결해 나아가는 청소년 중심 및 협동학습과 청소년들이 직접 체험하고 활동하는 현장학습 및 경험학습이 주로 활용된다. 따라서 청소년지도자는 지도활동의 내용에 대한 해박한 지식과 더불어 청소년들과 함께 하며 그들이 건강한 성인으로 성장할 수 있도록 보다 효과적으로 지도하고 조력해 나아갈 수 있는 청소년지도방법에 대해 전문적인 지식과 능력을 가지고 있어야 할 것이다(이채식 외, 2013). 대상 청소년이 어떤 형태로 지도과정에 참여하느냐에 따라 지도방법의 효과는 달라진다. 본 장에서는 집단중심지도의 개념과 유형, 집단지도의 이해 그리고 집단중심지도방법을 살펴보고자 한다.

1. 집단의 개념과 유형

1) 집단의 개념과 필요성

집단은 2인 이상의 모임으로서 공통된 목표와 공유된 규범을 가지고 있으며, 집단구성원들은 서로 심리적인 유대와 상호 의존적인 관계를 맺고 집단역동적인 과정 안에서 서로 의사소통을 하며 사회적이고 생산적인 상호작용을 가지는 장이다. 집단구성원들은 개개인이 맡은 역할을 책임감 있게 수행하는 동시에 개인의 욕구를 충족시키며 집단목표를 달성시킨다(오치선 외, 2000). 청소년지도에 있어서 집단은 주로 소집단을 지칭하는 것으로 대략 집단구성원 전체가 대면하여 직접적인 관계를 형성할 수 있는 정도의 인원(약 15~20명)을 집단으로 규정한다.

청소년기에 집단지도의 방법이 중요한 것은 그들의 발달특성과도 매우 밀접한 관계를 갖는다. 청소년기는 또래집단의 영향이 커지는 반면 사고의 폭이 좁은 경우 심각한 문제를 유발할 가능성이 크다. 특히 대부분의 시간을 청소년들은 집단 속에서 구조화되기를 바라는 형태로 보내기 때문에 집단관계가 부적절하면 내적 리더십이나 자아의식의 정립이 불분명해질 우려가 크다. 따라서 집단지도를 통한 청소년지도는 매우 효율적이며, 그 효과성 또한 크다.

집단과정은 집단구성원들이 공동목표를 달성하거나 공동문제를 해결하려고 노력할 때에 그 집단구성원 간의 상호관계에 관심의 초점을 두고 발생되는 일련의 움직임을 말한다. 집단과정을 파악하기 위해서는 집단원 개개인의 내적 심리세계, 대인관계적 상호작용, 집단 전체의 힘, 집단의 임상적 환경 등을 비롯한 다양한 요인들을 고려해야 한다(Brown, 2003). 청소년들은 그들 사이에서 일어나는 사회성 관계가 교사나 청소년지도사와의 관계에서 발생되는 사회성 관계보다 더욱 원만하게 이루어지기 때문에 집단과정은 학교교육이나 청소년지도에서 중요시할 필요가 있다. 청소년들은 청소년집단이라는 사회적 분위기 속에서 생활할 때 개인으로서의 행동보다 사회적인 성격을 띠게 되며, 그들에게 주어지는 환경과 그들 사이에 벌어지는 심리적 관계는 그들의 사회성 발달에 크게 영향을 미치고 목표달성 의욕을 자아내는 데에도 효과적이므로 청소년지도사들은 집단과정의 내용을 충분히 이해할 필요가 있다.

청소년지도자는 청소년지도를 할 때 집단과정을 통하여 청소년들에게 성취해야 할 목표를 그들이 해야 할 그들 자신의 것으로 인식시킴과 아울러 협동정신을 갖게 하고, 청소년들이 할 수 있는 좋은 환경과 기회를 제공하며, 그들 노력의 성과에 대하여 적당한 승인을 함으로써 바람직하고 적극적인 자극을 줄 필요가 있다.

집단중심 청소년지도방법의 목적은 청소년 개인의 성장과 발전을 도모하는 과정이다. 집단지도의 목표는 자신에 대한 이해, 자아존중감과 관계능력 개발, 청소년의 자율성 확립이라는 목표를 가지고 있다. 청소년들이 자신에 대해 가치 있는 존재로 인식하며, 타인과의 원만한 관계를 형성하고 책임감 있고 자율적인 인간으로 성장하는 데 도움을 주기 위함이다. 따라서 청소년지도는 청소년들이 올바른 '민주시민의식' 함양을 목적으로 하는 활동이며, 민주시민의식은 청소년기에 발달시키거나 함양해야 할 개인의 성장과 지적능력개발, 사회성 함양 등이 포함되어 전인적인 인간 성장을 도모하는 것이다(이채식 외, 2013).

2) 집단의 유형

몇몇 사람들은 집단(group)이라는 말이 문제를 지닌 개인을 위한 치료집단 또는 상담집단만을 지칭한다고 생각하나, 실제로는 다양한 목적을 가진 많은 종류의 집단이 있다. 청소년지도사는 어떤 것을 토론하거나 결정하기 위해서 개인적인 문제를 탐색하거나 특정 과제를 완성하고 특정 목적을 달성하기 위해 집단을 형성한다(강진령, 2012; 김춘경, 2016). 집단은 목표, 구성원들의 관심사, 리더의 기법과 역할,

집단의 주제 등에 따라, 그리고 학자마다 집단을 다양하게 분류하고 있다. 본 장에서는 집단목적의 차이에 따라 교육집단, 과제집단, 토론집단, 성장과 경험집단, 상담집단과 치료집단, 자조집단, 지지집단, 과업집단으로 집단을 8가지로 범주화하여 살펴보고자 한다.

(1) 교육집단

교육집단에서 청소년지도자는 정보를 제공하고, 집단원들의 반응과 비평을 듣고, 그것에 대해서 교육자로서 또는 토론의 촉진자로서의 역할을 한다. 청소년지도자는 이러한 이중역할을 잘 해나가야 한다. 어느 역할을 얼마나 해야 하는지에 대해 정해진 형식은 없고, 다루어야 할 정보의 양, 집단구성원들이 이전에 가지고 있는 지식의 양, 그리고 사용할 수 있는 시간의 양에 따라 역할이 정해진다. 회기의 수 또는 만남의 기간에 대한 일정한 형식도 없다. 교육집단의 예로는 고입 및 대입 수험생 학부모를 위한 교육, 자녀들과의 효과적인 의사소통을 위한 부모교육, 알코올을 비롯한 물질 오남용의 위험성에 관한 교육이 있다.

(2) 과제집단

과제집단은 특정한 과제를 수행하는 집단이다. 정신병동 환자들의 토론, 거주자 간의 갈등해결, 학교에서의 정책결정 등과 같이 특정한 집단의 목적을 가진 집단을 과제집단이라고 한다. 이러한 집단은 대부분 한 번 또는 단지 몇 시간의 만남을 가지고 과제를 해결하면 종료된다. 과제집단의 예는 직원회의, 조직의 만남, 회기 계획 또는 인사결정을 위한 만남 등이다.

과제집단의 청소년지도자 역할은 집단이 과제를 지속하도록 하고 집단원들의 토론과 사고작용을 촉진시키는 것이다. 어떤 과제집단에서는 집단원들이 그들 자신에게 초점을 둔다. 그래서 청소년지도자의 역할이 더욱 촉진적이 된다. 다른 과제집단에서는 토론이 초점에서 벗어나거나 집단원들 간의 갈등이 발생할 수도 있다.

이러한 경우에 청소년지도자는 간격을 두고 나서 집단이 과제에 다시 초점을 맞추도록 한다.

(3) 토론집단

토론집단에서는 대개 집단원들의 개인적인 문제보다는 주제 또는 쟁점이 초점이 된다. 토론집단은 집단원들에게 아이디어를 공유할 수 있는 기회를 주고, 정보를 교환하는 것을 목적으로 한다. 청소년지도자라고 해서 반드시 주제에 대하여 집단원보다 더 많은 지식을 가질 필요는 없다. 토론집단의 청소년지도자는 주로 집단의 촉진자로서의 역할을 한다. 토론이 가능한 집단의 예는 독서클럽, 최근의 행사집단, 성경공부집단, 생활양식집단 등이다.

(4) 성장집단과 경험집단

성장집단은 다양한 집단체험을 원하거나, 자신에 대해 좀 더 알기를 원하거나, 자신의 잠재력 개발에 관심 있는 사람들의 인간적 성장과 발달을 촉진하기 위해 구성되는 집단이다. Bethe과 Maine에서 1947년에 첫 번째로 열린 T-집단 또는 훈련집단은 성장집단의 종류 중 가장 인기 있는 것이다. 민간성 집단, 지지집단, 직면집단 모두 성장집단으로 간주된다.

성장집단은 학교, 대학, 지역사회센터, 은퇴센터와 같은 곳에서 경험할 수 있으며, 이러한 집단에서 집단원들은 개인적인 목적을 탐구하고 발달시킬 수 있는 기회를 가질 수 있고, 그들 자신과 다른 사람들을 더 잘 이해할 수 있게 된다. 성장집단의 목적은 생활양식의 변화, 자신과 다른 사람을 보다 더 잘 이해하는 것, 상호작용적 의사소통의 향상, 그리고 가치를 평가하는 것이다. 이 집단은 공감하고 경청하는 집단환경에서 모든 것이 수행된다.

경험집단은 성장집단의 한 형태로, 청소년지도자가 경험적인 활동으로 집단활동을 설계한다. 종종 이러한 집단은 야외에서 수행되고, 신체적인 도전, 위험에 대한 도전, 그리고 집단원들 사이의 협력활동을 포함한다. 가장 잘 알려진 것은 '로프 코스(rope course)'로, 집단원들이 로프를 포함한 여러 가지 활동에 도전하는 것이다.

(5) 상담집단과 치료집단

상담집단과 치료집단은 집단원들이 삶의 특정 문제 때문에 집단에 참가했다는 점에서 성장집단과는 다르다. 학교상담자는 집, 학교, 친구들과의 관계에서 다양한 문제를 가지고 있는 학생들을 위해 상담집단을 지도한다. 청소년지도자는 다양한 개인과 문제에 초점을 둔다. 집단원들은 지도자의 생활지도에 따라 서로를 도우려고 노력한다. 치료집단은 몇 가지 이상의 문제를 가진 집단원으로 구성되어 있다. 치료집단의 예는 다음과 같다. 정서장애를 가진 환자 집단, 10대 청소년 집단, 섭식장애 또는 다른 것에 중독된 환자, 공포발작 환자, 성폭해 피해자 등이다.

(6) 자조집단

자조집단은 공통의 문제를 서로 나누고 상호 노력을 통해 공통의 불편함이나 삶을 파괴하는 문제를 해결하여 자신들의 삶을 효과적으로 조절하기 위해 모인 사람들이며, 자발적인 연합체이다(Katz, Hedrick, Isenberg, Thompson, & Goodrich, 1992). 알코올중독방지회(Alcoholics Anonymous)는 가장 잘 알려진 자조집단이다. 자조집단은 전형적으로 물질 오남용이나 체중조절과 같이 집단원들이 공통적으로 겪고 있는 특정 문제를 중심으로 구성된다. 이러한 특성으로 인해 집단응집력이 쉽게 높아지는 특징이 있다.

자조집단의 지지는 대부분 구성원이 서로 유사한 처지에 있는 대상자로 구성되기 때문에 남에게 털어놓지 못할 고민을 함께 나눔으로써 안정성을 느끼고, 신뢰감을 갖게 되므로 자기노출의 장이 된다(Dies, 1985). 이러한 자조집단의 구성원들은 행위에 의해 배우기 때문이 아닌 행위에 의해 변화하기 때문에 힘을 얻게 되는데, 집단구성원들은 모두 공통된 고통을 느끼고, 다른 사람들이 자신의 상황과 너무나 비슷하다는 것을 확인하게 된다. 또한 집단모임을 통하여 청소년지도자가 종합된 정보를 줄 수도 있고, 집단구성원들 스스로 정보를 찾아 나눔으로써 성공적인 대처를 하게 된다. 따라서 자조집단은 특정한 어려움에 대한 실제적 해결책과 새로운 관계를, 심지어는 새로운 생활양식을 얻을 수 있는 기회를 제공해 준다(김현주, 2014 재인용). 자조집단의 대표적인 예는 체중조절집단, 알코올중독자 익명집단, 심장수술 환자집단 등이다.

(7) 지지집단

지지집단은 공통적인 관심사가 있는 집단원들로 구성되어 서로의 생각과 감정을 나누는 한편, 특정 문제와 관심사에 대해 점검해 보기 위한 집단이다. 이 집단은 보통 매일, 매주, 매월 1~2회 정도 정기적으로 모임을 갖는다. 지지집단에서 집단원들은 다른 사람들과도 흔히 유사한 문제를 겪고 있고, 유사한 감정을 체험하고 있으며, 비슷한 생각들을 하고 있다는 사실을 깨닫게 된다.

지지집단에서의 청소년지도자의 역할은 집단원들이 서로의 경험과 느낌을 공유할 수 있도록 격려해 주는 것이다. 이상적인 상호작용은 개인 그리고 집단원들이 다른 사람에게 직접적으로 이야기하는 것이다. 지지집단의 청소년지도자는 집단의 목적과 목표가 공유된다는 것을 명심해야 한다. 만약 지배적인 청소년지도자 또는 집단원이 있다면, 집단은 목표를 달성할 수 없게 될 것이다. 지지집단에 대한 예는, 장애인들이 그들의 감정과 두려움을 서로 나누는 것, 에이즈, 간염, 암, 헤르페스 또는 다른 병을 가진 사람들, 요양소에 있는 노인들 등이다.

(8) 과업집단

과업집단은 특정 과업을 수행하기 위한 목적으로 구성되는 집단이다. 과업집단은 본래 기업체와 산업체 내 집단들이 역동을 이해하기 위해 체계적인 노력을 기울였던 미국의 국립훈련실험소(National Training Laboratory: NTL)가 효시였다. 과업집단에는 특정 목적을 완수하기 위해 결성된 특별과업팀, 스터디 모임, 학습집단 등이 있다. 과업집단에서 청소년지도자의 역할은 집단이 과업을 지속적으로 수행해 나가고, 구성원들의 협의와 상호작용을 촉진하는 것이다. 집단의 논의가 주제나 과업에서 벗어나거나 집단구성원들 사이에 갈등이 빚어지는 경우, 청소년지도자는 즉시 개입하여 집단을 다시금 제 궤도로 복구시키는 역할을 한다.

3) 집단역학

집단은 역동적인 힘을 통해 변화해 나가면서 개별 구성원에게 영향을 주어 변화를 유도하거나 문제의 해결을 제공한다. 집단역학은 집단 내, 집단구성원들 사이 그리고 집단지도자와 집단원들 사이에 발생하는 지속적인 상호작용과 상호관계에서 발생되는 힘을 일컫는 말이다. 집단역할은 '집단역동' 또는 '집단역동성'이라고도 불린다(강진령, 2012). 청소년지도사는 집단에 영향을 주는 집단역할을 잘 이해하고 있으면서, 집단역학의 하위요소들이 집단과 개별 구성원 그리고 집단발달 및 과정에 주는 영향을 분석하고 적절히 개입할 필요가 있다. 이들 각각에 대해 간략하게 살펴보면 다음과 같다(오치선 외, 2000; 엄명용·노충래·김용석, 2014).

(1) 목적

모든 집단은 목적(purpose), 궁극적인 목표(ultimate aim), 목표(end), 의도(intention)가 있다. 집단의 목적은 집단구성원의 선별과 발달, 집단의 규범, 집단활동, 그리고 의사소통 및 집단구성원과 집단의 평가기준에 영향을 미친다. 청소년지도사는 집단구성원의 목적과 집단의 목적이 조화를 이룰 수 있도록 노력할 필요가 있다. 또한 청소년지도사는 집단의 구성원들이 자신들의 다양한 목적을 파악하고, 이를 명백히 규정하며, 개개인의 특정한 목적 안에서 공통의 목적과 참여동기를 찾을 수 있도록 한다.

(2) 대인관계

집단 내에서의 의사소통은 의견과 사실을 전달할 뿐만 아니라 긍정적·부정적 감정의 표현을 전달하는 역할을 한다. 개별 구성원은 다른 구성원들과의 상호작용에서 흥미를 느낄 수 있으며, 서로 관심을 가질 수 있어야 한다. 때로 대인관계에 어려움을 겪는 구성원들은 다른 구성원을 인격적으로 대하거나 타인의 관심사에 적절하게 반응하는 능력이 부족할 수도 있다. 즉, 이타적이지 못하면서 자기애적인 대인관계를 갖는 구성원이 있을 수 있는데, 청소년지도사는 집단이 활성화되거나 생존하기 위해서는 개별 구성원들이 개별적이면서 자기중심적이기보다는 집단중심적이고 집단에 통합된 행동과 생각을 보일 수 있도록 도울 필요가 있다.

(3) 가치와 규범

사람들이 한 집단에 참여하게 되며 가치의 공동체계를 형성하게 되고 이것이 집단구성에 대한 행동규범을 어느 정도 결정하게 된다. 규범은 집단에서 중요시 여기는 문제에 대한 행동의 표준을 일반화한 것이며, 가치판단으로 구체화된다. 규범은 집단 내에서 주요한 통제수단이며, 적합한 행동을 하도록 압력을 가한다. 집단구성원이 규범을 준수했을 때 보상이 있고, 따라서 외적 통제(집단)의 필요성이 감소한다. 규범을 통해 집단구성원은 집단이 중요하게 생각하는 것과 무의미한 것, 좋아하는 것과 싫어하는 것, 기대 등을 알 수 있다.

(4) 의사소통 유형

의사소통은 사회적 상호작용의 본질이다. 의사소통은 정보, 감정, 태도 그리고 다른 메시지들을 전달받고 보내고 해석하고 반응하는 복잡한 사회적 과정이다. 이것은 명백한 언어로 표현되기도 하며, 비언어적으로 전달되기도 한다. 의사소통이 개방된 집단은 집단구성원들 자신의 문제와 집단이 직면하는 문제를 해결하는 기회를 제공한다. 이때 청소년지도사는 집단체계 안에서 집단이 이러한 목적을 달성할 수 있도록 촉진하는 역할을 한다. 집단구성원들의 의사소통은 이들의 솔직하고 진실한 그리고 의미 있는 상호작용을 통해 촉진될 수 있다. 의사소통의 올바른 유형은 청소년지도사나 집단의 특정 구성원에 의해 모든 의사소통이 이루어지는 청소년지도사중심(leader-centered)보다는 집단중심(group-centered) 형태이다. 이는 청소년지도사나 일부 구성원들이 집단의 의사소통을 독점하기보다는 집단구성원들이 모두 참여하면서 다양한 방향으로 의사소통이 진행되는 것을 의미한다.

(5) 지위와 역할

지위와 역할은 복잡하고 밀접한 관계가 있다. 지위란 한 개인이 속한 집단 내의 위계체계 안에서 다른 사람과 관련하여 한 개인이 차지하고 있는 위치를 뜻한다. 반면, 역할은 사회에서 특정한 위치를 차지하고 있는 개인에게 기대되는 활동, 특정 상황에서 행동해야 하는 방식 등을 의미한다. 집단에서는 개별 구성원의 의지와 상관없이 집단구성원들 간에 서로 등급 혹은 위계질서가 매겨진다. 지위는 교육, 수입 혹은 능력과 같은 수단을 통해 얻게 되는 성취지위가 있는 반면, 피부색, 인종, 혈통, 나이, 성별, 신체적 상황, 가문 등과 같은 귀속지위도 있다. 집단구성원들은 이러한 지위를 가지고 집단에 오게 되며, 집단 외부에서 주어진 지위로 인해 집단 내에서 여러 가지 형태로 자신의 지위를 찾기 원한다. 한편, 개별 구성원들은 자신들에게 부여된 다양한 사회적 역할에 따라 행동하려는 경향이 있다. 한 구성원이 자신에게 주어진 역할을 집단 내에서 충실히 수행하지 못할 때 집단에 따라서는 그 구성원에게 제재를 가하는 경우도 발생할 수 있으며, 이런 제재는 대체로 처벌적인 것이 많다.

(6) 집단응집력

응집력은 소속감과 집단의 흡입력이 집단구성원들에게 나타나는 일종의 집단특성이다. 응집력이 높은 집단에서는 집단구성원들이 때로 의견의 불일치가 있을 수 있으나, 응집력이 낮은 집단에 비해 더 빨리 문제와 갈등의 해결책을 모색하는 경향이 있고, 일반적으로 목표를 달성하는 데 있어서 훨씬 더 효과적이며, 결과도 더 훌륭하다. 집단의 응집력이 안정적으로 형성되면 집단구성원들의 시간엄수와 집단출석이 규칙적이 되고, 이러한 것들이 자발적으로 이루어진다. 또한 집단에 대한 소속감이 생기고, '우리' 의식이 향상되며, 구성원들 간에 친밀감이 형성된다. 나아가, 집단구성원들 사이에 상호의존하려는 경향이 강해지며, 집단에 대한 만족감을 말로 표현하게 된다. 그리고 집단응집력이 강할수록 자기노출에 대한 저항감이 감소되고, 의사소통도 자발적이게 되어 부드러운 분위기가 지속된다.

일반적으로 응집력이 강한 집단은 우연히 생기는 경우가 드물며, 대개 리더가 집단을 유지, 발전시키는 데 공헌함으로써 응집력을 향상시키므로 집단지도 전문가는 집단의 리더가 잘 선정되도록 하며, 자신의 전문지식과 기법을 통하여 집단매력을 창출함으로써 응집력의 수준을 높이는 데 영향력을 행사해야 한다.

(7) 긴장과 갈등

집단구성원들 간에는 다양한 형태의 긴장 및 갈등관계가 형성될 수 있다. 특히, 과제를 추진하거나 상호작용을 통해 구성원들 간의 대인관계가 형성되고, 자신들의 욕구충족을 위해 다른 구성원들과 상호작용을 할 때, 그리고 다른 구성원에 대해 오해가 발생하거나 집단구성원들 간에 상이한 목표, 가치, 규범을 가지고 있을 때 긴장과 갈등은 어떻게 보면 필연적으로 발생하게 된다. 하지만 긴장과 갈등이 집단에 항상 부정적인 영향을 미치는 것은 아니다. 오히려 집단은 긴장과 갈등을 건설적으로 해결할 때 더욱 성장할 수 있다. 그러나 갈등이 오랫동안 지속되거나 심각해지면 집단구성원들의 심리적인 분열과 심리사회적 기능의 와해를 야기할 수 있다.

(8) 하위집단

집단구성원들이 상호 간에 공통점을 발견하거나 매력이 생기면 하위집단을 형성하게 된다. 적게는 두 명에서부터 많게는 다수의 구성원들이 집단의 하위집단을 형성하여, 서로 경쟁하거나 반목하거나 협력하는 관계가 설정된다. 하위집단 가운데 다소 우위에 있는 하위집단은 집단에 대한 통제력을 행사하려고 시도하기 때문에 다른 하위집단과 갈등을 유발할 수도 있다. 청소년지도사가 하위집단을 파악하는 방법은 의사소통의 질, 집단구성원 간의 어울림 등을 관찰함으로써 가능하며, 소시오그램(sociogram)을 통해 분석이 가능하다.

이상과 같이 집단역동의 구성요소들은 상호 영향을 주고받으면서 집단발달단계 전 과정에 영향을 주기 때문에 청소년지도사는 이들 요소들을 명확하게 이해하고 적용할 필요가 있다.

2. 집단모델

집단지도실천에서 집단방법은 Papell과 Rothman(1980)에 의해 개발된 세 가지 모델로 설명할 수 있다. 이 세 가지 모델은 집단의 기능과 목적을 기준으로 집단활동의 초점, 집단지도자의 역할에 따라 구분한 것이다(남세진 · 조홍식, 2001; 엄명용, 2014 재인용).

1) 사회적 목표모델(social model)

이 모델은 민주주의를 유지하고 발달시키려는 집단의 사회적 목표를 강조한다. 따라서 인간관계의 의식적인 훈련, 지도력의 실험, 민주적 과정의 학습, 시민참여와 같은 집단활동을 통해 사회적 의식, 사회적 책임의 목적을 달성한다. 이 모델에서는 개인의 성숙과 민주시민의 역량개발에 초점을 두고 있으며, 토론, 참여, 합의,

집단과제 개발 및 실행 등의 활동을 한다. 청소년지도사의 역할은 집단 내의 사회의식을 개발하기 위해 영향력 있는 사람으로서의 역할에 중점을 둔다. '영향력 있는 자(influence person)'의 역할, 즉 바람직한 역할모델을 제시하는 것이다. 보이스카우트, 걸스카우트 등과 같은 집단활동이 이에 해당한다.

2) 치료모델(remedial model)

집단은 개인의 치료를 위한 수단임과 동시에 상황으로서 개념화되고 있다. 청소년지도사와 구성원들은 개별적인 치료계약을 맺고, 자신의 문제나 어려움을 해결하기 위해 치료적 집단에 참여하게 된다. 따라서 청소년지도사의 전문적인 개입과 결과에 대한 상호평가를 통해 사정이 계속되며, 이를 위해 과거의 경험, 이론적 지식, 현재의 관찰 등의 방법이 동원된다. 이 모델은 심각한 행동문제나 사회기술이 부족한 사람들에게 많이 활용되는 모델이다. 교정시설, 정신병원, 가족 서비스 기관, 기타 치료중심 프로그램에서 가장 자주 활용된다. 이러한 집단의 예로는 정신치료집단이나 약물남용집단의 사회적응과 재활을 위한 집단활동을 들 수 있다.

3) 상호작용모델(social interaction model)

이 모델은 앞의 두 가지 모델을 혼합한 것으로, 집단구성원이나 집단의 문제를 해결하기 위해 집단구성원 간에 상호원조체계를 구축하는 것에 초점을 두고 있다. 집단은 청소년지도사와 집단구성원을 포함한 하나의 사회적 체계로 개념화되며, 유기체로서 이해된다. 청소년지도사는 집단구성원과 사회의 중개자 역할을 하며, 집단의 목표는 청소년지도사와 집단구성원 간의 상호관계 속에서 이루어지는 상호작용을 통해 설정된다. 이 모델은 개인의 정신 건강을 강조하고, 지역사회 참여와 심리적 기능 사이에는 강력한 유대관계가 있음을 가정한다. 지지집단이나 자조집단이 이 모델의 대표적인 예가 될 수 있다.

3. 집단지도의 이해

1) 집단지도의 정의

집단지도에 대한 정의는 역사적 발달에 따라 다양하게 변화되고 있어, 아직도 전문가들 사이에 일치된 정의는 이루어지지 않고 있다. 특히 집단 접근방법이 다양한 전문직의 활동에서 생성된 것이기 때문에, 아직도 집단지도의 정의, 목적 그리고 실천방법 및 기술에 대한 개념적 합의가 이루어지거나 명확화 되지 않은 상태이다(남세진 · 조흥식, 2001). 여러 학자들의 개념 정의를 바탕으로 집단지도의 개념을 정의하면 다음 〈표 10-1〉과 같다.

표 10-1 ■ 집단지도의 개념 정의

대표 학자	정의
Coyle (1930)	집단지도는 집단 내 개인의 성장과 발전을 위한 수단으로 집단 내에서 경험하는 사회적 관계를 활용하는 사회사업방법 중의 하나이며, 사회적 책임성의 발달, 민주사회의 진보를 위한 활동적 시민을 양성하는 데 관심을 가지는 특성이 있다.
Wilson & Ryland (1949)	민주주의라는 준거틀하에서 나타날 수 있는 목적들을 성취할 수 있도록 전문가가 의식적으로 상호작용과정을 지시함으로써 집단생활에 영향을 미치는 과정(process)과 방법(method)이다.
Trecker (1972)	집단지도는 사회사업의 한 방법으로서 집단에 속한 개인이 프로그램 활동을 통하여 상호작용을 지도하는 전문가의 도움을 받아 그들의 욕구와 능력에 따라 타인과의 관계나 성장의 기회를 경험하며, 나아가 개인, 집단, 사회의 발전을 도모하고자 하는 것이다.
Vinter (1974)	집단지도는 클라이언트 사이에서 바람직한 변화를 추동해 내기 위하여 소규모의 집단 내에서, 그리고 이 집단을 통하여 개인에게 서비스를 제공하는 실천방법이다. 그리고 집단지도의 기본적인 특징은 면접보다는 여러 사람이 참여한 집단치료 회합을 개입 또는 서비스의 수단으로 삼는다는 점이다.

Konopka (1983)	집단지도는 의도적인 집단경험을 통해 개인의 사회적 기능 수행을 향상하게 하며, 당면 문제들에 대해 보다 효과적으로 대처해 나갈 수 있도록 원조하는 사회사업의 한 방법이다.
Toseland & Rivas (1984)	사회사업 전문직의 가치와 윤리적 실천원리에 근거하여 개인과 집단의 목적을 성취하기 위해 집단과정과 개입전략을 활용하는 실천을 의미하며, 소집단의 목표는 사회정서적 욕구와 충족과 과업의 성취이다.

출처: 남세진, 조흥식 (2001). p. 16-17.

남세진과 조흥식(2001)은 집단지도를 사회사업방법 가운데 하나로서, 전문가에 의한 의도적인 집단과정과 경험을 통해, 개인의 사회적 기능수행을 향상하게 하며, 또한 개인, 집단, 지역사회의 당면문제들에 대해 보다 효과적으로 대처해 나갈 수 있도록 도움을 주는 것으로 정의하였다.

2) 집단지도의 기본 원리

집단지도자의 준거틀을 형성할 수 있는 지침이 되는 집단지도의 원리는 다음과 같다(성열준 외, 2015). 첫째, 각 개인의 고유한 상이성에 대한 인정이 필요하다. 청소년지도자는 집단을 이름 없는 군중으로 취급해서는 안 된다. 그의 책임은 개인을 이해하는 것이며, 개인의 특수한 욕구, 집단 전체의 욕구, 집단이 속한 지역사회의 욕구에 근거하여 개인을 지도하는 것이다. 이 원리는 기법과 집단에서 개인의 초점을 맞추는 복합적인 기법 등을 포함한다.

둘째, 다양한 특성을 지닌 집단을 하나의 집단으로 인정해야 한다. 청소년지도자는 집단이 개인의 집합이 아닌 각기 특별한 성격을 지닌 유기체이며, 그 특수성은 접속력의 유형, 구성원 간의 상호작용, 하위집단 또는 지도력의 향상과 결여 등이 포함된다는 것을 인식해야 한다. 이 원리는 집단을 진단하고, 그에 따라 활동하는 기법을 포함한다.

셋째, 개인은 고유한 장점과 단점을 가진 존재임을 진정하게 수용해야 한다. 청소년지도자는 개인에 개입하고 개인을 존중해야 한다. 청소년지도자는 각 개인의 행동이나 그 행동의 질을 있는 그대로 다 인정해야 한다는 것은 아니며, 실제로 장단점을 사정하기 위하여 어떤 가치체계를 이용하게 된다. 따라서 청소년지도자는 그 개인의 한 측면만을 수용하는 것이 아니고 전체로서의 개인을 수용해야 한다.

넷째, 집단과정의 적절한 수정을 해야 한다. 집단과정은 집단구성원 간의 상호관계, 하위집단형성, 결속력, 지도력 발달, 소외자 형성 등으로 나타난다. 청소년지도자는 이러한 집단과정을 평가하고 집단과정에 따라 움직여야 할 경우와 후원해 주어야 할 때, 변화시킬 수 있도록 지도할 때를 인식할 수 있어야 한다.

다섯째, 문제해결과정에 구성원들이 직접 참여할 수 있도록 지도해야 한다. 청소년지도자는 집단을 위해서 직접 그 문제의 해결사로 나서서는 안 된다. 청소년지도자는 집단구성원들로 하여금 문제해결과정에 참여하도록 독려하고 집단 속에서 상호 간의 의사소통을 통해 문제를 해결할 수 있도록 지도해야 한다.

여섯째, 개인과 집단발달에 대한 계속적인 평가를 해야 한다. 정기적으로 평가나 사정을 하는 것이 집단지도의 한 과정이며, 이것은 전문가의 노력을 의도적인 것이 되게 하고 융통성도 부여한다. 이 평가나 사정은 집단구성원들과 상의함으로써 개인이나 집단으로 하여금 자신들의 목표를 성취하는 방향으로 노력할 수 있도록 하는 기능이 있다.

3) 집단지도과정

청소년활동에 있어서 집단지도자는 집단구성원인 청소년들을 처음 만나는 것에서부터 시작하여 청소년활동의 목적을 달성하고 집단활동을 종결하는 것으로 끝나는 일련의 과정을 거친다. 청소년활동을 지도하는 과정은 〈표 10-2〉와 같이 사전단계, 초기단계, 중간단계, 종결단계로 구분할 수 있다(한상철, 2012).

표 10-2 ■ 단계별 청소년활동 지도과정

구분	포함되어야 할 내용
사전단계	활동의 목표설정 청소년집단의 구성 집단활동에 대한 승인 등 잠재적 후원기관 및 청소년에 대한 사정 청소년들의 모임 활동환경의 준비 청소년들에 대한 오리엔테이션
초기단계	안락한 활동분위기의 조성 집단목적의 설정 활동목표와 집단의 기능에 대한 설명 활동평가 등 집단의 구조화 집단활동에 대한 동기와 능력의 촉진 과업목표와 집단유지목표 간의 균형 유지
중간단계	활동의 준비 청소년의 목적성취 지도 활동의 구조화 활동평가
종결단계	활동에 대한 의존성을 감소시킴 활동종결에 대한 감정을 처리할 수 있도록 지도 청소년이 미래에 대한 활동 참여계획을 수립할 수 있도록 지도 실행된 청소년활동에 대하여 총괄 평가

출처: 성열준 외 (2015). p. 327.

(1) 사전단계

사전단계는 집단지도자와 청소년이 대면하기 이전의 단계로서 계획단계라고도 한다. 실제 지도활동 이전의 계획단계는 청소년지도의 성패를 좌우할 만큼 중요하다. 그러므로 사전에 무엇을 어떻게 지도할 것인가를 체계적으로 계획하는 것이야말로 집단지도자의 가장 핵심적인 과제라고 할 수 있으며, 이를 통해 지도활동에 대한 사전점검이 가능할 것이다. 집단지도의 사전단계에서 지도활동을 계획함에 있어서 집단지도자의 과업은 지도활동의 목표설정, 청소년집단의 구성, 활동환경의 준비 등을 포함한다.

(2) 초기단계

청소년지도가 본격적으로 시작되는 초기단계에서 대부분의 청소년들은 새로운 사람이나 장면과 첫 대면을 경험하게 된다. 이들 청소년들은 집단에서의 적절한 의사소통 또는 반응양식에 대해 확신이 없기 때문에 스스로 불안해하거나 어색한 기분을 갖게 된다. 다른 어떤 단계에서보다 지도사의 전문적인 지도기술이 더 많이 요구되는 단계라고 할 수 있다.

(3) 중간단계

청소년지도활동의 중간단계는 복잡하면서도 역동적인 성격을 띠고 있으므로 청소년지도사의 입장에서 볼 때, 이론과 경험의 조화가 필요하고 인내와 관용이 요구되며, 때로는 청소년과의 맞닥뜨림도 필요하다.

(4) 종결단계

종결단계에 이르면 청소년들은 친숙하게 지내던 동료들과 분리되고 활동장소를 떠나 현실장면으로 되돌아가게 된다. 종결이 가까워지면 지도활동에 대한 참여도가 낮아지고 집단의 결속력이 저하되며, 집단의 사회적 통제기제가 약화된다. 이러한 상황에서 청소년지도사는 마지막까지 참여도와 결속력을 유지시키면서 지도활동 전반에 대하여 점검하고 평가해야 하며, 지도과정에서 청소년들이 경험했던 모든 것들을 그들의 일상생활에 적용하고 일반화할 수 있도록 지도해야 한다. 그리고 청소년들 또한 개인적 평가와 더불어 자신의 일상생활을 새롭게 설계하는 일에 몰두해야 한다.

4. 집단지도자의 자질

집단지도자는 청소년의 전인적인 성장을 도모하는 교육자이기 때문에 교육적 리더십에 적합한 자질을 갖추어야 한다. 이를 위해서는 무엇보다도 먼저 집단지도자는 인간의 가치를 인정하고 존중하는 것을 바탕으로 청소년에게 헌신하겠다는 이타적인 영성(spirituality)을 가져야 한다. 여기에서 영성이라 함은 특정 종교적 가치가 아니라, 이타성, 고결한 마음, 생명과 인간에 대한 사랑, 인간가치의 존중 등을 내용으로 하는 고귀한 정신세계를 의미한다. 집단지도자가 이러한 영성을 갖추고 있을 때 청소년들로부터 마음속에 우러나오는 존경을 받을 수 있고 청소년의 내면을 변화시킬 수 있다. 따라서 영성은 집단지도자의 인격을 형성하는 가장 기본적인 토대라고 할 수 이다. 영성을 갖추기 위해서 집단지도자는 끊임없이 자신의 마음을 갈고 닦는 자세를 가져야 한다(김영인 · 김민, 2016).

집단지도자의 자질은 주어진 역할, 직무, 과업 등을 원활하게 그리고 효과적으로 수행하는 데 필수적이다. 지도자의 자질은 맡고 있는 업무나 영역에 따라 다양하겠지만 크게 개인적 자질과 직무에서 요청되는 전문적 자질로 나눠서 살펴볼 수 있다(오승근, 2008). 개인적 자질은 개인적인 성장을 위해 끊임없이 자기개발이 필요함을 의미한다. 즉, 지도자는 자신의 능력개발과 함양을 통해 청소년들을 지도할 능력을 향상시킬 수 있어야 한다. 연수나 대학교육 등의 지속적인 보수교육을 통해 전문가로서의 자질을 함양해야 한다(한국청소년정책연구원, 2010). 또한 자신의 삶에 있어서는 성찰적 태도, 희망과 감사, 타인과의 관계에서는 존중과 사랑, 경청과 긍정적 태도, 배려와 겸손, 주도성과 솔선수범, 사회적 역할 수행에 있어서는 책임감과 언행일치 등을 들 수 있다.

전문적 자질은 매우 다양하여 일일이 열거하기 어렵다. 이 점을 전제로 하여 중요한 몇 가지를 생각해 보면, 직무 자체의 내용에 대한 지식과 기능, 청소년을 다루는 능력 등을 들 수 있다. 집단지도자의 직무는 청소년지도활동이다. 이 청소년지도활동에 필요한 지식과 지능으로 청소년의 심리적·인지적 특성과 문화, 청소년 교육의 기본 원리, 프로그램 개발 및 운영, 리더십, 연구와 분석, 의사결정과 판단 등에 대한 것을 들 수 있다. 청소년을 다루는 능력으로는 인간관계 기술, 의사소통 기술, 상담 기술, 동기유발 기술, 팀워크 창출 기술 등을 들 수 있다(김영인·김민, 2016).

이와 같이 개인적 자질과 전문적 자질은 상호 융합되어 나타나며 상호 상승적 효과를 가진다. 개인적 자질이 훌륭하면 전문적 자질이 효과적으로 발휘되고, 전문적 자질이 우수하면 개인적 자질의 고매함이 돋보이게 된다. 집단지도자가 인격적 자질과 전문적 자질을 동시에 갖추어야 하는 것은, 이를 통해서 궁극적으로 청소년의 마음을 움직여 청소년 스스로 적극적으로 자신에게 필요한 지·덕·체를 조화롭게 함양하도록 하는 데 있다.

11

chapter

청소년집단의 지도방법

1. 집단, 팀 및 조직의 청소년지도
2. 청소년조직의 지도방법
3. 청소년집단의 지도방법

11 청소년집단의 지도방법

청소년지도방법은 청소년지도의 목표를 성취하기 위해 주요 학습 내용에 적합한 다양한 방법을 청소년지도자와 청소년, 청소년과 청소년 간의 상호작용을 통해 실천하는 과정이다(김정렬, 2015). 보다 성공적인 청소년지도를 위한 지도방법은 다양한 요소들 간의 복합적인 작용이다. 청소년지도를 위해 청소년지도자는 청소년의 발달적 특성이나 문화, 청소년의 개인특성 또는 집단으로서 특성, 청소년지도의 목표와 주요 내용, 청소년지도가 일어나는 학습환경, 청소년지도자와 청소년 간의 상호작용방법 등의 모든 요소들을 종합하여 체계적으로 실천되어야 한다. 청소년지도는 초기 학교교육의 보완이라는 출발점에서 점차 학교교육과의 파트너십 및 미래지향적 대안으로서 발전해나고 있다. 청소년지도방법에 있어서도 전통적인 학교교육에서 나타난 교실(제한된 장소)과 강의(제한된 방법)중심의 교육방법의 문제점과 한계를 극복하기 위한 대안적인 지도방법을 모색하고 있으며 사회의 흐름과 변화에 따라 보다 다양하고 전문적으로 분화하여 발전하고 있다(김영인 · 김민, 2016).

청소년지도자는 청소년지도방법의 선택과 결정에 있어 프로그램에 참여할 청소년집단의 크기와 특성을 고려하게 된다. 청소년지도에서 유사한 목표와 교육내용을 갖고 있다 하더라도 개인 또는 집단크기에 따라 적용해야 하는 지도방법은 다양할 수 있다. 청소년현장에서 청소년지도자와 청소년 개인 간 지도가 이루어지기도 하지만 청소년지도는 집단을 대상으로 활발하게 이루어진다. 청소년지도방법은 개인지도와 집단지도에서 더 나아가 팀워크 및 조직화된 형태의 새롭고 효율적인 방법을 도입하여 적용하고 있다.

1. 집단, 팀 및 조직의 청소년지도

청소년집단, 팀 및 조직에서의 청소년지도를 살펴보기에 앞서 개인지도와 집단지도의 특징을 비교해 보면 다음과 같다(Jaques, 2004). 개인적 작업은 다른 사람에 의존하지 않고 자신만의 속도로 작업할 수 있으며, 주어진 일에 집중하여 더 빠르게 진행할 수 있다. 혼자서 작업하기에 자신의 작업에 전적인 신뢰를 하게 된다. 자기 자신이 일에 관한 의사결정을 하게 된다. 자신이 한 일에 관한 유일한 책임을 갖게 된다. 일이 추친되는 데 있어 자기 스스로 동기부여를 한다. 그리고 집단지도는 청소년들이 관점, 아이디어, 배경에 관해 발견하고 참여하도록 이끈다. 참여자들이 보다 능동적으로 참여하는 기회를 제공한다. 다른 사람에 대해 자신의 아이디어와 태도를 나타낸 것과 같이 주제에 대한 아이디어와 태도를 명확하게 하도록 청소년을 지원한다. 아이디어를 공유하며 학습의욕을 갖도록 돕는다. 자신들의 학습에 대해 즉각적인 피드백을 청소년이 갖는 기회를 제공한다. 청소년들이 자기주도적이며 독립적인 학습을 하도록 지지한다. 학습에 관한 공동의 책임성과 또래 학습의 기회를 제공한다. 집단문제해결의 과정 및 비판적 사고를 포함하여 협동적인 행동을 기르며 학습하도록 만든다. 교수자와 학습자 간 용이하게 라포를 형성하도록 만든다. 의사소통과 대인관계형성에 경청, 반응, 상호작용의 기술들을 개발하도록 돕는다.

표 11-1 ▪ 개인지도와 집단지도의 비교

개인지도	집단지도
• 자신을 통해 사물에 대한 독립성 획득 • 문제를 통한 학습에 확신 향상 • 자신의 수준에서 일하기 • 자기통제된 실천 • 자신의 행위에 편안함을 더하기 • 문제해결을 위한 효과적인 사고과정과 창의성의 획득	• 다른 사람의 아이이어를 경청하고 존중 • 다양한 방식으로 문제에 대한 생각 • 다양한 관점을 지닌 사람들과 함께 높은 수준의 이해를 획득 • 과업을 나누고 위임적 책임성 • 공유적 지식과 능력 • 집단구성원의 합리성의 유지

출처: Jaques (2004).

그리고 집단과 팀의 비교는 다음과 같다. 집단(group)은 구성원들이 특정의 목적을 달성하기 위해 함께 형성된 것으로 이해한다. 집단의 구성원들은 단위적인 목적이 계획에 충분하게 개입되지 않기에 자신들에게 집중하는 경향이 있다. 집단원들은 최선의 것에 관해 요청받기보다 무엇을 해야 할지를 듣게 된다. 일반적인 집단은 개인이 정보공유 또는 의사결정을 위해 함께 일하는 것이다.

표 11-2 ▪ 집단과 팀의 비교

집단	팀
• 개인적인 책임	• 개인 및 상호적 책임
• 독립적	• 상호의존적
• 개인적 목적에 집중	• 팀의 목적에 집중
• 낮은 참여	• 전체 참여
• 정보공유	• 집합수행
• 불일치의 회피	• 불일치의 수용
• 중립적(일부 부정적)	• 긍정적
• 토론, 의사결정 및 위임	• 토론, 의사결정 및 실제적인 협동
• 훈련이 언제나 적용되는 것이 아님	• 훈련이 적용됨
• 효과적인 모임운영	• 열린 토의와 능동적 문제해결기술의 지지
• 개인 작품의 생산	• 협력 작품의 생산
• 개인적 역할, 책임 및 과업 명시	• 팀으로써 개인역할, 책임 및 과업
• 자신의 산출성과와 도전 고려	• 팀구성원의 산출성과 및 도전 고려
• 관리자에 의한 목적, 목표 및 방법	• 팀구성원과 리더의 목적, 목표 및 방법

그리고 팀은 조직에 의해 만들어진 집단으로 할당된 일과 세분화된 과업을 추진하게 된다. 팀의 장점으로 팀작업은 협력을 확대하며 브레인스토밍이 가능하도록 하여 더 많은 아이디어들이 나와 생산성을 높이게 된다. 개인이 문제나 어려운 과제를 해결하는 것보다 집단이 문제를 함께 해결하는 것이 더 나으며 창의성을 증가시킨다. 모든 구성원은 저마다 특별하며 다른 능력, 배경 및 경험을 갖고 있기에 다른 사람은 다른 각도로서 문제를 볼 수 있도록 돕는다. 팀작업은 구성원들 간의 의사소통을 확대시킨다. 그러나 팀 내에 일 추진에 소극적이거나 미루는 사람이 포함되어 있는 경우에는 팀 내에 갈등이 일어나고 전체적인 분위기에 영향을 미치게 되는 단점이 있다. 팀작업을 하는 것은 많은 모임을 필요로 하며 효율적으로 관리되지 못한다면 팀의 효율성이 떨어진다. 의사결정은 합의를 찾는 과정이기 때문에 더 많은 시간이나 지연이 일어날 수도 있다.

한편 집단을 대상으로 한 새로운 청소년지도방법 모색에서 최근 많이 활용되고 있는 학습조직(learning organization)이 있다. 학습조직이란 개인과 조직의 목적을 달성하기 위하여 조직의 개인 수준, 팀수준, 조직 수준별로 학습이 지속적으로 이루어지고, 상황에 맞는 관계와 구조를 통해 자기주도적인 학습능력과 환경변화에 효과적으로 대응할 수 있는 조직이다(송영선, 2008). 학습은 개인차원과 팀 차원 그리고 조직차원과 사회차원에서도 발생할 수 있고, 학습이 업무와 통합되고 공유되면서 전략적이며 지속적으로 활용될 때 조직의 신념, 지식, 행동에 긍정적인 변화가 일어날 수 있다고 본다. 학습은 조직의 혁신과 성장을 위한 조직 능력을 향상시키는 기능을 한다(Watkins & Marsick, 1993).

학습조직은 개인학습, 팀학습, 조직학습 차원으로 구성되며, 모든 차원에서 밀접하게 학습이 이루어진다. 개인학습은 조직을 구성하는 가장 기본 단위인 개인이 주체가 되는 학습이다. 개인학습은 조직의 교육시스템, 직무경험, 자기계발, 관찰, 상호교류 등을 통해 개인이 받아들이는 학습을 의미한다. 개인학습은 팀 및 조직의 학습을 형성한다는 측면에서 학습조직의 필요조건이 된다. 팀학습은 개인학습과 조직학습의 중간단위 학습으로, 조직원들의 경험 공유와 공동과제의 수행 등을 통해 이루어지는 모든 학습을 말한다. 팀학습은 조직원들의 개인학습 결과로 얻은 지식이나 경험 등이 팀학습을 통해 소규모 조직단위의 집합학습으로 전이된 후, 조직 전체 차원에서의 교류와 공유를 통해 조직학습으로 발전한다. 조직학습은 하나의 조직이 주체가 되어 수행하는 학습을 말한다. 조직 전체의 목표달성을 위하여 개인학습과 팀학습이 모두 통합된 학습결과가 조직 전체 차원으로 승화·발전된 학습형태이다. 개인학습은 팀학습을 일어나게 하고, 팀학습은 조직학습의 근본 바탕이 되며, 개인학습은 직접 조직학습을 일어나게 하기도 한다. 반대로 조직학습은 개인학습이나 팀학습을 촉진시키기도 하고 지원하기도 한다. 학습조직은 조직 전체 차원에서 학습이 이루어지고 지식이 창출된다.

표 11-3 ■ 개인학습과 학습조직의 비교

개인학습	학습조직
• 개인적 의미와 배움이 필요한 것을 학습	• 적응행동을 지지하는 촉진적 구조를 가짐
• 도전목표로 수용할 때 학습	• 도전적이며 달성가능한 공유된 목표를 가짐
• 개발단계를 통해 진행	• 조직의 개발단계를 아는 구성원을 가짐
• 자신들의 방식으로 학습	• 목적에 부합된 정보로 모집, 절차 및 실천
• 기존 지식에 의해 새로운 지식의 구성	• 새로운 아이디어를 창출하는 제도지식과 절차
• 사회적용을 통해 학습	• 관련되는 외부요소에 연계한 자원의 교환
• 피드백이 필요함	• 생산물과 서비스에 관한 피드백
• 전략의 개발 및 사용	• 기본적 절차의 지속적인 개선
• 긍정적이 감정분위기에서 학습이 활발	• 지원적인 조직문화를 가짐
• 의도적/비의도적 전체적인 환경에서 학습	• 개방시스템은 외부환경에 민감

출처: Brandt (1998).

학습조직은 조직이 경험을 통해 전략적으로 변화하는 것이다. 성공적인 학습조직에서 학습은 전략적으로 핵심과정·실천 및 구조를 포함하는 진행 및 목적지향에 집중하게 된다. 학습조직의 주요 요소와 활동은 지원적 학습환경, 구체적 학습 절차와 실천, 학습을 지원하는 리더십의 행동 등이다. 지원적 학습환경은 심리적 안전, 차이의 인정, 새로운 아이디어 개방 정도 및 성찰시간이 관련된다. 구체적 학습절차와 실천은 자료수집, 실험, 자료의 분석과 해석, 교육 및 훈련을 포함한다. 학습을 지원하는 리더십의 행동은 비전의 공유, 전략, 학습문화를 가능하게 하며 실제학습을 촉진하는 정책과 실천 등이다.

학습조직으로서의 학교와 청소년조직이 되기 위해서 모든 참여자들이 학습에 집중하는 비전의 개발과 공유가 필요하다. 모든 지도자에게는 지속적인 학습기회의 창출과 지원이 있어야 하며, 팀학습 및 협력의 촉진이 있어야 한다. 학습조직은 질문・혁신 및 탐험의 문화를 확립하며, 지식과 학습의 수집 및 교환의 시스템을 구현하고, 외부환경 및 거대 학습시스템으로부터 학습을 강조한다. 학습조직으로서 청소년기관은 새로운 환경에 적응하고 변화하는 능력을 가져야 한다.

2. 청소년조직의 지도방법

청소년조직의 지도방법은 공동대응, 협력, 협동 등으로 구분하여 살펴볼 수 있다. 공동대응(coordination)은 집합행위의 필요성과 가까운 관계의 조화를 위해 이루어진다. 협력(cooperation)은 공유된 목적을 위한 절차적 승인이다. 협동(collaboration)은 공유된 것을 새롭게 창조하는 것이며 집합적・확산적 생산 행위의 필요성에 의해 이루어진다.

표 11-4 ■ 조직에서 공동대응, 협력, 협동의 비교

공동대응(coordination)	협력(cooperation)	협동(colaboration)
• 중간연계, 일에 기초한 신뢰	• 느슨한 연계, 낮은 신뢰	• 상호독립적 연계, 높은 신뢰
• 형식관계	• 비형식관계	• 확산적 관계
• 특정노력이나 프로그램집중	• 구조적 수준이 낮음	• 새로운 구조의 형성
• 약간의 계획	• 계획적 노력이 낮음	• 이해지향적 계획
• 프로젝트 토대의 정보공유	• 암묵적 정보공유	• 전술적 정보공유
• 구조화된 의사소통	• 임시적 의사소통	• 빈번한 의사소통
• 준-독립적 목적	• 독립적 목적	• 협상으로 공유된 목적
• 정책, 프로그램 자원의 연계	• 서로 적응/행위와 목적수용	• 체계의 변화
• 힘은 모조직에 남음	• 힘은 해당 조직에 있음	• 힘은 조직간 공유됨
	• 자원은 조직에 남음	• 빈약한 집합적 자원
• 모조직에의 헌신과 책임	• 자기 조직에 대한 헌신과 책무	• 모조직과 지역사회에 우선함
		• 헌신과 책임
• 관계적 우선순위적 시간틀	• 관계적 단기 시간틀	• 관계적 장기 시간틀
	• 낮은 위험/낮은 보상	• 높은 위험/ 높은 보상

출처: Himmelman (2002); Muenier, Misanchuk, Noel (2013).

공동대응은 여러 움직임을 종합하여 특별한 움직임을 의도대로 정확하고 원활하게 효율적으로 수행하는 것이다. 협력은 서로 다른 부서에서 일하는 둘 이상의 사람이 정해진 프로세스와 역할 범위 안에서 서로 도움을 주고받으며 일을 추진하는 방식이다. 하나의 일을 여러 부분으로 나누어 담당자가 각 부분을 맡는다. 협력은 일상적인 사업수업이나 반복적으로 발생하는 문제를 해결하는 데 필요한 조직구성원들의 상호작용의 방식이다. 협력을 하기 위해서 별도의 조직을 만들 필요는 없으며 자신이 하던 일을 계속하면서 다른 부서 또는 다른 사람과 도움을 주고받으면 된다. 협동은 서로 다른 부서에서 일하는 둘 이상의 사람이 공동의 목표를 설정하고 함께 목표를 달성하기 위해 일하는 방식이다. 하나의 일을 여러 사람이 토론을 통해 동시에 추진하는 것이다. 구성원들로 별도의 조직을 만들거나 가상의 조직을 만들어 운영할 수 있으며, 필요에 따라 간헐적으로 모이는 방식을 택할 수도 있다. 협업은 여러 부서에 공통적으로 연관된 특수한 과제의 수행, 중요도가 높거나 새롭게 발생하는 문제의 해결 등에 사용되는 조직구성원들의 상호작용의 방식이다.

조직이 개인 성과를 합친 것보다 더 큰 성과를 내기 위해서는 협력과 협업이 활발하게 이루어져야 한다. 협력을 통해 부서 간의 업무 흐름을 원활하게 하고 팀워크를 강화시키며 부서의 벽을 허물고 공동의 목표를 달성하기 위한 프로젝트 수행을 촉진할 수 있다.

3. 청소년집단의 지도방법

청소년집단지도에서 청소년학습자의 참여를 촉진하기 위한 방법은 [그림 11-1]에 잘 나타나 있다. 첫째, 질문을 보다 효과적으로 하고, 둘째, 지배적인 학생 또는 조용한 학생에 대처하는 방법을 학습하도록 하고, 셋째, 학생들의 학습스타일을 인지하도록 하고, 넷째, 토론집단을 이용하도록 하고, 다섯째, 과업집단을 이용하도록 하고, 여섯째 문제해결집단을 이용하고, 역할연기와 시뮬레이션을 이용하도록 한다 (Race & Brown, 1993).

한편, 청소년집단의 지도방법으로 토의와 토론, 브레인스토밍과 브레인라이팅, 문제해결학습, 프로젝트법, 역할연기, 마이크로티칭 등의 다양한 방법들이 활용될 수 있다.

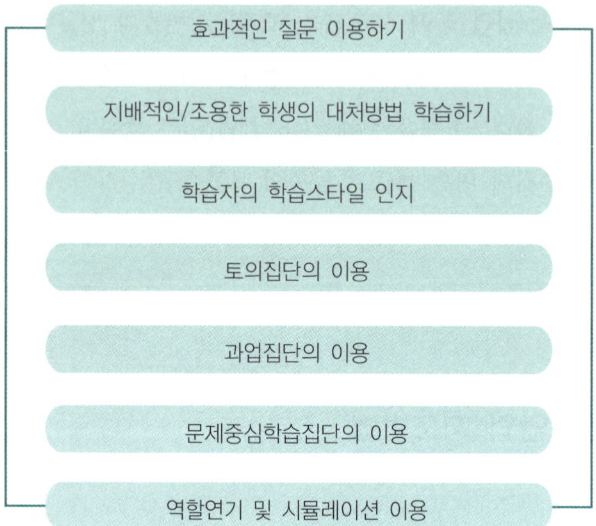

그림 11-1 ■ 학습자 참여유도방법

출처: Race & Brown (1993).

1) 토의와 토론

토의는 여러 사람이 모여서 어떤 공동의 문제에 대하여 보다 나은 해결방안을 내기 위하여 협의하는 것으로 함께 협력해서 생각하는 협동적인 사고의 과정이다. 토론은 특정주제에 대해 찬성과 반대에 대한 각자의 논리적인 근거를 이야기하고 상대방의 논거가 올바르지 않음을 밝히는 방식이다. 토의는 청소년들이 어떤 결론이나 결정을 내려야 하는 경우에 많이 사용되며, 문제해결과 의사결정능력을 함양하는 데 유익한 방법이다. 또한 토의 과정에서 다른 사람과의 의견교환과 상호작용을 통해 자신이 잘 모르는 것을 새롭게 배우거나 태도를 개선하는 데도 좋은 방법으로 평가된다(이채식 외, 2013).

토의와 토론의 차이를 목적, 핵심요소, 상호관계, 운영방식으로 보면 다음과 같다(고성욱 외, 2007). 토의는 정보 및 의견교환을 목적으로 하며 다양성을 핵심요소로 한다. 토의는 구성원 간의 상호협조적 관계를 나타내며 토의의 운영방식으로 심포지엄, 포럼, 원탁토의 등이 있다. 토론은 주장과 설득을 목적으로 하며 핵심요소는 논리성이다. 토론에서 구성원 간의 상호관계는 상호경쟁적이며 운영방식에는 2인 토론, 패널토론 등이 있다.

토의는 청소년들이 능동적으로 참여하고, 자신의 의견을 제시하도록 함으로써 다양한 아이디어를 발견할 수 있고, 자신의 의견을 조리 있게 말할 수 있는 논리적인 의사소통능력을 향상시켜 줄 수도 있다. 토의를 통해 청소년들은 문제해결능력, 비판적 사고능력, 창의적 사고능력, 의사소통능력을 향상시킬 수 있다. 반면 토의는 강의에 비해 사전준비가 필요하기에 더 많은 시간과 노력이 있어야 한다. 토의를 위해 사전에 꼼꼼히 준비해야 하며, 토의에 참여하는 청소년의 수와 주제에 따라 지도방법을 결정해야 하고, 토의의 안건에 대해 청소년에게 사전준비를 시켜야 할 경우가 많다.

표 11-5 ■ 토의의 장단점

장점	단점
• 전체 학습자가 적극적으로 수업에 참여할 수 있다. • 비판적 사고력을 배양할 수 있다. • 전체 학습자가 제기된 아이디어를 평가할 수 있다. • 자신의 생각을 논리적으로 사고할 수 있으며, 의사소통능력을 신장시킬 수 있다. • 다른 사람의 의견을 존중하는 민주시민의 자세를 길러준다.	• 수업진행 속도라 느리며, 토의의 주제를 잃기 쉽다. • 몇몇 학습자들만 토의에 참여할 수 있다. • 사회자가 토론진행방법에 능통해야 한다. • 토의를 진행하기 위해 사전에 많은 준비가 필요하다. • 적절한 결론에 도달하지 못하고, 상호 감정을 자극할 우려가 있다.

출처: 이채식 외 (2013).

토의와 토론의 방법으로는 소크라테스토의, 분임토의, 시나리오토의, 신호등토론, 터부토론, 경쟁토론, 피라미드토론이 있다. 소크라테스토의는 지도자의 주된 질문법으로 학습자들 자신의 생각을 자극, 생성, 검토하도록 하여, 학습자들의 생각을 명료하게 훈련시키는 방식의 토의이다. 분임토의는 분임구성원이 함께 문제의 본질을 분석하고 파악하고, 논의된 의견을 정리하고 집약하여 발표하게 하는 방법이다. 분임토의는 분임 상호 간의 비교와 공동이해를 통해 학습효과 심화와 문제해결 역량 제고, 갈등해결능력 향상을 도모하며, 청소년 스스로 자발적이고 협동적인 참여교육을 학습하고 실천하게 한다. 시나리오토의는 분임토의의 불명확성, 해결방안의 모호함 등의 문제점을 보완하기 위하여 분임토의를 할 때 일정한 가이드라인을 제시하고 참가자들의 다양한 의견을 수렴하면서, 얻은 결과에 대해 비판적인 검토를 가능하게 해주는 방법이다. 신호등토론은 교통 신호등의 원칙을 원용하여 신호등의 초록색, 붉은색, 노란색 카드를 참가자 수만큼 준비한 후 진행자가 토론을 전개시켜 나가는 게임식 토론이다. 터부토론은 어떤 사안에 대하여 찬성과 반대 측으로 나뉘어 토론을 통해 쟁점사안에 대한 이해와 의견을 보다 명확히 발표하게 하고 토론 시 사용금기 언어인 터부 언어를 설정하여 진행이다. 경쟁토론은 분임학습과 토론을 경쟁적으로 결합시킨 토론으로 학습과 토론을 실행하며, 토의 결과에 대하여 투표를 통해 경쟁을 유도하는 토론이다. 피라미드토론은 역피라미드 토론이며 먼저 1 : 1로 상대방과 토의 과정을 거쳐 합의를 이룬 후에 이를 2 : 2로 확장시켜 토론을 거쳐 합의를 이루어 나가는 방법이다. 본인의 주장을 명확하게 하고 상대방에게 이해 · 설득시키는 방법을 터득한 것이다.

2) 브레인스토밍, 브레인라이팅

특정 문제에 대한 아이디어를 많이 얻기 위해 개인보다 집단구성원들의 사고를 모으는 것이 유리한 경우가 많다. 브레인스토밍(barinstorming), 브레인라이팅(brain writing)은 집단구성원의 아이디어를 창출하기 위한 회의방법이다. 몇몇 사람들이 모여 어떠한 문제에 대한 해결책이나 아이디어를 내는 집단사고이다. 많은 사람이 모이면 각자의 지식이나 경험, 개성 등이 복합되어 광범위한 의견이 나오고, 남의 발언에 대해 연상작용이 활발해져 새로운 아이디어가 떠오르기 때문이다. 브레인스토밍은 특정현상에 대해 머릿속에 폭풍이 불어온 것처럼 풍부한 창의적인 아이디어를 이끌어내는 토론이다. 브레인라이팅은 언어능력이 부족한 사람들이 자신의 생각을 자유롭게 글로 표현하도록 하는 방법이다. 전자브레인스토밍(electronic brainstorming)은 동일한 장소에서 화면을 보면서 각자의 컴퓨터로 자신의 아이디어로 입력하거나 같은 장소에 모이지 않더라도 타인의 아이디어를 보면서 입력하는 것이다.

브레인스토밍은 많은 양의 아이디어를 창출하는 것이 목적이므로 이를 위해 구성원들이 자유롭고 열린 분위기에서 자신의 생각들을 떠올리고 표현할 수 있는 여건과 환경을 조성할 필요가 있다. 딱딱하고 공식적인 회의에서는 자기 자신의 의견을 솔직히 내기가 어려울 수 있으며, 자신의 이야기에 대해서 다른 사람의 비판을 염려하여 발언을 자제할 수도 있다.

브레인스토밍의 진행에 있어 참여자의 생각이 어떠한 것이라 하더라도 자유롭게 사고할 수 있도록 보장해야 하며. 구성원의 긍정적이고 역동적인 생각들은 무조건적으로 받아들이도록 한다(최우철, 2015). 브레인스토밍의 4가지 규칙은 평가 및 비판의 유보, 자유분방한 폭넓은 아이디어, 가능한 많은 양의 아이디어, 결합과 개선의 추구이다(정재은, 2005).

표 11-6 ■ 브레인스토밍의 규칙

규칙	내용
평가 및 비판의 유보	브레인스토밍을 하는 동안 다른 구성원들이 제시하는 아이디어에 대해 평가나 비판을 하지 않는다.
자유분방하고 폭넓은 아이디어	폭넓게 발상되는 아이디어는 더 나은 질의 아이디어가 나올 가능성이 더 많다.
가능한 많은 양의 아이디어	아이디어의 수가 많으면 많을수록 유용한 아이디어가 나올 가능성이 더 많다.
결합과 개선의 추구	이미 제안된 아이디어로부터 다른 아이디어를 이끌어낼 수 있다.

출처: Osborn (1963); 정재은 (2005).

브레인스토밍의 리더는 해결해야 할 문제에 대해 참여자들에게 인식시킬 수 있도록 해야 하며, 서기는 구성원들의 모든 생각들에 대해 기록하도록 한다. 브레인스토밍 진행 시 유의해야 할 사항들은 다음에서 보는 바와 같다. 첫째, 타인의 의견에 대한 비판을 삼간다. 자신의 의견에 대해 다른 사람이 비판을 하게 되면 의기소침해져서 회의에 적극적으로 참여하기 어렵고, 자칫 상대방의 감정을 상하게 할 수 있다. 둘째, 자유분방한 분위기를 유지한다. 아이디어를 창출하기 위해서는 화기애애한 분위기를 조성해야 하며, 다른 구성원의 관점에서 사안을 바라보는 관점도 바람직하다. 셋째, 되도록 많은 아이디어를 모집한다. 브레인스토밍의 목적이 문제해결이나 아이디어를 결정하는 것이 아니므로 다소 엉뚱해 보이거나 기발한 아이디어들에 대해서도 개방적인 태도를 취한다. 넷째, 남의 아이디어에 개선 및 결합을 추구한다. 다른 구성원들의 의견에 자신의 의견을 덧붙여 좀 더 개선된 아이디어를 제시한다.

3) 문제해결학습

문제해결학습(Problem Based Learning: PBL)은 학습자들에게 실제적인 문제(과제, 시나리오 혹은 이야기)를 제시하고, 그 제시된 문제를 해결하기 위해 학습자들 상호간에 공동으로 문제해결방안을 강구하고, 개별학습과 협동학습을 통해 공통의 해결안을 마련하는 일련의 과정에서 학습이 이루어지게 되는 학습방법이다(Barrows, 1985). 문제해결학습은 학생들에게 가르치고자 하는 것을 문제화시켜서 제시하고 문제를 해결하는 과정을 통해 교육하는 방법이다. 문제해결학습, 즉 PBL학습은 청소년들이 어떤 수행(performance)을 하게 할 것인가에 초점을 두어야 한다. PBL 수업은 궁극적으로 청소년들이 스스로 무언가를 할 수 있도록 유도하고 그 과정을 통해서 배움을 스스로 얻게 하는 데 그 목표가 있다.

PBL의 특징은 구성주의적 인식론을 기초한 교수-학습방법이다. 구성주의에서는 학습자 중심의 교수-학습방법을 강조하며, 체험학습, 자기성찰적 학습, 협동학습, 실제적 성격의 과제 제시, 촉진자 혹은 동료 학습자로서의 교수의 역할을 강조한다. PBL은 문제로부터 학습을 시작하며, 학생 중심의 수업으로 진행되기에 학생이 문제해결자이며 능동적인 참여가 강조된다. PBL에서 교수자의 역할은 학습의 조언자로 학생이 문제를 해결할 수 있도록 조력하며 격려하는 역할을 수행한다. 문제를 해결하기 위해 팀을 학생들이 구성하고 팀별 협동학습을 통해 수업이 이루어지며, 결과 자체보다 전체 과정에서 다양한 형태의 평가가 이루어진다.

PBL 효과를 보면 문제를 가지고 시작하는 수업이라 학생들이 적극적으로 참여할 수 있으며, 문제를 해결하는 과정에서 느낄 수 있는 희열감으로 동기유발이 된다. 스스로 학습할 내용을 선택하고 문제해결방법을 결정함으로써 자기주도적인 학습 능력이 길러진다. 팀을 구성하여 문제를 해결해 가는 과정에서 커뮤니케이션 스킬과 리더십을 키울 수 있다. 실제적인 문제해결 경험을 통해 졸업 후 사회에서 경험하게 될 문제를 창의적으로 해결할 수 있는 능력을 기를 수 있다. 그리고 비구조적인 문제를 밝혀내고 계획을 세워 필요한 정보를 수집하는 과정을 통해 전략적인 사고가 길러진다.

PBL 수업에서 PBL의 단계는 개발, 진행, 종료로 제시되는데 각 단계별로 다음과 같은 교수자의 태도 및 역할이 요구된다. 첫째, 개발단계에서는 학습목표 결정, PBL 문제 선정, PBL 문제에 대한 학습 자료 준비, PBL 문제해결에 필요한 제반 학습 자원 준비 등이 해당한다. 둘째, 진행단계는 PBL 안내 및 과제 소개, 학습 팀 구성, 과제해결에 필요한 효율적 시간 관리 및 자료 이용법 소개, 다양한 학습자원의 활용 및 탐색, 격려와 지도, 학습과제 도출 및 진행 지도, 개별·팀학습 과정 중 자기성찰적 사고와 활동 권장 및 지도, 팀학습 과정 중 상호작용 지도, 과정 관찰자 및 학습과정 관리자로서의 역할, 학습과정에 대한 피드백 제공, 종합 정리 제공이다. 셋째, 종료단계는 교수·과정·학습자에 대한 피드백, 학습자의 인지적, 정서적, 동기적 변화 및 발전을 평가하는 것이 해당한다. 그리고 PBL에서 튜터의 역할을 보면 생소한 수업내용 및 방법에 대한 소개, 허용적인 분위기 형성, 학습자와 튜터의 역할 안내, 학습자들의 학습을 촉진하기 위한 질문, 학습자들의 교육적 난점 진단 및 중재, 학습자들의 고른 참여를 유도, 학습자들의 학습속도와 수준 조절, 그룹 내 대인관계 조정을 유도, 학습 내용에 대한 정리를 하게 된다.

표 11-7 ■ PBL의 단계와 과업

단계	주요 내용
PBL 개발단계	• 학습목표 결정 • PBL 문제 선정 • PBL 문제에 대한 학습 자료 준비 • PBL 문제해결에 필요한 제반 학습 자원 준비
PBL 진행단계	• PBL 안내 및 과제 소개 • 학습 팀 구성 • 과제해결에 필요한 효율적 시간 관리 및 자료 이용법 소개 • 다양한 학습자원의 활용 및 탐색 격려 및 지도 • 학습과제 도출 및 진행 지도 • 개별·팀학습 과정 중 자기성찰적 사고와 활동 권장 및 지도 • 팀학습 과정 중 상호작용 지도 • 과정 관찰자 및 학습과정 관리자로서의 역할 • 학습과정에 대한 피드백 제공 • 종합 정리 제공
PBL 종료단계	• 교수·과정·학습자에 대한 피드백 • 평가(학습자 인지적, 정서적, 동기적 변화 및 발전)

4) 프로젝트법

프로젝트법은 한 명 또는 그 이상의 학습자가 이행하는 특정 주제에 대해 체계적으로 알아가는 방법이다. 청소년들은 프로젝트 활동을 위한 계획에 직접 참여하며, 계획을 달성하기 위하여 며칠에서 몇 주 동안 다양한 활동과 노력을 지속한다. 프로젝트법은 청소년지도자가 학습의 방향을 설정하기는 하되 활동과정에서 참여자의 선택과 의사결정을 존중하며 청소년지도자와 청소년 상호 간의 적극적인 상호작용을 하면서 활동을 전개해 나가는 방법이다. 프로젝트법의 특징은 다음과 같다(Katz & Chard, 1989; 김순애, 2002).

첫째, 프로젝트법은 참여자 중심의 교육에 목표를 두기 때문에 참여자의 경험과 성장이 있어야 한다.

둘째, 프로젝트를 진행하는 과정에서 지도자와 청소년이 함께 상호 작용한다는 특징이 있다. 프로젝트법에서는 프로젝트 전 과정을 통하여 지도자와 청소년, 청소년과 청소년 간의 적극적인 사고의 교류와 상호 작용 및 협동적 학습이 이루어져야 한다.

셋째, 프로젝트법은 현장견학과 전문가를 활용하기도 한다. 프로젝트법은 청소년 교육을 위해 부모나 주변 사람들, 지역사회 구성원들과의 협력적 관계를 강조한다.

넷째, 프로젝트법은 주제 선정에서부터 진행 전 단계에 이르기까지 청소년이 자유롭게 참여하는 토의활동이 활발하게 이루어진다. 이러한 토의활동은 청소년으로 하여금 자율적 학습자로 성장하도록 하는 데 도움이 된다.

다섯째, 프로젝트법은 학습 내용 선정, 학습방법과 교수학습방법을 함께 제시하는 방법이다. 프로젝트에서 지도 내용은 지도자에 의해 사전에 확정되는 것이 아니라 프로젝트법 1단계에서 지도자와 청소년에 의한 공동 주제망 형성 과정, 질문거리 작성 등을 거쳐 정해지게 되며, 프로젝트 진행 과정에서도 청소년의 관심을 반영하여 내용이 수정되거나 새롭게 추가될 수 있다.

여섯째, 프로젝트법은 상당히 구체적인 교육활동과정을 단계에 따라 제시하고 있다.

표 11-8 ■ 프로젝트법의 구조적 특징

구분	시작(1단계)	전개(2단계)	마무리 (3단계)
토의	주제관련 이전 경험과 현재 지식 상호 공유하기	현장활동과 면담 준비 현장활동 검토 2차적 자원으로부터 학습	전 과정을 주위 사람들과 나누기 위한 준비 프로젝트의 검토와 평가
현장 활동	주제관련 경험을 부모와 이야기 나누기	조사 위해 현장 가기 교실/현장에서 전문가와 면담하기	외부 사람들의 눈을 통한 평가
표현	공유를 위한 그리기, 글쓰기 등 활동	현장스케치와 노트 학습한 내용 그리기, 지도작성 등 활동	다른 사람에게 설명하기 위한 요약, 정리
조사	현재 지식에 기초한 질문	질문에 대한 조사 현장활동과 책 연구 심화된 질문제기	새로운 질문거리의 고찰
전시	개인 표현을 보며 생각/지식을 상호 공유	새로운 경험과 지식을 상호 공유하기 활동에 대한 계속적 보고	전 과정을 통한 학습요약

출처: Chrd (1994); 지옥정 역 (1995).

즉, 교수·학습과정 면에서 프로젝트법은 준비, 시작(1단계), 전개(2단계), 마무리(3단계)의 과정으로 구분되며 각 단계에서 토의, 현장활동, 표현, 조사, 전시의 내용은 특징적인 차이를 나타낸다. 시작단계에서 토의는 주제관련 이전 경험과 현재 지식 상호 공유하기이며 현장활동으로는 주제관련 경험을 부모와 이야기 나누기 등이 해당한다. 전개단계에서 토의는 현장활동과 면담 준비, 현장활동 검토, 2차적 자원으로부터 학습을 하며 현장활동으로는 조사를 위해 현장 가기, 교실/현장에서 전문가와 면담하기 등이다. 마무리단계에서 토의는 전 과정을 주위 사람들과 나누기 위한 준비, 프로젝트의 검토와 평가를 하며 현장활동으로는 외부사람들의 눈을 통한 평가를 받게 된다.

일곱째, 프로젝트법은 학습 내용이 참여자 개개인에게 의미를 갖도록 한다. 청소년의 사전 경험이나 주제에 대하여 갖고 있는 지식 등에 기초하여 학습 내용을 선정하고 청소년의 특성에 따른 다양한 학습활동이 이루어지도록 해야 한다.

여덟째, 프로젝트법은 학습의 전 영역이라고 할 수 있는 지식, 기능, 성향, 느낌의 상호 보완적이고 유기적인 관계를 통한 인격적 통합을 강조한다.

5) 역할연기

역할연기란 타인의 역할을 연기를 통해 경험해 봄으로써 자신과 타인을 이해하는 데 도움을 주고자 하는 방법이다. 역할연기는 집단구성원들에게 서로 다른 역할을 주고 가상적 상황에서 서로 협의하여 결정을 내리게 함으로써 다른 역할을 맡은 사람들과 원만한 타협을 보도록 하는 기법이다.

역할연기는 주로 참여자들의 대인관계기술을 학습하는 상황에서 주로 사용되는데, 이 기법은 주로 대인관계기술을 연마할 필요가 있을 때, 타인의 행동이나 감정을 이해할 필요가 있을 때, 실제 문제에 부딪힘으로써 동기유발이 될 수 있다고 판단될 때 사용된다(권대봉, 1999; 한국청소년개발원, 2010). 역할연기의 주제는 집단구성원의 실제상황에 적용할 수 있는 것이 좋으며, 집단의 특성과 관계되는 주제를 연극으로 연출함으로써 문제의 관점이 환기되고 해소되는 것이다. 그러나 역할연기는 다른 방법에 비해 준비하는 시간이 많이 소요되며, 전문적인 훈련받은 지도자를 필요로 한다.

역할연기의 목적은 다음과 같다(김종표, 2011). 첫째 원리, 원칙, 방법, 기능을 습득하기 위한 것이다. 표준적인 역할행동을 취하는 방법을 체험과 모방으로써 몸소 터득하는 방법이 사용된다. 둘째, 돌발적인 문제나 처리가 곤란한 문제의 해결방법을 연습하는 것이다. 문제해결은 상황이나 상대방의 기분 등이 변화하는 가운데 일어나는 것이다. 문제해결은 특정 순간이나 상대방의 상황을 고려하여 대응하기 위해 여러 상황에서의 문제해결을 연습한다. 청소년들이 학교폭력이나 성범죄 예방을 위한 상황대처 능력의 개발 등에 활용할 수 있다. 셋째, 심오한 심리적인 체험을 통해서 인간적인 통찰력, 감수성 등을 함양하여 바람직한 태도나 행동의 변화를 도모하는 것이다. 자기 나름의 그 역할에 대한 생각에 입각해서 나름의 독자적 방법으로 자유로운 역할을 연기하게 하고 그 과정 속에서 타인에 대한 이해방법이나 대화방법의 문제점을 깨닫게 하고, 더 나아가서 이질적인 사람을 이해하는 방법이나 대화를 하는 방법, 타인과 관계를 맺는 방법 등을 학습할 수 있다.

역할연기의 순서를 보면 주제 설정, 시나리오 작성, 역할 결정, 사전준비 및 지도, 연기 실시, 분석 및 피드백의 순서로 진행하되 전개되는 상황에 맞게 변형할 수도 있다. 먼저 주제 설정은 청소년들이 관심이 있으면서도 실생활과 관련된 주제를 선정하는 것이 좋다. 평소 관심이 있고 실제로 경험할 수 있는 상황을 재연하는 것은 청소년들의 참여 동기를 북돋워 주게 된다. 시나리오 작성은 청소년들이 저항감 없이 역할연기에 참여할 수 있는 분위기를 조성하고, 시나리오는 제목, 상황설정, 배역, 개략적인 줄거리 등을 작성한다. 역할 결정은 역할에 맞는 배역을 선정하고, 연기에 참여하지 않는 청소년들은 관찰자로서 역할연기의 일원으로 참여하게 된다. 사전준비 및 지도는 시나리오와 역할이 정해지면 자신의 역할을 이해하고 간단한 역할연기를 위한 사전준비와 팀별로 상호 간에 연기 지도를 하도록 한다. 역할연기에 필요한 소품과 활용방법 등도 미리 숙지시킨다. 연기 실시는 청소년들이 자신의 배역에 맞도록 실제로 연기를 하는 과정이다. 청소년들의 역할연기는 10~20분 정도로 하며, 역할극이 원활히 진행되지 않을 때 지도자는 연기를 중지시키고 문제점을 해결한 후 다시 시작하도록 지도한다. 분석 및 피드백은 연기를 마친 후 연기자와 관찰자의 느낀 점을 피드백하도록 한다. 역할연기의 목적을 달성하기 위해서는 이러한 피드백 과정이 매우 중요하다.

6) 마이크로티칭

마이크로티칭은 교사의 교수기술을 향상하기 위해 제공되는 뛰어난 기제이다. 통제되는 조건에서 교수실천과 특정한 행위에 집중하도록 하는 고도화된 방법으로 교수기술을 학습하기 위한 훈련기술이다. 교수의 기술에 관한 보다 깊은 지식과 기술을 개발하기 위한 교수상황을 설정하고 있다. 마이크로티칭은 6~10명의 작은 집단에 20~30분의 짧은 시간에 세분화된 단위의 내용의 교수방법이다. 마이크로티칭은 일반교실의 위협과 도전요인을 제한하여 상대적으로 안정적인 환경과 학습분위기에서 전문적인 기술의 요소를 교사가 기르기 위한 기술(technique)이다(Orlich et al., 1990).

표 11-9 ■ 전통티칭과 마이크로티칭의 비교

전통티칭	마이크로티칭
• 목적은 일반적이며 특정화되지 않음	• 목적은 특정화됨
• 인원은 40~60명 정도	• 인원은 5~10명 정도
• 교수자는 한 번에 다양한 기술들을 적용	• 교수자는 한 번에 하나의 기술을 적용
• 시간은 40~50분 정도	• 시간은 5~10분 정도
• 즉각적인 피드백 불가	• 즉각적인 피드백 가능
• 실제 교실상황에 대한 통제가 안 됨	• 통제된 상황에서 교수가 적용
• 교수는 상대적으로 복잡함	• 교수는 상대적으로 단순함
• 감독자의 역할이 모호	• 감독자의 역할이 구체적으로 제시
• 교실 상호작용이 객관적인 학습이 안 됨	• 교실의 상호작용이 객관적인 학습
• 재교수가 이루어지 않음	• 재-교수 제공
• 긴장, 경직	• 확신의 제공

출처: Yusuf (2013); Vijayalakshmi (2016).

마이크로티칭의 특징은 다음과 같다. ① 교수환경이 이미 구성되었다 하더라도 실제적(real)이다. ② 교수적인 기술(skill), 교수의 기술(technique), 교육과정의 전문화 및 교수방법의 시연 등의 특정한 과업의 성취를 위한 훈련에 집중한다. ③ 교수의 지속이나 청소년의 숫자는 다소 적은 편이며, 작은 단위로 분화된 내용은 교수를 보다 쉽게 한다. ④ 즉각적인 피드백이 이루어진다. ⑤ 재계획, 재교수 및 재평가의 환류를 갖는다. ⑥ 원리는 관리된다.

마이크로티칭의 기술들은 도입의 기술, 철저한 질문의 기술, 설명의 기술, 동기부여의 기술, 칠판 판서의 기술, 성취 확인의 기술, 강화의 기술, 교수와 학습지원의 기술 등이다. 구체적으로 도입의 기술은 학습자와의 라포 형성, 청소년의 관심 유발 및 기본적인 내용의 소개 등을 포함하는 교수 초기의 기술들이다. 철저한 질문의 기술은 청소년이 주어진 문제에 관해 다양한 측면에서 깊이 있게 생각하도록 돕는다. 설명의 기술은 청소년에게 요약적 형태의 주제내용(subject-matter)을 제공하는 것으로, 교사는 청소년에게 개념과 사건의 어떻게, 왜, 무엇에 대해 논리적으로 제시하는 능력을 제공한다. 동기부여의 기술은 전체 수업과정을 통해 학습자의 관심을 유지하기 위해 교사의 행동을 세심하게 변화하는 것이다. 칠판 판서의 기술은 청소년이 배워야 하는 개념과 인식을 명확하게 하는 것이며 수업에 추가되는 요소이다. 칠판 판서는 알아보기 쉬운 정도, 크기와 배치, 주요 내용의 강조, 칠판공간의 활용, 칠판 내용의 요약・수정, 교사의 위치, 청소년들과의 접촉 등에 관한 것을 포함한다. 강화의 기술에는 우수함, 칭찬과 같은 표현을 하는 것이며, 미소와 같은 비언어적 강화, 청소년에게 다가서기, 시선 맞추기 등이 있다. 교수와 학습지원의 기술은 교수에 있어 추상화된 아이디어 설명, 관계형성, 정보제공 등이다. 성취 확인의 기술은 적정하고 매력적인 방법으로 강의를 요약하는 것이다.

마이크로티칭의 단계는 지식 획득, 기술 획득, 전달로 구분된다. 첫째, 지식 획득은 전행위(pre-active)의 단계로 교수기술들에 관한 지식을 제공, 교수기술의 시연을 관찰, 교수기술의 시연에 관한 분석과 토론을 포함한다. 둘째, 기술획득은 상호행위(inter-active)의 단계로 마이크로수업의 준비와 계획, 기술의 실천, 실천된 기술의 평가, 바람직한 기술수준을 성취하기 위한 재계획, 재교수, 재피드백의 활동을 포함한다. 셋째, 전달은 후행위(post-active)로 일반적인 교실수업에서 숙련화된 기술 이용의 기회를 제공하는 것이며 다른 기술의 적용을 통합하는 것이다.

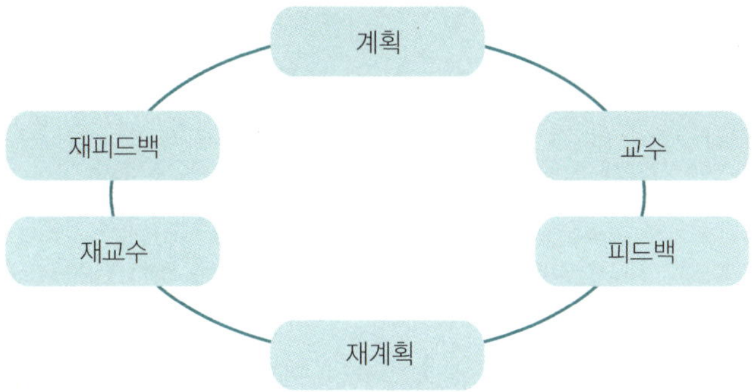

그림 11-2 ■ 마이크로티칭의 사이클

마이크로티칭의 사이클을 살펴보면 첫째, 계획은 교수실천의 기술요소를 이용하기 쉽고 편리하도록 구성요소 및 주제선택을 포함하는 것이며, 주제는 교수자와 청소년의 활동을 분석하는 것이다. 활동들은 가능한 기술요소의 최대 적용을 위해 논리적인 순서로 계획된다. 둘째, 교수는 교수자 자신의 활동들에 관한 계획으로서 교수-학습의 과정에 부합하는 기술요소를 이용하도록 교수자가 시도하는 것을 포함한다. 상황이 활동 계획들과 다르게 일어나면, 교수자에게 새롭게 요구되는 상황 발생에 따라 교수자의 행동을 변경하는 것이다. 셋째, 피드백은 교수자의 행위에 관한 정보를 제공하는 것이다. 피드백은 교수자의 강점 또는 약점을 포함하는 것이며 교수자가 자신의 행동을 바람직한 방향으로 개선하도록 돕는다. 넷째, 재계획은 교수자가 수업 동안 강점요소와 제거요소를 혼합하는 것이다. 다섯째, 재교수는 주제가 바뀌거나 다른 유사한 학생집단에 교수하는 것을 포함한다. 여섯째, 재피드백은 마이크로티칭의 매우 중요한 요소로 교수자의 행동 수정을 위한 것이다.

마이크로티칭의 장점은 다음과 같다. 특정한 교수기술을 개발하고 정교화하며 단점을 제거하도록 한다. 교실 상황에서 중요한 행동을 이해하도록 한다. 교수자의 확신을 증가하도록 하며, 다양한 교수자들의 지속적인 훈련을 위한 기제로, 전문적인 관리와 생산적인 피드백을 제공한다. 한편 마이크로티칭은 기술에 기반한 것이며 내용은 강조되지 않는다.

12

chapter

청소년 동아리활동 지도

1. 청소년 동아리활동의 개념
2. 청소년 동아리활동의 주요 구성
3. 동아리활동의 운영 실태
4. 동아리활동 운영을 위한 지도
5. 청소년 동아리활동 지도

12 청소년 동아리활동 지도

1. 청소년 동아리활동의 개념

청소년들은 활동적이며 역동적으로 생각한다. 그 시기는 자신이 하고자 하는 것에 대한 호기심이 고조되는 시기이다. 그래서 자신의 생각과 사고가 비슷한 집단을 이루며 자신들의 존재를 알리기도 하고 자신들의 생각과 의식이 통하는 동아리를 이루게 된다. 동아리는 스스로의 성장과 개인의 창의성을 발전시키고 공통의 목적을 가진 학생들이 모여 취미나 특기 · 적성을 함께 나누며 협동하게 한다. 또한 사회성을 기르고 자기표현 능력을 향상시키는 집단활동이라고 하겠다(교육과학기술부, 2010).

'패를 이룬 무리'라는 순순한 우리말인 동아리는 취미, 오락, 사상, 스포츠 등 자신과 생각을 함께 나누며 문화적 · 사회적 욕구를 충족시킨다. 동아리활동을 통해 다양한 개인의 생활 체험으로 집단적응력 또는 사회성에서 그치는 것이 아니라 그것을 통해 학습능력의 강화에도 큰 도움이 되며 여가선용의 생활화, 습관화가 된다는 점에서 동아리 교육과정 확대는 큰 의미가 있다(강형섭, 2011).

청소년 동아리란 교내활동 또는 교외활동을 막론하고 취미, 가치관 등을 공유하는 청소년의 소집단활동으로 정의할 수 있다. 또한 청소년의 동아리활동은 취미, 가치관 등을 공유하는 집단으로 타인에 의해서가 아닌 자발적인 참여로 시작되며 학교라는 제한공간의 동아리활동을 시작으로 청소년수련관 내 지역사회에서 행해지는 모든 활동을 포함한다고 정의할 수 있다(모상현 외, 2012).

교육과학기술부(2010)의 2009년 개정 교육과정에서 제시한 '동아리'의 개념은 "특기, 적성, 취미, 소질 등 공통의 관심사나 목표를 가진 학생들의 모임"으로 규정하고 있다. 교육과학기술부(2010)의 동아리에 관한 정의에 의하면 동아리의 구성원은 학생만으로 구성된 집단 또는 소모임으로 한정하고 있기 때문에 협의적인 정의라고 볼 수 있다.

청소년 동아리활동의 개념을 정리하면, "서로 같은 취미나 특기・적성을 가진 학생들이 모여 자신의 소질과 적성을 창의적으로 개발하고 발전시킴으로써 자아실현과 기초를 형성하고, 사회성과 협동심을 기르기 위한 집단활동"(교육과학기술부, 2010)으로 명시하고 있다.

청소년 동아리활동 특성을 살펴보면 다음과 같다(권준근, 2011).

첫째, 청소년 동아리활동은 청소년들이 주체로서 운영되는 자치적인 조직체이다. 청소년 동아리 집단의 대부분의 조직체들은 자체적인 목적과 조직구조를 가지고 특정한 활동을 전재하며, 조직구성원들 사이에 활발한 상호작용을 전개한다.

둘째, 아동기에서 청소년기로 이행하면서 청소년들은 부모에 대한 의존심이 줄어들고 대신에 또래들과 더 많은 시간을 보내고자 하는 경향이 있는데 청소년기에는 또래집단에 의해 받아들여지는 것, 그리고 특히 한 명 또는 그 이상의 가까운 친구를 갖는 것이 그들의 삶에 매우 중요한 의미를 준다. 또래집단은 청소년 세계의 공통적인 경험과 가치관을 형성하도록 도와 기술과 전략을 배우고 습득할 수 있는 사회적 배경으로서 청소년들에게 중요하다. 청소년 동아리활동은 이러한 또래집단으로서 특성을 갖는다.

셋째, 동아리 구성원 간 대면접촉이 있고, 그들 간의 상호작용이 행해지는, 타 구성원들을 식별할 수 있을 만큼 구성원 상호 간의 개인적 인상과 지각을 가길 것 등의 특징을 갖춘 집단이며, 일정한 기간 동안 존속하는 집단으로서의 특성을 갖고 있다.

넷째, 청소년 동아리활동의 출발은 청소년 개개인의 관심과 흥미이다. 청소년들 자신이 관심을 갖고 있는 취미나 특기활동 중심으로 동아리가 구성되고 운영된다.

다섯째, 청소년들이 스스로의 취미나 관심을 좇아 마니아적으로 몰입하는 현상이나 직접적인 주체로서 연극제, 음악회, 축제, 발표회 등을 통하여 자기 자신을 표현하고자 하는 욕구들은 과거와 달리 이제는 청소년문화의 한 단면으로 이해해야 한다.

지역사회는 청소년이 경험할 수 있는 수많은 체험을 포함하고 있으며, 청소년들은 지역사회와의 끊임없는 상호작용을 통해 자신의 주요 활동 영역인 지역사회와 직·간접적인 영향을 주고받는다. 청소년은 지역사회 내의 다양한 활동과 참여의 기회를 제공받음으로써 건전한 사회구성원으로서 사회에 기여하는 동시에 자신의 능력을 개발하게 되는 것이다.

청소년의 동아리활동은 흥미와 관심, 가치관 등을 공유한 청소년들이 학교나 지역사회에서 자생적 혹은 공식적으로 조직되어 공동의 목표를 가지고 학교 정규 수업시간 이외의 시간에 지속적으로 활동하는 자치활동이다.

청소년들이 동아리를 조직하고 회원으로 활동하는 것은 단순히 취미를 즐기고 여가생활을 보내는 것이 아니라 또래 간 혹은 연령 간의 동아리활동을 통하여 새롭고 폭넓은 인간관계를 형성하고 새로운 지위와 역할을 담당하는 데 의미가 있다. 또 책임을 공유하고 협동하는 과정을 통해 개인이 성장하고 책임 있는 리더와 시민이 되는 기회를 줄 뿐 아니라 문제해결방법을 습득하고 자신의 잠재력을 최대한 발휘할 수 있게 한다.

이러한 동아리활동은 청소년의 정의적 행동 특성과 인간 형성, 사회적 적응, 학교적응, 리더십 생활기술 등에 긍정적인 영향을 미친다고 보고하고 있으며 동아리활동 자체가 청소년들의 관심에서 출발하여 그 운영과 활동 계획들이 청소년에 의해서 이루어지기 때문에 청소년들이 보다 다양하고 창조적인 활동을 만들어 나갈 수 있다는 점에서 그 의의를 발견할 수 있다.

학교 교육과정에서 동아리활동은 서로 같은 취미나 특기, 적성을 가진 학생들이 모여 자신의 소질과 적성을 창의적으로 개발하고 발전시킴으로써 자아실현의 기초를 형성하고, 사회성과 협동심을 기르고 다양한 자기표현 능력을 신장시키는 집단활동이며 종래의 클럽활동 또는 개발활동에 해당되는 것으로, 클럽활동은 제3차 교육과정에서 처음으로 특별활동의 하위영역으로 제시되었으며, 제7차 교육과정에 이르러 개발활동으로 명칭이 변경되었다가 2009 개정 교육과정에서는 창의적 체험활동의 하나인 동아리활동으로 자리 잡았다(교육과학기술부, 2010).

동아리활동의 적용시기는 〈표 12-1〉과 같다.

표 12-1 ■ 학교 동아리활동의 교육과정 연도별 적용시기

학년도	2007 개정 교육과정 (학교 급별 연차 적용)	2009 개정 교육과정 (학교 급별 동시 적용)	비고
2009	초1, 2		
2010	초3, 4 / 중1		
2011	초5, 6 / 중2 / 고1	초1, 2 / 중1 / 고1	
2012	중3 / 고2	초3, 4 / 중2 / 고2	
2013	고3	초5, 6 / 중3 / 고3	

2. 청소년 동아리활동의 주요 구성

1) 동아리활동의 목표와 구성 내용

청소년들의 자발적인 활동 참여를 통해 창의적인 사고와 사회성의 발달을 목적으로 하는 교육적인 활동이라고 할 수 있다. 청소년활동 자체가 임의적・맹목적으로 행하는 활동이 아니라, 청소년의 바람직한 성장과 발달이라는 구체적인 목적을 지향하는 활동이다.

동아리활동은 학업으로 지친 청소년들이 스스로의 문제요인을 찾아 주도적으로 극복하고 자신의 미래와 건강한 삶의 방향을 인식할 수 있는 유용한 방법 중의 하나로서 어떠한 방법으로 구성하는 것이 청소년들에게 체계적인지 그리고 이를 구성하는 원칙의 틀이나 방향은 형식화되어 있지 못한 것이 사실이다.

그럼에도 불구하고 동아리활동은 목표에서부터 실제 운영에 이르기까지 학교 내에서 교육과정을 편성하도록 하는 일정한 양식과 범주를 구성하여 제시하고 있다.

동아리활동의 분류기준은 무엇으로 선정하느냐에 따라서 다양한 형태로 구분될 수 있다. 일반적으로 동아리의 유형분류를 위한 기준으로 생각해 볼 수 있는 것으로 활동 내용, 활동장소, 공식성의 여부, 조직화 방식 등 여러 가지 기준이 가능하다.

먼저 활동 내용별 유형은 참여하는 청소년들이 공유하는 활동의 내용에 따른 분류로 문화동아리, 스포츠동아리, 학습동아리, 취미동아리, 과학동아리, 컴퓨터동아리, 봉사동아리 등이 있다.

또 동아리활동이 이루어지는 장소를 중심으로 분류할 수 있는데 학교동아리, 학교 밖 청소년시설과 단체 중심의 지역사회동아리, 사이버동아리 등이 있다.

그 다음으로 공공기관과의 관계에서 인정 여부에 따른 분류로 공식동아리, 비공식동아리 또는 인준동아리, 비인준동아리로 분류한다.

마지막으로 조직화 방식에 따른 분류로 동아리를 결성하는 주체가 누군가에 따른 분류를 해 볼 수 있다. 청소년 동아리활동은 청소년들에 의해 자율적으로 이루어진다 하더라도 사실상 많은 경우에 동아리가 청소년 자신 이외의 외부 매개체에 의해서 만들어진다는 점에 유의할 필요가 있다. 청소년에 의해 자생적으로 조직 활동을 하는 경우, 교사나 정책에 의해 조직되는 경우, 지역사회 단체나 기관에 의해서 조직화 되는 경우가 있다. 주로 지역사회의 청소년 수련관, 청소년문화의 집, 청소년동아리 등에서 연간 활동청소년을 모집하여 지원하는 유형이 여기에 속한다.

즉 청소년 동아리 가입형태에 따라 시설에 가입하여 활동하는 시설동아리, 청소년 관련 단체 및 봉사단체 등에 가입되어 활동하는 청소년단체동아리, 어디에도 소속되지 않고 청소년들의 자발적인 모임형태로 활동이 이루어지는 자생적 비가입동아리, 그리고 학교 내에서 CA 활동 및 정규교과과정 등으로 운영되는 학교동아리 등으로 나누기도 한다.

표 12-2 ■ 분류에 따른 동아리활동

구분	활동 내용별	활동장소	공식성	조직화방식
분류 기준	공유하는 활동의 내용	동아리결성의 근거지	공공기관과의 관계에서 인정 여부	동아리를 결정하는 주체
유형	• 문화동아리 • 스포츠동아리 • 취미동아리 • 과학동아리 • 컴퓨터동아리 • 봉사동아리	• 학교동아리 • 지역사회동아리 • 사이버동아리 • 자생동아리	• 공식동아리 • 비공식동아리 또는 인준동아리 • 비인준동아리	• 청소년주도동아리 • 지도자주도동아리 • 기관주도동아리

청소년 동아리활동은 자발적으로 참여하여 개개인의 소질과 잠재력을 개발신장하고, 자율적인 생활 자세를 기르며, 타인에 대한 이해를 바탕으로 배려와 나눔을 실천함으로써 공동체의식과 세계시민으로서 갖추어야 할 다양하고 수준 높은 자질 함양을 지향하는 것을 목표로 제시하고 있다(교육과학기술부, 2010).

동아리활동은 학생 스스로 자발적인 참여활동으로 잠재력 개발과 자아실현에 도움이 되며 여가선용의 생활습관, 지역축제와 함께 학교 교내의 동아리 경연대회를 통해 학생 간의 우의와 공정한 경쟁을 익히도록 하는 데 있다.

동아리활동은 학생들의 공통적인 관심사와 동일한 취미, 특기, 재능, 취미 등을 지닌 학생들이 함께 모여서 자발적인 참여와 운영으로 자신들의 능력을 창의적으로 표출해 내는 것을 주활동으로 하는 집단활동이다. 따라서 각기 다른 원하는 목적에 따라 다양한 부류로 어우러지는 활동이라고 할 수 있다.

2) 동아리활동 지도

동아리활동의 운영에서는 청소년 스스로 자발적인 참여로 이루어지도록 하며 지도교사는 청소년들이 동아리활동에 참여할 수 있도록 방향을 제시하고 운영과정상의 문제점을 해결해 주는 데 주안점을 두어 조력자로서의 역할을 하도록 한다. 동아리활동을 통해 창의적인 학습을 경험하게 하며 지시나 명령에 의한 암기식 교육에서 탈피하여 스스로 선택한 자발적인 활동으로 전문성을 키우기 위해 필요한 정보와 지식습득 경험이 이루어질 수 있도록 자율성을 둔다. 정규교육과정 시간 외의 방과 후 및 휴업일, 방학 동안에도 동아리활동시간을 개설하여 운영함으로써 부서활동 프로그램이 지속적이고 집중적으로 운영되도록 지원하는 것이 좋다.

또한 동아리활동 프로그램 활성화를 위해 교사는 지역사회의 우수한 인력과 시설을 적극 활용하는 방안을 강구하고 지역사회 인력을 활용하기 위해 지역 인사 및 학부모를 명예교사로 초빙 활용하고 청소년들의 개성, 취미, 흥미, 특기 등에 도움이 될 수 있도록 한다.

청소년들의 다양한 특기와 적성을 계발하고 청소년에게 자신감을 주기 위해 교사 및 학교 간 경연대회, 전시회, 발표회 등 많은 행사를 개최하고 그에 따른 시상 등을 강구하며 봉사활동과의 연계 등을 적극적으로 추진하여 청소년들에게 자발적인 참여와 다양한 자기표현의 기회를 부여하도록 한다.

3. 동아리활동의 운영 실태

1) 학교 동아리활동의 현황

학교 동아리활동 현황으로는 창의적 체험활동 교육과정이 도입된 2011년도에 학생 참여율이 큰 폭으로 상승하여, 사회성과 협동심을 기르기 위한 학교 내 동아리활동이 큰 폭으로 활성화되었다. 교육부 학교 정보 공시 시스템의 자료에 의하면 2009년 창의적 체험활동의 교육과정 개정 후 중·고 평균 21.1%였던 동아리활동이 2012년에는 중학생 15.2%에서 35.9%로 20.7% 향상되었으며, 고등학생의 경우도 31.7%에서 52.7%로 21% 향상된 것으로 나타나 동아리활동의 참여는 고등학생이 더욱 적극적인 활동을 하고 있음을 나타내고 있다.

또한 학교 동아리활동의 교육과정 적용 시기가 2007 개정교육과정 이후 학교 급별 연차 적용으로 초등학교 1, 2학년부터 적용되었던 것이 2009년 개정교육과정 학교 급별 동시 적용에 의하여 2013년에는 고3까지 동아리활동이 학교 교육과정 내에 편성되어 적용되고 있는 현황이다. 연도별 동아리활동의 참여율 현황은 학교 동아리활동이 교육과정 연도별 적용 시기는 〈표 12-3〉과 같다.

표 12-3 ■ 동아리활동의 참여율 현황

학교급 \ 연도	2009	2010	2011	2012
초	16.5%	18.1%	24.8%	41.1%
중	15.2%	16.9%	29.7%	35.9%
고	31.7%	36.0%	47.3%	52.7%
평균	21.1%	33.9%	33.9%	43.2%

출처: 최은아 (2013). p. 18.

2) 동아리활동을 위한 구성요소

동아리활동 활성화를 위해서 필요한 구성요소를 제시한 부분으로는 크게 환경적 요인, 프로그램 요인, 관계적 요인 등으로 구분할 수 있다(방형심, 2006). 이를 구체적으로 보면 환경적 요인에서는 활동 장소, 장비, 예산, 학업 병행 곤란을, 프로그램 요인으로는 전문적 교육 기회, 발표 기회, 교육 만족도 여부 등을, 관계적 요인으로는 구성원 간의 유대감, 동아리 지도자와의 친밀감, 부모님의 정도를 요인으로 제시하였다.

표 12-4 ■ 동아리활동 활성화 필요 요인

구분	요소	청소년 특성
환경적 요인	• 활동 장소 • 장비, 예산 • 학업 병행 곤란	청소년들은 자신이 개성과 흥미 위주로 소규모 모임을 구성하기 때문에 그 모임을 지원하는 주변 환경의 요소에 따라 소질과 재능을 발견하고 계발할 수 있는 가능성이 크기도 다르게 나타날 수 있다.
프로그램 요인	• 전문적 교육 기회 • 발표기회 • 교육 만족도 여부	청소년들은 동아리활동을 통해 자기의 능력과 소질을 계발하고, 여가 활동을 통해 관심 분야의 지식을 습득하여 자아를 확장해 간다.
관계적 요인	• 구성원 간의 유대감 • 동아리 지도자와의 친밀감 • 부모님의 간섭 정도	청소년들은 동아리활동에 참여하는 과정에서 지도교사나 선배와 같은 성인, 동아리 구성원 동료 등과 같은 다양한 인간관계를 경험하게 된다.

출처: 방형심 (2006).

청소년 동아리활동은 각자의 적성과 소질에 의한 적합한 교육을 선택하여 개발시키는 교육으로서 스스로의 학습능률을 올릴 수 있도록 지도자의 역할이 매우 중요하다. 하지만 그러한 동아리활동의 활성화를 저해하는 요인도 생각해 볼 수 있다. 첫째, 구성원 간의 인식 차이로 일어날 수 있는 관리자의 가치관, 지도자의 전문성 및 열정, 학생과 부모님과의 갈등을 들 수 있으며, 둘째, 교육과정 운영에서의 저해요인인 교육과정 편성의 경우 지역, 학교 구성원의 서로 다른 이해로 인하여 학생중심의 편성보다는 학사일정 편성을 위주로 한 균등한 편성이 동아리활동에 있어서의 다양성을 어렵게 한다. 셋째, 예산과 환경지원이다. 학교 자체 예산을 확보하는 데 어려움이 있거나 상시 활동할 수 있는 환경적 제약이 따른다면 동아리는 활성화되는 데 상당한 어려움을 겪게 될 것이다. 자체적인 예산확보와 국가예산 편성 지침이 필요하다.

4. 동아리활동 운영을 위한 지도

1) 다양한 교육과정 구성하기

청소년 동아리활동의 활성화를 위해서는 다양한 프로그램 구성과 청소년들의 다양성에 대한 이해가 필요하다. 즐거운 동아리활동은 활동 주체인 청소년의 즐거움과 재미가 있어야 되며 필요가 서로 부합되어야 한다. 학생이 원하는 동아리에 스스로 참여를 해야 되며 교사 또는 지도자의 일방적인 동아리참여 활동은 이러한 다양성을 저해하며 동아리활동에 대한 사기저하가 될 수 있다. 동아리에 대한 요구와 수요를 계속 파악하여 그들이 원하는 눈높이를 맞출 수 있는 노력이 반드시 필요하다. 또한 단순한 취미활동이나 안전과 학생지도에 초점을 두어 동아리활동을 다양화하지 않고 명목상의 동아리를 운영한다면 자발적인 참여 욕구를 이끌어내지 못할 것이다. 그러므로 동아리의 주체인 청소년을 중심으로 한 자기주도적인 동아리활동이 필요하며 학생의 필요와 요구에 맞는 동아리를 운영해야 한다.

표 12-5 ■ 주도적인 동아리활동 운영 조건

1	학생중심의 동아리활동	학생중심의 동아리활동을 주도적으로 계획한다.
2	동아리활동의 멘토링학습	동아리활동의 멘토와 멘티에 의한 선·후배 간의 자기주도적 활동을 지원한다.
3	자기주도적 토론 학습	자기주도적으로 동아리활동 토론의 주제를 선택하고 진행 발표한다.
4	자기주도적인 문제해결 습득	동아리활동 속에서 문제를 관찰하고 분석하여 자기주도적으로 해결한다.

출처: 최은아 (2013). 저자 정리.

또한 동아리는 다양한 교육과정이 구성되어야 된다. 학교별 특색 있는 동아리활동을 지원하고 지역사회와 연계하여 학생들의 요구가 최대한 반영될 수 있도록 구성하는 것이 좋다.

① 동아리 중심의 편성을 통한 프로그램 운영
② 교과 간 통합운영을 통한 교육과정 운영
③ 창의적 체험활동 하위 영역 간 통합프로그램 운영
④ 기존 동아리활동의 프로그램 활성화
⑤ 동아리활동을 위한 동아리활동 전산화
⑥ 동아리활동 프로그램 보급화
⑦ 동아리 프로그램 개발을 위한 전문가 참여 확대

2) 지역사회와 연계한 동아리활동

다양한 교육과정의 변화에 맞추어 동아리활동 지도자와 교사는 새로운 동아리활동에 대한 지식 습득을 해야 하며 지역 내 동아리활동을 할 수 있는 연계를 해야 된다. 청소년중심의 동아리활동을 운영하고자 한다면 그들의 요구에 맞는 학교 외 다양한 자원을 연계하여 제공해 주어야 한다. 최근 지역 내 창의적인 청소년동아리활동을 실현하는 자원이 많이 늘어나고 있다. 청소년 수련관, 박물관, 아트센터, 마을도서관, 기타 공공시설과 민간시설이 많이 확대되었다. 이러한 시설을 잘 찾아보면 동아리활동에 도움이 되는 유용한 시설을 활용할 수 있는 계획을 세우는 것이 좋다.

① 동아리활동을 위한 지역시설

(청소년수련관, 독서실, 문화교실, 지역기업, 지역신문, 기타)

② 동아리활동을 위한 지역사회 민간 초청강의

(지역 내 거주하는 전문가 초청강의, 전문지식, 정보수집)

③ 동아리활동 지역 전문가 활용

(음악, 미술, 연극, 공예, 과학, 발명, 전문기술인, 교수, 기타 영역)

④ 동아리활동과 연계한 전문가 초빙

(창업, 기업인, 기술인, 다양한 분야의 창작 예술인)

한국청소년동아리연맹 산하 한국청소년동아리연구회(2007)에서는 지역사회동아리활동을 중심으로 청소년동아리활동을 중심으로 청소년동아리 영역과 활동 내용을 기준으로 공연부문과 비공연부문으로 나누고 있다. 공연부문으로는 문화・예술활동을, 비공연부문으로는 여가, 과학정보, 체육, 국제교류, 상담, 교육, 봉사활동으로 구분하고 있다.

표 12-6 ■ 청소년 동아리활동 내용 분류체계

구분	활동영역	동아리활동 내용
공연부문	문화・예술	그룹사운드, 댄스, 무용, 악기, 연극, 노래, 음악, 난타, 마술 무대 공연 등
비공연부문	여가	대중문화활동(영화감상, 문화기획, 매체비평, 신문기자단 등)
		공예활동(한지, 비즈, 점토, 원예 등)
		제작활동(풍선아트, 만화, 사진, 캐릭터 등)

	미용, 디자인(네일아트, 메이크업, 의상디자인 등)
	기타(서예, 바둑, 독서, 요리, 의료, 여행, 다도, 수예, 오리엔티어링 등)
과학정보	컴퓨터 활동(인터넷, 홈페이지 제작, 플래시, 웹디자인, 게임 등)
체육활동	구기운동(농구, 축구, 야구 등) 비구기운동(줄넘기, 검도, 펜싱, 롤러스케이트, 사이클, 육상 등), 수상스포츠(수영, 수상훈련, 레프팅 등), 격투(태권도, 택견 등), 공계스포츠(스키, 스케이트, 아이스하키 등), 기타(헬스, 에어로빅, 등산, 클라이밍 등)
국제교류	국제교류 캠프, 홈스테이, 해외연수, 국제세미나 등
상담활동	또래상담, 진로탐색, 학교폭력예방, 금연교실 등
교육활동	인성교육, 성교육, 영어, 한문, 중국어, 불어 등
봉사활동	일손돕기, 위문활동, 캠페인활동, 자선구호활동, 환경시설보전, 지도활동(동급생지도, 하급생지도 등) 등

출처: 이승렬 (2013).

3) 학교 특색활동과 동아리활동 연계

학교 또는 타 기관에서 하지 않는 독특하고 창의적인 동아리활동 체험을 통하여 인성과 사회성을 기를 수 있는 토대로 마련해야 된다. 또한 학교 동아리활동은 교과과정 운영만큼 운영방식이나 시수 시간, 교육과정에 따른 형식적 내용적 제한이 정해져 있지는 않지만 전반적인 학교 운영방침이나 지침 등을 고려한 교육환경 및 학교문화에 영향을 받을 수 있다. 특히 학교 동아리활동이 창의적 체험활동의 일부로 운영되고 있고 정규교과과정을 운영하는 가운데 각 학교마다 창의적 체험활동의 운영방식이나 원칙이 정해지기 때문에 동아리활동의 운영방식이나 활동 내용은 정규교과과정의 운영 원칙과 별도로 운영되기는 어렵다. 학교의 특색 있는 동아리와 지역에 있는 동아리와의 연계는 평소 학교에서 하지 못하는 제한된 환경에서 벗어나 그들의 재능과 끼를 마음껏 펼칠 수 있을 환경적 공간과 학교 밖 지도자와의 연계로 더욱 활성화될 것이며 역량을 키울 수 있을 것이다.

5. 청소년 동아리활동 지도

청소년 동아리활동 지도를 위해 청소년들이 스스로 참여 의식을 가질 수 있도록 청소년들의 욕구 조사를 통해 자발적 흥미와 참여를 이끌어내는 것이 중요하다. 청소년들이 사회의 구성원으로서 참여하기 위한 지식, 기술 및 태도를 학습하는 기회를 제공 받아 성숙한 책임의식을 가질 수 있도록 지도해야 한다.

청소년 동아리활동 지도에 있어서 청소년지도자들의 다음과 같은 잘못된 생각들이 지적되고 있다. 첫째, 청소년들을 각종 회의나 위원회에 배치하기만 하면 된다는 생각이다. 청소년이 배치된다는 것은 청소년 참여이긴 하지만 청소년이 참여할 수 있는 정도의 한계가 있으며, 명목성과 배타성이라는 위험요소가 존재한다. 소수의 청소년이 성인집단 속에서 아무런 역할도 하지 못하고 있는 상황이라면 명목성의 문제가 나타난 것이고, 어떤 집단에 특정한 청소년만이 들어갈 수 있는 상황이라면 배타성의 문제가 나타난 것이다. 참여의 과정은 성인 및 청소년이 참여하여 의사결정과정을 함께 할 수 있도록 하는 것이고, 누구나 차별받지 않고 함께 할 수 있도록 하는 것이다. 둘째, 청소년 참여가 성인 지도자 혹은 교육자로서의 역할을 청소년에게 넘기는 것이라는 생각이다. 성인은 청소년이 의사결정을 하는 과정 속에서 공적 규범과 가이드라인을 인식하도록 하고, 구체적인 사례를 제시하여 의사결정과정을 도와야 한다. 비판적 지도자로서의 역할 및 지역사회 자원과 청소년을 연결시켜주는 역할을 해야 한다. 셋째, 청소년들에게 필요한 것은 기회일 뿐이고 다른 준비는 다 되어 있다는 생각이다. 청소년이 참여과정에서 해야 하거나 알아야 할 지식이나 방법은 교육과정에서 배우는 것과는 차이가 있다. 청소년은 의사결정에 필요한 기술을 배울 수 있는 시간이 필요하다. 넷째, 성인들은 모든 준비가 되어 있다는 생각이다. 성인들도 청소년과의 파트너십을 위해서 지속적인 훈련과 개발이 필요하다. 청소년에 대한 이해와 청소년과 함께 일하는 방식 등 성인이 가지고 있는 틀을 변화시켜야 한다(김경준, 2004).

1) 동아리활동의 조직화

청소년조직화의 과정은 다음과 같다. 첫째, 개발과 기술훈련이다. 핵심적인 청소년리더와 회원들은 청소년활동을 실천하고 조직하기 위한 발달적이거나 정치적인 기술들을 배우게 된다. 청소년은 개인적인 문제에서 글로벌 이슈까지 포함하여 소규모 집단 혹은 대규모 집단형식의 토의를 통해 논의하게 된다. 정치적 교육영역은 청소년이 보다 넓게 사회경제적 힘이 청소년의 삶에 어떻게 영향을 미치는지를 이해하게 돕는다. 청소년은 대중 앞에서 말하는 방법, 미디어 다루기, 구성원 조직화의 개인적인 기술을 개발하기도 한다.

둘째, 새로운 구성원의 모집이다. 청소년 리더는 새로운 구성원을 모집하도록 하며 이러한 과정은 청소년들이 의사소통기술을 개발하는 과정이기도 하다. 회원모집활동은 일대일 방식, 가족, 학교 및 다른 조직에서의 연결된 또래관계, 문화공연, 청소년축제, 열린 토론이나 설명회 등을 통해 이루어진다. 이러한 실천들은 조직에 대한 소속감 개발에 관련된다.

셋째, 조직의 평가 및 주요 이슈의 명확화이다. 청소년과 청소년조직이 직면한 문제와 요구는 조직구성원의 평가를 통해 알 수 있다. 청소년은 조직의 지속성에 영향을 주는 규칙을 분석하기도 한다.

넷째, 캠페인 활동과 실천이다. 조직화되는 집단은 주위의 중요한 이슈들을 설정하게 하며 캠페인 활동의 목적과 바람직한 결과의 명확하게 포함한다. 조직에서 청소년은 미리 선정된 의사결정자에게 어떻게 영향을 미칠 것인지 혹은 청소년들의 자신들의 장점과 약점을 찾아내도록 하는 분석을 수행한다. 청소년조직은 캠페인 활동에 반응하도록 의사결정자를 설득하기 위한 방안을 모색한다.

청소년을 대상으로 한 서비스의 제공에서부터 청소년조직화에 이르기까지의 단계는 청소년서비스, 청소년개발, 청소년리더십, 시민참여 및 청소년조직화 등으로 제시될 수 있다. 첫째, 청소년서비스 단계는 청소년을 클라이언트로 정의하며 개인적인 문제와 병리에 관한 서비스를 제공한다. 청소년서비스 프로그램은 치료와 예방이 강조된다.

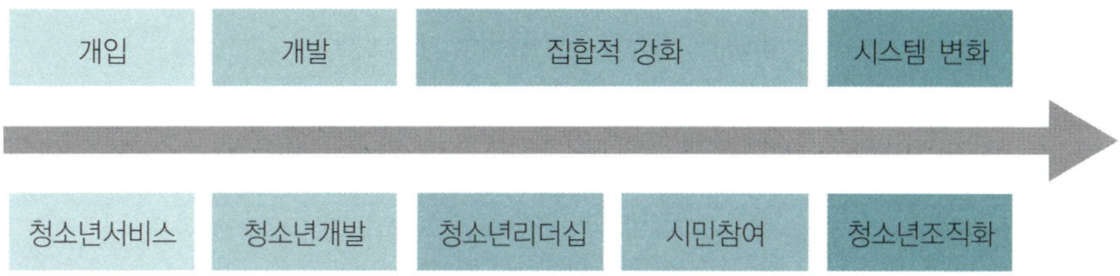

그림 12-1 ■ 청소년 참여의 조직화

둘째, 청소년개발 단계는 청소년에게 서비스와 지원을 제공하며 어른의 보호와 안전한 공간을 확보하는 단계이다. 청소년의 성장과 개발을 위한 기회를 제공하며 청소년이 있는 곳이라면 어디든 개발이 이루어진다. 청소년의 개인적 역량을 구축하며 연령에 적합한 지원을 제공한다. 개발은 청소년과 어른의 파트너십을 형성하게 한다. 셋째, 청소년리더십 단계이다. 청소년개발의 요소를 포함하며 프로그램과 조직에서 청소년 리더십개발의 기회를 구축한다. 청소년이 공동체와 자신의 경험에 대한 역사와 문화를 이해하도록 하며 의사결정자 및 문제해결자로서 청소년의 역량과 기술을 개발한다. 넷째, 시민참여 단계이다. 청소년개발 및 청소년리더십의 요소를 포함하며 청소년이 정치인식이나 교육에 참여하는 것이다. 시민참여란 청소년의 권력분석기술 및 역량구축과 사회 이슈에 대한 행위이며 사회 변화의 주체로서 청소년의 집합적 정체성을 구축한다. 다섯째, 청소년조직화이다. 청소년개발, 청소년리더십 및 시민 참여의 요소를 포함하며 회원들을 토대로 구축된다. 청소년이 핵심적인 스텝이나 임원으로 참여하며 직접적인 사회행위의 참여와 정치적 조직화에 이르게 된다.

표 12-7 ■ 청소년 참여의 조직화

<table>
<tr><th>유형</th><th>전략</th><th>주요 특징</th></tr>
<tr><td>청소년서비스</td><td>개입</td><td>청소년을 클라이언트로 정의
개인적인 문제와 병리에 관한 서비스를 제공
프로그램은 치료와 예방이 강조됨</td></tr>
<tr><td>청소년개발</td><td>개발</td><td>서비스와 지원을 제공
어른의 보호와 안전한 공간의 확보
청소년의 성장과 개발을 위한 기회의 제공
청소년이 있는 곳에서 이루어짐
청소년의 개인적 역량을 구축
연령에 적합한 지원의 제공
긍정적인 정체성의 강조
청소년과 어른의 파트너십 형성</td></tr>
<tr><td>청소년리더십</td><td rowspan="2">집합적
강화</td><td>청소년개발의 요소를 포함
프로그램과 조직에서 청소년리더십개발의 기회를 구축
청소년이 공동체와 자신의 경험에 대한 역사-문화적 이해
의사결정자 및 문제해결자로서 청소년의 역량과 기술을 개발
청소년이 지역사회 프로젝트에 참여</td></tr>
<tr><td>시민적 참여</td><td>청소년개발 및 청소년리더십의 요소를 포함
청소년이 정치인식이나 교육에 참여
청소년의 권력분석 기술 및 역량구축과 사회이슈에 대한 행위
사회변화의 주체로서 청소년의 집합적 정체성을 구축
청소년이 협상이나 지지활동에 참여</td></tr>
<tr><td>청소년조직</td><td>제도적
변화</td><td>청소년개발, 청소년리더십 및 시민적 참여의 요소를 포함
회원 토대의 구축
핵심적인 스탭이나 임원으로 청소년의 참여
직접적인 사회행위의 참여와 정치적 조직화
사회연합과 연대에 참여</td></tr>
</table>

2) 조직화의 역량지도

청소년조직화는 개인적 수준 및 공동체 수준의 목표를 두고 있다. 청소년조직이 청소년 및 공동체에 주는 영향은 다음과 같다.

먼저 청소년에게 미치는 영향이다. 청소년 조직화 및 청소년개발의 전략은 청소년의 긍정적인 정체성, 지식과 기술의 확대, 공동체에 대한 열정적인 헌신 등을 이루려고 한다. 청소년조직의 특정한 영향은 문화역량, 개인역량, 시민역량, 정치역량, 인지역량, 사회역량 등 6가지 역량에 관련된다.

첫째, 문화적 역량으로 청소년조직은 청소년이 문화인지능력, 자아존중감 및 자기성찰을 기르도록 한다. 문화역량은 청소년이 자신들의 가치와 정체성을 새롭게 하도록 하며 공동체와 사회에 헌신할 수 있도록 한다. 둘째, 개인역량으로 청소년조직화는 청소년이 자신의 문제와 다른 사람에 관한 문제를 해결할 수 있는 능력을 기르도록 한다. 개인역량은 청소년이 지속적으로 자신들의 가치에 대한 선택이나 의사결정을 하도록 한다. 셋째, 시민역량으로 청소년조직화는 청소년이 공동체와의 연계를 강화하고 공동체의 활성화를 위한 비전을 개발하도록 한다. 시민역량은 청소년이 공동체에서 능동적인 시민으로서 역할을 이해하도록 만든다. 넷째, 정치역량으로 청소년조직화는 청소년이 학교 혹은 전통적 조직의 가치를 이해하고 법적, 복지적, 교육적인 측면에서 사적시스템과 공적시스템 간의 공정하지 않은 조건을 비판하고 바꿔가면서 협상과 조화를 이루는 능력을 함양하는 것이다. 다섯째, 인지역량으로 청소년조직화는 청소년이 의사결정기술, 문해 및 분석기술, 의사소통기술, 전략적 기획의 개발과 실현능력, 조직화 과정 기술을 기르도록 한다. 인지역량은 청소년이 공동체의 프로젝트와 조직발전에 전략적이고 의미 있는 방식으로 참여하도록 한다. 여섯째 사회역량으로 청소년조직화는 청소년이 집단역동의 인지, 팀 구축 전략, 갈등조정, 문화 간 존중 및 타인의 정체성을 받아들이도록 한다. 사회역량은 청소년이 또래관계 혹은 부모관계에서 원만하게 구축하도록 한다.

다음으로 청소년조직화가 공동체에 대한 미치는 영향이다. 청소년은 백지상태에서 자라지 않는다. 관계와 의사결정의 연결망은 청소년의 생활에 많은 영향을 미치고 있다. 공동체에 있어 공식적 조직 및 비공식적 조직에서 청소년과 어른들과의 관계는 매우 약화되어 있다. 공동체에서 능동적인 청소년의 존재는 공동체의 자산임을 보여주며 공동체의 생활에 대한 실제적인 개선책을 달성하도록 한다. 청소년이 시민사회에서 중요한 역할을 한다고 전제할 때 청소년이 사회의 공적 담론에 참여함으로써 공동체는 많은 긍정적인 영향을 받게 된다. 청소년조직화는 청소년을 존중하도록 유도한다. 청소년이 지방자치단체, 청소년정책 및 시민사회에 많이 참여하면서 청소년의 집합적 영향은 사회 및 공동체 변화를 주도하는 기본적인 영역이 된다. 확대된 청소년의 영향력은 우리 사회와 공동체에서 개인 및 제도에 의한 청소년의 시민권이나 다른 권리들을 광범위하게 보장하도록 한다. 청소년조직화는 이웃, 공동체, 시군 및 국가수준의 사회적 변화를 성취하도록 만든다. 청소년조직화는 청소년이 또래연합 및 청소년과 어른의 연합으로 협력하도록 만든다(김은경, 2015).

13

chapter

국제교류와 청소년지도

1. 청소년국제교류의 개념과 목적
2. 청소년국제교류의 현황
3. 청소년국제교류의 해외사례

13 국제교류와 청소년지도

1. 청소년국제교류의 개념과 목적

1) 국제교류의 개념

오늘날은 국제화·정보화 시대로서 세계가 하나의 경제단위로 급속히 통합되는 과정이며 경제적 의미의 국경은 무의미해진 지 오래이다. 새로운 시대의 새로운 생활양식으로 국내적으로나 국제적으로 다원적 가치관을 공유하게 되어 상호 간의 경제적, 문화적, 사상적 흐름을 이어가면서 문제해결을 할 수 있는 발상이 필요하다. 즉 세계가 지구촌화(globalization)되면서 모든 것을 하나의 인류사회(human society) 내지 세계공동체(world community) 차원에서 사고하게 되었다.

교류란 물이 서로 섞여서 흐른다는 의미이다. 이러한 맥락에서 국제교류란 서로 다른 나라 간의 쌍방향 흐름을 뜻하므로 수직적인 차원이 아니라 수평적인 차원의 흐름이다(한국지방자치단체국제화재단, 2006: 21). 과거의 국제교류는 지금보다는 훨씬 제한적이고 편향된 측면을 많이 가지고 있었다. 그러나 오늘날의 국제교류는 통신과 교통수단 등 물질문명의 발달로 인하여 세계의 여러 나라나 기관이 상호 이해를 도모하고 존중하는 차원에서 훨씬 대등한 관계로 발전하고 있다. 국제교류의 의미도 국제통상이나 외교관계를 넘어 다양하게 변화되고 있다(김판석, 2000: 10).

이은재(1990)는 국제교류를 "서로 다른 문화의 교류로서 물건, 화폐는 물론 다른 문화를 가진 사람과 서로 다른 문화 속에서 이루어진 정보가 교환되고 협조되어 서로 부딪치는 것"으로 정의하였으며, 황정홍(1998)은 국제교류를 "서로 다른 문호의 교류, 인간, 물자, 자본, 정보의 국경을 초월한 쌍방 간의 흐름"이라고 정의하였다. 박성수(2001)는 국제교류를 "개인, 집단, 기관, 국가 등 다양한 주체들이 각각의 우호, 협력, 이해 증진 및 공동 이익도모 등을 목적으로 상호 간에 자원, 정보, 문화 등을 교환하는 협력관계"로 정의하고 있다.

2) 청소년국제교류의 목적

(1) 청소년국제교류의 필요성

현재 아동·청소년 글로벌 역량개발을 위한 국제교류사업은 ① 국가 간 교류협정(26개국과 체결)에 의한 교류와 ② 청소년해외체험 프로그램, ③ 외국청소년 초청 국제행사 개최, ④ 한·중·일 특별교류 등으로 구분되어 있다.

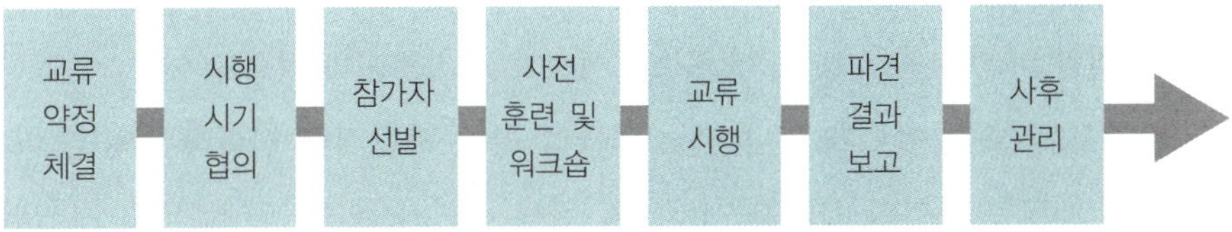

그림 13-1 ■ 국가 간 청소년교류 추진절차

청소년국제교류는 국제화, 개방화 시대에 청소년의 국제적 능력배양을 통한 글로벌리더십 함양, 국가 간의 우의와 협력 증진 등을 목적으로 하는 국제적 활동으로서, 정부차원에서는 국가청소년위원회가 '정부 간 청소년 교류', '청소년 해외체험 프로그램', '국제행사 개최 및 지원' 등의 사업을 시행하고 있고, 지방자치단체에서는 외국 자매도시 등과의 지방자치단체 간 국제교류, 민간부문에서는 청소년단체 간의 국제교류 등을 시행하고 있다. 또한 청소년들의 국제교류 참여수요가 날로 늘어나고 있어 이를 충족하기 위한 다양한 국제교류 프로그램 개발과 사업확대가 추진되고 있다.

청소년국제교류의 중요성은 그동안 학교교육과정뿐만 아니라 많은 서적에서도 널리 인정되었다. 청소년국제교류는 눈에 보이는 성과가 바로 나오는 것이 아니므로 기본적으로는 세계시민으로서의 자질과 국제적인 시야를 갖는 인간을 양성하는 것이 목적이다. 청소년기라는 감수성 강한 시기에 외국 동년배의 학생 또는 외국인과 직접 만나고 토론과 생활을 함께하고 외국인을 통해 타 문화에 접하는 것은 의의가 매우 크다. 청소년국제교류는 책과 영상수준이 아닌 색다른 문화권의 사람들과 직접 접하는 활동이기 때문에 상호 공통성을 쉽게 발견하게 된다. 그러므로 경우에 따라서는 지속적인 교류관계로까지 발전하기도 한다. 나아가 서로 다른 문화를 접하면서 문화상대주의 입장에서 각국의 문화를 존중하는 의식도 키우게 된다.

청소년들은 국제교류활동을 통해 지구의 문제들에 대해 각자의 의견을 교환하고 각국의 현실을 알려줌으로써 인류는 서로 협력해야만 한다는 것을 더욱 실감하게 될 것이다. 따라서 우리 사회는 청소년들이 세계시민의 관점에서 생각하고 행동할 수 있는 열린 마음과 문화의식을 지니고, 세계화 시대를 주도적으로 이끌어가는 능력을 갖추도록 도울 필요가 있다. 청소년들의 삶에 바람직한 변화의 영향을 미칠 수 있는 국제교류 경험의 기회를 제공하기 위해 사회의 실제적인 노력이 수반되어야 할 것이다.

법적 정의에 따르면 '청소년국제교류의 목적은 공동체의식 등의 함양'이다(청소년활동진흥법, 제2조4항). 국제교류를 통해 추구하는 공동체의식은 국가 간 공동체의식, 국제사회 구성원으로서의 공동체의식을 의미한다. 이러한 법적 정의에 따르면 국제교류의 목적이 '글로벌 시티즌십'과 맞닿아 있음을 알 수 있다.

2. 청소년국제교류의 현황

1) 청소년국제교류활동

청소년국제교류의 추진 근거는 「청소년활동진흥법」 제54조(국제청소년교류활동의 지원) 제2항에 "국가는 다른 국가와 청소년교류협정을 체결하여 국제청소년교류활동이 지속적으로 발전할 수 있도록 조성하여야 한다"라고 명시되어 있다. 한국은 1965년 한-말레이시아 청소년교류 약정 체결 이후, 1979년 한-말레이시아 국가 간 교류를 시작으로 2015년 현재 34개국과 약정을 체결하고 있으며, 소요경비는 상호주의 원칙(초청국: 체재비, 파견측: 왕복항공비)에 따라 부담하고 있다. 프로그램 개요로는 먼저 참가자격으로 대한민국 국적을 가진 만 16~24세 청소년으로 해외여행에 결격사유가 없어야 하며, 주요 활동 내용으로는 청소년담당 부처 및 청소년단체 또는 기관방문과 양국 문화교류 및 체험, 토론회, 문화체험, 탐방활동을 하고 있다.

표 13-1 ■ 국가 간 청소년교류 체결현황(총 34국)

아시아(10개국)	중국, 일본, 말레이시아, 몽골, 베트남, 필리핀, 인도, 인도네시아, 싱가포르, 부르니아
유럽(10개국)	러시아, 프랑스, 체코, 폴란드, 핀란드, 헝가리, 그리스, 터키, 스페인 불가리아
중남미(3개국)	칠레, 멕시코, 콜롬비아
중동, 아프리카(11개국)	사우디, 이스라엘, 이집트, 수단, 모로코, 파키스탄, 아제르바이잔, 튀니지, 카메룬, UAE, 카타르

출처: 청소년국제교류네트워크 (2015). http://iye.youth.go.kr (2015년 12월 5일 인출)

청소년들이 국제무대에서 활동할 수 있도록 지원하는 국제회의 참가단은 "청소년을 세계의 주역으로"라는 슬로건을 바탕으로 청소년의 국제적 능력을 배양하고 국가경쟁력을 높이기 위해 2008년부터 청소년 해외체험 프로그램을 추진해 왔다. 2014년에 이루어진 청소년국제교류활동 현황을 살펴보면 다음과 같다.

표 13-2 ■ 2014년 청소년국제교류활동 현황

구 분	교류 규모	시기 및 기간	주요 내용	참가대상
국가 간 청소년교류	5~40명	연중	청소년기관 방문 교류활동 홈스테이	만 16~24세
한·중청소년 특별교류	초청 500명 파견 494명	6~10월	청소년관련기관방문 교류활동, 토론회, 가정방문, 문화체험	만 16~24세
국제회의· 행사파견	파견국 4명 파견인원 16명	연중수시 5~20일	국제회의 행사파견으로 청소년파견	만 16~24세
청소년해외 자원봉사	시생국가 8개국 파견팀 16개 파견인원 311명	6~10월 중 10일 이내	개발도상국 아동청소년지역주민을 위한 노력봉사, 교육봉사	만 15~20세
한·중·일 청소년우호만남	일본 사정으로 미개최 파견국 일본		청소년기관 방문 토론 및 세미나 문화체험	만 18~24세

출처: 청소년국제교류네트워크 (2015). http://iye.youth.go.kr (2015년 12월 5일 인출).

〈표 13-2〉에서 보면 한·중·일 청소년 우호만남 및 미래포럼사업은 주최국의 사정으로 2년째 유보되고 있고, 신규 사업으로 저개발국 청소년활동지원(ODA)사업은 신규 사업으로 진행되었다. 그 밖에 행정적 사업으로 국제교류 시스템 통합구축사업, 국제교류 홍보사업, 사후관리사업 등이 있다.

2) 해외자원봉사 교류활동

다음으로 청소년 해외체험 프로그램이 있다. 청소년들이 국제무대에서 활동할 수 있도록 지원하는 국제회의·행사참가단과 해외자원봉사단 활동이 있다. 국제회의·행사참가단은 "청소년을 세계의 주역으로"라는 슬로건을 바탕으로 청소년의 국제적 능력을 배양하고 국가경쟁력 제고 차원에서 2008년부터 추진해왔다. 2013년에 이루어진 청소년국제교류활동 현황을 살펴보면 〈표 13-3〉과 같다.

표 13-3 ■ 2013년 청소년국제교류활동 현황

구분	교류규모	시기 및 기간	주요 내용	참가대상
국가 간 청소년교류	– 총 623명 • 초청 19개국 304명 • 파견 22개국 319명	4~11월 (6~15일 내외)	교류활동, 기관예방, 세미나, 문화체험, 홈스테이 등	만 16~24세 청소년
한·중청소년 특별교류	– 총 485명 • 1차 중국파견 198명 • 2차 중국파견 287명	6·9월 (7박8일)	청소년기관예방, 교류활동, 가정방문, 문화체험 등	만 16~24세 청소년
국제회의·행사 파견	– 총 42명 • 동아리 4개팀 22명 • 개인 20명	2~11월 (4~21일 내외)	해외의 국제회의·행사 파견으로 청소년 파견	만 9~24세 청소년
청소년 해외 자원봉사	– 총 457명 • 9개국 23개팀	7~8월 (10일 내외)	마을시설보수, 교육봉사 등 해외자원봉사 등	만 15~24세 청소년
총 계	1,607명			

출처: 여성가족부 · 한국청소년활동진흥원 (2013).

청소년 해외자원봉사단은 청소년국제교류활동 중 해외체험프로그램의 일환으로 추진되는 사업으로서 청소년들의 자아실현과 글로벌 역량강화 및 세계 시민의식 함양을 목적으로 대한민국 청소년을 개발도상국 및 저개발국에 파견하고 있다. 주요 프로그램 내용은 노력봉사, 교육봉사 등 저개발국 아동·청소년·지역주민 등을 위한 활동 및 문화체험 등이 주를 이룬다. 참가자격은 대한민국 국적을 보유한 만 15~24세 청소년으로 해외여행에 결격사유가 없는 자이다.

청소년정책사업 중 국제개발협력의 취지에 가장 부합되는 대한민국 청소년 해외자원봉사단은 다음과 같은 사업배경과 활동 목적을 지향하고 있다. 먼저 사업 배경은 "공동체적 삶의 의미와 책임의식을 체득하기 위한 사회참여 현장을 해외로 확대함으로써 청소년의 세계시민의식을 배양하고 이를 통하여 환경, 빈곤, 평화 등 지구촌의 다양한 문제에 적극적으로 참여하는 계기"를 마련하는 것이다. 주요 사업 목적은 아래와 같다(여성가족부·한국청소년활동진흥원·전국청소년활동진흥센터협의회, 2012: 19).

[사업목적]

- MDGs(새천년개발목표)의 달성을 위한 전 세계적인 활동에 참여
- 청소년의 직업과 글로벌 리더십 향상을 위한 사회참여 현장의 해외 확대
- 청소년의 세계시민의식(Gloval citizenship) 함양과 역량 강화
- 청소년의 공동체적 삶의 의미와 책임의식 체득을 위한 인도주의적 세계관 배양
- 저탄소 지속가능한 개발에 대한 현실적 경험과 건강한 국가관 형성
- G20체제에 대응하는 한-아세안 관계증진을 위한 국가이미지 제고 및 협력 활성화

2015년까지 진행된 청소년 해외자원봉사단 파견 현황은 〈표 13-4〉와 같다.

표 13-4 ■ 대한민국 청소년 해외자원봉사단 파견 현황

시기	시행국가	파견팀	파견인원	비 고
2005	1개국	1개	35명	캄보디아
2006	14개국	23개	436명	태국, 캄보디아, 러시아, 네팔, 필리핀, 베트남, 우즈베키스탄, 중국, 인도, 방글라데시, 인도네시아, 파키스탄, 몽골, 스리랑카
2007	16개국	32개	593명	태국, 캄보디아, 러시아, 네팔, 필리핀, 베트남, 우즈베키스탄, 중국, 인도, 방글라데시, 인도네시아, 말레이시아, 파키스탄, 몽골, 스리랑카, 미얀마
2008	12개국	41개	715명	태국, 캄보디아, 러시아, 네팔, 필리핀, 베트남, 라오스, 우즈베키스탄, 중국, 인도, 방글라데시, 인도네시아
2009	12개국	34개	630명	태국, 캄보디아, 네팔, 필리핀, 베트남, 우즈베키스탄, 중국, 인도, 방글라데시, 인도네시아, 라오스, 동티모르
2010	12개국	34개	654명	태국, 캄보디아, 네팔, 필리핀, 베트남, 중국, 인도, 방글라데시, 인도네시아, 몽골, 스리랑카, 라오스
2011	11개국	34개	704명	캄보디아, 인도, 인도네시아, 필리핀, 스리랑카, 네팔, 방글라데시, 라오스, 베트남, 중국, 태국

2012	5개국	8개	160명	캄보디아, 베트남, 라오스, 필리핀, 우즈베키스탄
2013	9개국	23개	457명	캄보디아, 우즈베키스탄, 태국, 인도네시아, 중국, 몽골, 스리랑카, 필리핀, 베트남
2014	8개국	16개	311명	라오스, 몽골, 베트남, 우즈베키스탄, 인도네시아, 중국, 캄보디아, 필리핀
2015	8개국	15개	299명	캄보디아, 베트남, 카자흐스탄, 필리핀, 중국, 몽골, 인도네시아, 말레이시아

출처: 청소년국제교류네트워크 (2012). http://iye.youth.go.kr/iye/pgif/odi/view.do (2016년 11월 20일 인출).

3. 청소년국제교류의 해외사례

1) 영국의 ICS 프로그램

영국의 ICS(Internatinal Citizen Service) 프로그램은 세계적인 청소년 해외자원봉사 프로그램으로 그 시작은 DFID(Departent for International Development)에 의해 발표된 파일럿 프로그램으로 2011년 3월부터 2012년 11월까지 18개월 동안 18세부터 25세 미만의 청소년을 대상으로 국제개발협력에 대한 인식을 제고하고, 전 세계에 영향을 미치는 '글로벌시민' 양성을 목표로 시작되었다.

영국의 가장 대표적인 해외봉사단 파견 기관인 VSO(Voluntary Service Overseas)는 1958년 설립된 영국을 대표하는 자원봉사단체로 청소년부터 중장년층까지 일정한 자격요건을 갖춘다면 누구나 지원할 수 있는 다양한 해외봉사 프로그램을 진행하고 있다(김정숙 외, 2014). 이 VSO (Voluntary Service Overseas)의 산하 18세 이상 25세 이하의 청소년을 위한 프로그램인 ICS(International Citizen Service)는 2012~2015년 3년간 7000여 명의 영국 청년들에게 국제개발에 참여할 수 있는 기회를 제공함으로써 영국뿐만 아니라 국제사회의 시민성을 개발하도록 하고 나아가 협력국가의 빈곤문제 개선에 목표를 두고 있다.

프로그램은 영국의 원조전담 기관인 DFID(Department for International Development)가 기획과 재정지원을 담당하며, 운영은 10개의 단체로 이루어진 ICS 컨소시엄(consortcium)이 맡는다. VOS는 ICS 컨소시엄을 이끄는 주요 기관으로서 DFID와 계약을 맺고 프로그램 실행에 관한 책임을 진다. 처음 파일럿 프로그램이 도입될 당시에는 6개의 단체로 시작된 ICS 컨소시엄은 파일럿 최종 성과보고 이후 전체 프로그램의 발전과 요구에 따라 그 규모와 참여기관의 수 또한 증가하고 있고, 성공적으로 평가되고 있는 ICS 프로그램은 'IVO4All' 프로젝트로 영국뿐만 아니라, 전 유럽연합을 대상으로 진화하여 2016년 시행될 예정에 있다.

(1) 목표

ICS는 영국 정부가 직간접적으로 기획하고 개입한 대표적인 해외봉사 프로그램으로 다양한 배경을 가지 영국의 18세 이상 25세 이하의 청년들을 대상으로 2012~2015년(3년) 동안 국제개발에 참여할 수 있는 기회를 제공함으로써 봉사단원의 자기계발과 시민의식의 개발, 파견국가와 지역사회의 발전을 통한 빈곤퇴치를 목표로 한다.

ICS의 프로그램은 모집 → 평가 및 선발 → 사전 교육 → 파견배치 → 현지보고 → 현지활동 6단계로 이루어진다. 첫째는 청소년 자원봉사자 개인별 자기계발, 즉 역량강화, 둘째는 빈곤과 새천년개발목표(MDGs, 2012년 파일럿 프로그램 도입 당시) 달성에 기여, 셋째는 ICS 자원 봉사자로서 국내 복귀 후 개발의 주요 이슈에 대해 자국민에게 영향력 있는 활동가(Active Citizen) 양성에 대한 기대를 반영하여 기획되었다.

(2) 선발기준

ICS는 정부가 주도하는 봉사단원이며, 봉사단원을 모집・선발하는 과정에서 영국 사회의 다양성을 반영하고자 한다. 실제 다양성에 대한 강조는 기존 자원봉사 프로그램이 중상류층 자녀 위주의 참가, 특정국가와 도시에 편중되어 있다는 비판과 달리 비교적 성공적이라는 평가를 받고 있다. 이 프로그램의 궁극적인 관심사는 해외봉사에 참가하는 영국 청년들의 세계시민성 고취에 있다. 하지만 12주라는 비교적 짧은 교육 훈련기간, 사업 추진기간 등으로 한계가 있다는 지적을 받고 있다 (글로벌발전연구원, 2012; 김정숙 외, 2014 재인용).

(3) 활동분야

2014년 12월에 발간된 연간보고서에 따르면 ICS 봉사자들의 활동분야는 [그림 13-2]와 같이 교육 22%, 보건 22%, 생계지원 20%, 시민참여 촉진활동 16%, 환경 11%, 그리고 프로젝트 수행에 따른 활동지원 9%로 나타났다.

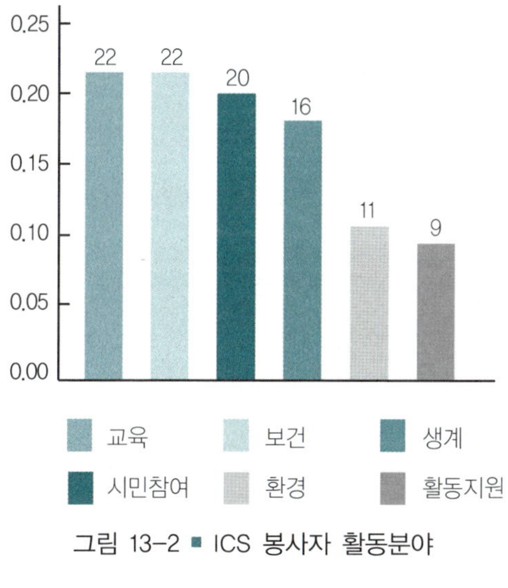

그림 13-2 ■ ICS 봉사자 활동분야

(4) 재원

ICS는 재원의 90%를 DFID를 통해 지원받고, 나머지 10%는 봉사단원의 모금활동(fundraising)을 통해 충당한다. 2012년 3월 DFID는 3년 반 동안 ICS 프로그램에 대해 5,500만 파운드를 지급하기로 약속하였고, 예산 내역은 계약에 따라 DFID로부터 제공받는 구속성 보조금(restricted grant)을 나타낸다.

2) 호주의 AVID 프로그램

1950년에 시작되어 정부지원이 시작된 1960년대 이후부터 해외봉사활동은 2014년 현재 13,500명 이상의 봉사자를 배출하였다. 호주 정부가 해외봉사활동 담당기관을 선정할 때 경쟁입찰방식을 도입한 2005년 이후, 각각 운영된 해외봉사 프로그램의 정체성을 확립하고 봉사단 선발, 파견 및 관리 등 기관 간 동일한 운영을 위해 2011년 통합체제인 'AVID(Australian Volunteers for International Development)'를 설립하였다.

정부 차원의 청년 대상 해외봉사활동의 경우, 18세 이상 30세 미만이 참여할 수 있는 청년대상 프로그램 'AYAD(Australian Youth Amvassadors for Development)'가 있었으나 굳이 청년층만을 대상으로 하는 해외봉사활동이 필요한지에 대해 의문이 제기됨에 따라 2014년 7월 1일부로 AVID에 통합되었다. AVID 내에 초기경력자들을 대상으로 하는 기존의 '조기경력기회(early career opportunities)' 제도를 별도로 두고 있다. 따라서 이하에서는 AVID 프로그램을 중심으로 알아보고자 한다(김정숙 외, 2014).

AVID는 호주 및 파견국 정부의 개발목표 달성에 기여하는 것을 목적으로 하는 정부차원의 통합 해외봉사 프로그램이다. 주요 활동으로는 파트너기관과 현지의 파견기관과 연계하여 봉사자들이 활동을 수행함에 따른 멘토링과 자문 등을 지원하는데, 파트너기관은 정부부처를 포함한 교육기관, NGO, 회사 등으로 외교통상부

관리하에 실행되고 있다. 현재 등록된 파트너 기관은 AVI(Australian Volunteers International), 스코프글로벌(Scope Global)기관, 호주적십자사(Australian Red Cross) 등 세 기관이다.

(1) AVID 목표

AVID 프로그램은 호주의 해외원조 프로그램의 일환으로 개발도상국의 자원과 현지인들에게 호주의 사회개발 기술을 공유하고, 자원봉사자는 파견국의 호주에 대한 긍정적 인식을 촉진하고, 국제개발 프로그램에 대한 UN의 개발목표・호주의 정부와 파견국에 의해 설정된 개발 목표를 달성하기 위해 지역사회와 국가 수준의 변화에 기여하고, 호주의 이익에 부합하는 개발도상국의 빈곤을 줄이고 지속가능한 개발을 달성하는 것을 목표로 한다(http://www.volunteering.scopeglobal.com).

(2) AVID 대상 및 선발기준

지원대상은 18세 이상의 호주 국민(특별조건 비자를 소지한 뉴질랜드 시민권자, 호주 영주권자 포함)으로 지원분야에 대한 기술이나 경력이 있으면 지원가능하며, 활동분야에 따른 요구조건은 파견기관이나 프로그램에 따라 상이하며, 세부활동 분야에서 파견기관이 최소한의 수준을 요구할 수도 있다. 주로 지원 분야와 관련한 경력이나 학위가 이에 해당한다. 특히 '조기경력기회(early career opportunities)'제도의 경우, 이와 별도로 3년 또는 그 이하의 전문경력이 있으면 지원이 가능하며 18세 이상이면 특정 연령제한은 없다.

스코프글로벌(Scope Global)기관의 선발은 온라인으로 지원서 제출 및 적성 검사를 마친 후, 전화면접을 진행하고 추천인 확인 및 종합검진, 신원조회 절차를 거쳐 AV(Australian Volunteers) 브리핑(Briefing) 모임에 참여하는 것으로 완료된다. 브리핑 모임은 지정된 모집기간에 맞춰 1년에 5차례 개최되며, 참기비용(교통비, 숙박비, 식비)은 모두 AVID 프로그램이 부담한다. 총 5일에 걸쳐 실시되는 브리핑 모임은 보험, 의학정보, 안전 및 긴급상황 절차, 스코프글로벌 정책, 미디어 및 개발 프로그래밍, 역량강화, 아동보호 및 다문화에 관한 학습을 포함한다.

AVID 프로그램은 봉사자들에게 귀국 항공료, 종합보험, 의약품, AV 브리핑 모임, 초기 국내 오리엔테이션 및 언어교육, 주거 및 숙박비와 활동의 예산 및 기간에 따라 동행인(배우자 및 자녀)의 비용지원, 비자발급비 등을 제공한다. AVID 프로그램은 귀국 후 6개월 동안 재정착비를 지원하고 봉사자의 현지 활동에 대한 피드백을 제공한다. 또한 다른 봉사자들과 만날 수 있는 2일간의 워크숍을 개최하고 3,000여 명으로 구성된 귀국 봉사자 네트워크(Alumni nerwork) 멤버로서 네트워킹할 수 있는 기회를 마련한다. 이외에는 오랜 해외생활을 한 봉사자들이 본국으로 돌아왔을 때 경험할 수 있는 '역 문화쇼크(reverse culture shock)'에 대한 상담서비스가 있다.

(3) AVID 활동분야

호주의 원조집행기관인 AusAID의 보고서에 따르면 2013~2014년 동안 총 2,006명의 해외봉사자가 아시아, 태평양 연안, 아프리카 인근 43개(90% 이상이 아시아지역) 국가에서 거버넌스, 보건, 교육, 환경, 농업 및 임업, 미간사업 지원, 통신 등의 분야에서 활동하고 있으며 2011~2012년 이후 봉사자 수는 매년 200명 정도로 해마다 조금씩 증가하는 추세이며, 파견국가는 2011~2012년에 비해 6개국이 더 증가했다.

건강, 교육과 훈련, 지역사회 및 사회 개발, 통신 및 미디어 관리 및 인적 자원 비즈니스, 마케팅 및 관광, 금융 경제, 재해 및 응급 관리, 정보 기술, 농업, 임업 및 어업, 법과 정의, 공학 등의 전문지식이 필요하며 훈련을 통해 익힌다.

표 13-5 ■ 호주 AVID의 해외봉사자 및 파견국가 수

해당 연도	2011/12	2012/13	2013/14
봉사자 수	1,631	1,800	2,006
파견국가 수	37	42	43

출처: 김정숙 외 (2014). 재인용

호주의 외교통상부(Department of Foreign Affairs and Trade: DFAT)에서 AVID 봉사자에 대해 2014~2015년에 집행된 예산은 약 5천 4백만 달러였지만, 2015~2016년에는 약 4천만 달러의 예산안이 책정되었다. 청소년을 대상으로 집행된 지출금액은 따로 명시되어 있지 않고, 전년도에 비해 28%의 예산이 삭감되었다. 그러나 재원의 일정 부분은 ODA 보조금이 책정되어 집행된다는 점에 시사점을 두어야 할 것이다.

참고문헌

강익선 (2016). 체계적 발명사고와 브레인스토밍의 효과성에 관한 비교 연구. 성균관대학교 대학원 박사학위 논문.

강진령 (2012). 집단상담과 치료. 서울: 학지사.

고흔석 (2013). 시민성 함양의 과정으로 본 사회참여 체험학습: '주민참여' 단원 개발 실행 연구. 사회과수업연구, 1(1), 23-43.

교육과학기술부 (2010a). 초 · 중 · 고 창의적 체험활동 교육과정 해설. 서울: 교육과학기술부.

교육과학기술부 (2012b). 창의적 체험활동 교육과정. 별책26. 서울: 교육과학기술부.

국가청소년위원회 (2007). 청소년백서, 서울: 국가청소년위원회.

권대봉 (1999). 성인교육방법론. 서울: 학지사.

권이종 외 8인 (2003). 평생교육방법론. 서울: 교육과학사.

권일남 외 (2003). 청소년활동지도론. 서울: 학지사.

권일남 · 오해섭 · 이교봉 (2010). 청소년활동론. 고양: 공동체.

권일남 · 오해섭 · 이교봉 (2012). 청소년활동론. 고양: 공동체.

기영화 (2009). 평생교육방법론. 서울: 학지사.

김경준 외 (2004). 글로벌시대 청소년의 사회참여 실태와 지원방안. 서울: 한국청소년개발원.

김기헌 (2011). 한국아동청소년 종합통계체제 구축 연구, 한국청소년정책연구원.

김미현 (2011). 다문화 시민성의 위계구조에 따른 형평교수 방법의 구조화. 글로벌교육연구.

김수영 (2012). 대학 내 튜터링 학습만족도에 영향을 미치는 요인 분석. 건국대학교 대학원 석사학위논문.

김영인 (2010). 시민청소년 관점에서 청소년학 탐색. 한국시민청소년학회 창립학술대회 자료집, 21세기 사회와 시민청소년, 23~50. 3(1), 69-93.

김영인 · 김민 (2016). 청소년지도방법론. 서울: 창지사.

김영지 (2004). 청소년 참여의 동향과 실제. 청소년문화포럼, 제10호.

김용신 (2000). 경험구성과 사회과 현장학습론. 서울: 문음사.

김은경 (2015). 청소년 참여기구 구성원들의 참여경험이 대인관계와 조직몰입도에 미치는 영향. 대구한의대학교 대학원 석사학위논문.

김정렬 (2015). 청소년지도방법론. 서울: 공동체.

김정명 외 (1991). 청소년활동 동기부여 방향 연구. 한국청소년연구원.

김정숙 · 조혜영 · 이덕난 · 이태주 · 이미영 (2014). 청소년국제개발협력 참여 활성화 방안연구, 한국청소년정책개발연구원.

김정열 (2015). 청소년지도방법론. 고양: 공동체.

김정주 (1999). 청소년 참여, 한국청소년학회편. 청소년학총론. 파주: 양서원.

김정주 (2007). 청소년 참여의 현황과 과제. 천정웅 · 이용교 편저. 적극적 관점의 청소년개발. 서울: 인간과 복지.

김정주 (2015). 청소년활동과 청소년참여. Young 아카데미 특강 교재.

김정주 · 길은배 · 정화수 (1999). 청소년의 지역사회 참여운동 연구. 서울: 한국청소년개발원.

김종운 · 정보현 (2015). 비전수립 코칭 프로그램이 방과후 아카데미 아동의 자기효능감과 진로성숙도 및 성취동기에 미치는 효과. 학습자중심교과교육연구, 15(6), 483-509.

김종표 · 이복희 (2011). 평생교육방법론. 파주: 양서원.

김진화 (2004). 청소년지도방법론. 서울: 교육과학사.

김진화 (2005). 사회교육 프로그램의 이론과 실제. 파주: 교육과학사.

김창대 · 김형수 · 이상희 · 최한나 (2011). 상담 및 심리교육 프로그램 개발과 평가. 서울: 학지사.

김춘경 (2016). 집단상담 전략과 기술 8판. Group counseling: strategies and skills (8th Edition). Jacobs, C. J. Schimmel, R. L. Masson, R. L. Harvill (Eds.). (2005). 서울: 센게이지러닝코리아(주).

김현주 (2014). 강점중심의 자조집단 프로그램이 발달장애아동 아버지의 임파워먼트에 미치는 영향. 중앙대학교 대학원 석사학위논문.

김호순 · 김준영 · 강동균 · 이필만 (2014). 2014청소년국제교류사업 효과성 · 만족도 및 장기 발전방인연구. 여성가족부, 한국청소년활동 진흥원.

김희경 (2012). 생태시민성 관점에서 본 에코맘과 교육적 함의. 시민교육연구, 44(4), 55-75.

나승일 (2009). 대학에서의 효과적인 교수법 가이드. 서울대학교풀판문화원.

남세진 · 조흥식 (2001). 집단지도방법론. 서울: 서울대학교출판부.

남호엽 (2013). 문제해결의 과정으로 본 글로벌 학습; 통합사회 단원 개발 실행 연구. 사회과교육연구, 20(1), 13-29.

모경환 (2010). 글로벌사회 청소년 시민교육의 전략과 방법. 시민청소년학연구, 1(1), 37-57.

모상현 · 김지수 · 김현경 · 박찬열 · 변호용 · 양은일 · 조남역 (2012). 청소년수련시설 청소년 동아리 활성화를 위한 운영모델 및 매뉴얼 개발연구보고서. 여성가족부.

박상준 (2012). 공적 시민성의 육성을 위한 사회과교육의 방안; 시민사회의 활성화 측면에서. 사회과교육연구, 19(3), 11-28.

박선영 (2012). 청소년국제교류활성화 비교연구. 청소년문화포럼, 29, 90-113. 한국청소년문화연구소.

박성혁 · 이지혜 (2008). 학습부진아의 교육받을 권리 보장: 기초학력 책임지도제를 중심으로. 시민교육연구, 40(1), 29-46.

방형심 (2006). 청소년이 지각하는 청소년동아리활동 활성화 요인. 가톨릭대학교 사회복지대학원 석사학위논문.

변종헌 (2006). 세계시민성 관념과 지구적 시민성의 가능성. 윤리교육연구, 10, 139-161.

서향리 (2011). 스포츠동아리활동 재미요인이 청소년 심리적 웰빙에 미치는 영향. 명지대학교 대학원 박사학위논문.

성열준 · 강석기 · 김정일 · 한상훈 (2010). 청소년지도방법론. 파주: 양서원.

성열준 · 우상용 · 강세현 · 이복희 · 김종찬 · 김재원 (2015). 청소년지도방법론. 파주: 양서원.

안명선 · 심휘호 (2015). 한국의 공적개발원조(ODA) 평가와 청소년국제교류활성화의 과제. 글로벌청소년학회, 5(2).

양계민 · 조혜영 (2010). 청소년방과후아카데미 프로그램에 대한 효과성 인식이 참여청소년의 심리사회적응 및 학업성위요인에 미치는 영향. 청소년복지연구, 12(1), 61-92.

양지훈 · 김민아 (2016). 청소년 멘토링 프로그램의 효과에 관한 메타분석. 한국청소년연구, 27(1), 65-94.

엄명용 · 노충래 · 김용석 (2014). 사회복지실천기술의 이해. 서울: 학지사.

오선아 (2014). 동료 튜터링과 개별학습에 따른 인식론적 신념, 자기주도학습 능력과 학업성취도 분석. 교육방법연구, 26(4), 791-816.

오해섭 (2002). 교육학개론. 서울: 학지사.

옥일남 (2014). 글로벌시민성 함양을 위한 사회과 교수, 학습 방안. 시민교육연구, 46(3), 105-140.

유경아 (2016). 동료튜터링 운영 사례연구; 교양영어 학습 성취와 만족도 중심. 교양교육연구, 10(2), 93-126.

윤철경 (2011). 글로벌 시티즌십 교육정책의 세계적 동향. 시민청소년학연구, 2(2), 31-65.

윤철경 · 이민희 · 박선영 · 박숙경 · 신인순 · 윤은영 (2011). 청소년국제교류정책 현황 및 발전방안연구.

이관춘 (2007). 글로벌 시대의 시민청소년 역량, 시민청소년학연구, 2(2), 5-29.

이광호 (2003). 90년대 이후 한국 사회의 청소년 존재혁신과 사회적 대응방식 변화에 관한 연구. 청소년학연구, 10(3), 331-350.

이남섭 (2008). 교육과정 지역화를 통한 지역 시민성 함양 프로그램 구안. 한국교원대학교 대학원, 석사학위 논문.

이무근 (2006). 직업교육학원론. 서울: 교육과학사.

이미나 (1998). 공동체운동을 위한 시민성교육 활성화방안. 한국민주시민교육학회보, 3, 167-195.

이승렬 (2014). 청소년의 동아리활동과 진로관련 요인에 관한 연구. 경기대학교 대학원 박사학위논문.

이용교 · 이중섭 (2010). 청소년의 사회참여활동이 시민성에 미치는 경로. 청소년학 연구, 17(2), 203-232.

이재봉 (1999). 체험프로그램을 통한 초등학교 민주 시민 교육 지도 방안. 춘천교육대학교, 학생생활연구, 23.

이채식 · 최영창 · 신규범 · 김상욱 · 안명성 · 김창율 · 하준태 (2013). 역량중심의 청소년지도설계. 경북: 대구한의대학교 출판부.

일본마케팅시스템 (1994). 신제품 히트상품 개발전략과 마케팅실무지침서. 서울: 한국능률협회.

임연휘 (2010). 대학 교양수학 교과목 개인지도가 학업성취도에 미치는 영향. 부경대학교 교육대학원 석사학위논문.

임창현 (2012). 긍정 정서 코칭이 여성의 자기효능감과 자기 표현력에 미치는 영향. 광운대학교 교육대학원 석사학위논문.

장근영 · 박수억 (2011). 아동 · 청소년의 민주시민역량 국제비교 및 지원체계 연구. 한국청소년정책연구원.

장휘숙 (2007). 전생애 발달심리학. 서울: 박영사.

전임택 (2007). 성과촉진 개인지도의 구성요소가 직무만족감에 미치는 영향력 분석. 연세대학교 교육대학원 석사학위논문.

조도근 (1996). 사회과 수준별 교육과정 개발연구, 23(1), 259-280.

조아미 (2011). 해외 청소년국제교류활동 동향과 과제: 유럽연합을 중심으로 '청소년국제교류 방전방안' 워크숍자료.

주영흠 (2000). 생활지도의 원리와 기능. 학생생활연구, 4, 71-89.

천정웅 (2009). 한국의 아동과 청소년의 참여권 신장. 한국아동권리학회 2008년 추계학술대회 발표논문.

천정웅 (2014). 청소년멘토링의 활성화 방안연구. 미래청소년학회지, 11(1), 117-135.

천정웅 · 김민 · 김진호 · 박선영 (2011). 차세대 청소년학총론. 파주: 양서원.

천정웅 · 김민 · 김진호 · 박선영 (2013). 차세대 청소년학총론. 파주: 양서원.

천정웅 · 오해섭 · 김정주 · 김민 (2013). 청소년활동론. 파주: 양서원.

천정웅 · 이용교 편저 (2007). 적극적 관점의 청소년개발. 서울: 인간과 복지.

최민호 (1997). 농촌청소년지도론. 서울대학교출판부.

최은아 (2013). 학교 동아리활성화 방안에 관한 연구. 명지대학교 대학원 박사학위논문.

추정훈 (1997). 문제해결학습을 통한 시민성 함양. 사회와교육, 25, 347-367.

한관종 (2005). 시민성 함양을 위한 사회과 협동학습 전략. 사회과교육연구, 12(2), 263-291.

한국청소년개발원 (1992). 청소년지도론. 서울: 한국청소년개발원.

한국청소년개발원 (2004). 청소년지도방법론 서울: 교육과학사.

한국청소년개발원 (2005). 청소년프로그램 개발 및 평가론. 서울: 교육과학사.

한국청소년개발원 (2006). 청소년지도방법론. 서울: 교육과학사.

한국청소년개발원 (2006). 청소년프로그램 개발 및 평가론. 서울: 교육과학사.

한국청소년개발원 (2010). 청소년지도방법론. 서울: 교육과학사.

한국청소년연구원 (1992). 청소년지도론. 서울: 한국청소년연구원.

한국청소년정책연구원 (2010). 청소년지도자의 현장지도력 강화 프로그램 개발 및 적용 연구: 창의적 체험활동을 중심으로. 연구보고(수시과제) 10-R21. 서울: 한국청소년정책연구원.

한상철 (2008). 청소년지도론. 서울: 학지사.

한상철 (2011). 청소년 이해와 지도. 서울: 학지사.

한상철 (2012). 청소년학: 청소년 이해와 지도. 서울: 학지사.

한석웅 (2000). 중학교 학생의 생활지도방법에 관한 분석 연구. 연세대학교 관리과학대학원 석사학위논문.

황동주 · 김진호 (2016). 청소년 멘토링활동이 청소년멘토의 자기효능감과 사회적 기술에 미치는 영향. 청소년 문화포럼, 45.

황채연 (2013). 튜터링 프로그램이 학업적 자기효능감과 대인관계에 미치는 영향. 한양대학교 대학원 석사학위논문.

Banks, J. A. (2004). Teaching for social justice, diversity, and citizenship in a global world. The Educational Forum, 68, 296-305.

Banks, J. A. (2008). Diversity, group identity, and citizenship education in a global age. Educational Researcher, 37(3), 129-139.

Bazemore, G., & Terry, W. C. (1997). Developing delinquent youths: A reintegrative model for rehabilitation and a new role for the juvenile justice system. Child Welfare, 76(5), 665-716.

Benard, B. (2004). Resiliency: What we have learned. San Francisco, CA: WestEd.

Benson, P. L. (1997). All kids are our kids: What communities must do to raise caring and responsible children and adolescents. San Francisco, CA: Jossey-Bass.

Bloom, M. (2000). The use of theory in primary prevention practice: Evolving thoughts on sports and after-school activities as influences of social competency. In D. Steven, & G. Thomas (eds.) Developing competent youth and strong communities through after-school programming(pp. 17-66). Washington, D.C.: CWLA Press.

Brown, N. (2003). Conceptualizing process. International Journal of Group Psychotherapy, 53, 225-24.

Bruke, A. (2011). Group work; How to use groups effectively. The Journal of Effective

Teaching, 11(2), 87-95.

Catalano, R. F., Berglund, M. L., Ryan, J. A. M., Lonczak, H. S., & Hawkins, J. D. (1999). Positive youth development in the United States: Research findings on evaluations of positive youth development programs. Washington, D.C.: US Department of Health and Human Services.

Checkoway, B. (1998). Involving young people in neighborhood development. Children and Youth Services Review, 20(9/10), 765-795.

Cheon, J. (2008). Best practices in community-based prevention for youth substance reduction: Toward strengths-based positive development policy. Journal of Community Psychology, 36(6), 761-779.

Cheon, J. (2009). Convergence of a strengths perspective and youth development: Toward youth promotion practice. Advances in Social Work, 9(2), 176-190.

Damon, W. (1997). The youth charter: How communities can work together to raise standards for all our children. New York, N.Y.: Free Press.

Delgado, M. (2002). New frontiers for youth development in the twenty-first century: Revitalizing and broadening youth development. New York, N.Y.: Columbia University Press.

Ennals, R., Stratton, L., Moujahid, N., & Kovela, S. (2009). Global information technology and global citizenship education. AI & Soc, 23, 61-68.

Galbraith, J. K. (1996). The good society: The humane agenda. New York, N.Y.: Houghton Mifflin Company.

Green, M. F. (2012). Global citizenship; What are we talking about and why does it matter? International Educator, May/Jun, 124-127.

Hart, R. A. (1997). Children's participation: The theroy and practice of involving young citizens in community development and environmental care. London: UNICEF.

Hart, R. A. (2008). Stepping back from "the ladder": Reflections on a model of participatory work with children. In A. Reid, B. B. Jenson, J. Nikel, & V. Simovska (Eds.), Participation and learning (19-31), Springer.

Hartman, E. (2008). Educating for global citizenship through service-Learning: A theoretical account and curricular evaluation Doctoral. Thesis University of Pittsburgh.

Heater, D. (2004). A history of education for citizenship. 김해성 역 (2007). 시민교육의 역사. 파주: 한울아카데미.

Homan, M. S. (2007). Promoting community change: Making it happen in the real world. Pacific Grove, CA: Thomson Brooks/Cole.

Justinianno, J. & Scherer, C. (2001). Youth voice: A guide for engaging youth in leadership and decision making in service-learning programs. Point of Light Foundation.

Katz, A. H., Hedrick, H. L., Isenberg, D. H., Thompson, L. M. & Goodrich, T. (1992). Self-help: Concepts and applications. Philadelphia: The Chales Press.

Keeping, J. & Shapiro, D. (2008). Global citizenship: What is it, and what are our ethical obiligations as global citizens? Law Now, July/August, 1-5.

Kronfli, M. (2011). Educating for global citizenship: An exploration of two curricular methods. Master Thesis University of Toronto.

Kubow, p., Grossman, D. & Ninomiya, A (2000). Multidimensional: Educational policy 21st Century. In J. J. Cogan, & R. Derricott (eds) Citizenship for the 21st Century. London: Kogan Page, 131-150.

Little, R. (1993). What's working for today's youth: The issues, the programs, and the lessons. East Lansing: Michgan State University.

MacNaughton, G., Hughes, P., & Smith, K. (2007). Young childfren's rights and public policy: Practices and possibilities for citizenship in the early years. Children & Society, 21, 458-469.

Matarese, M., McGinnis, L., & Mora, M. (2005). Youth involvement in systems of care: A guide to empowerment. Washington, DC: Technical Assistance Partnership.

Maton, K. I., Schellenbach, C. J., Leadbeater, B. J., Solarz, A. L. (2004). Investing in children, youth, families, and communities: Strengths-based research and policy. Washington, DC: American Psychological Association.

Mayall, B. (2002). Towards a sociology for childhood: Thinking from children's lives.

Philadelphia, PA: Open University Press.

McNeish, D., & Newman, T. (2002). Involving children and young people in decision making. In D. McNeish, T. Newman, & H. Roberts (Eds.). What works for children? Effective services for children and families (pp. 186-204). Philadepphia, MA: Open University Press.

Melpignano, M., & Good, T. L. (2004). America's teenagers-Myths and realities: Media images, schooling, and the social costs of careless indifference. Manwah, NJ: Lawrence Erlbaum Associates.

Nixon, R. (1997). What is positive youth development? Child Welfare, 76(5), 571-575.

Pittman, K., & Irby, M. (1996). Preventing problems or promoting development: Competing priorities or inseparable goals? Takoma Park, MD: International Youth Foundation.

Prentice, D. H. (2005). Examining the value of, and possible content for global citizenship curriculum for junior students. Master Thesis University of Toronto.

Proctor, R. E. (1988). Education's great amnesia. Bloomington and Indianapolis: Indiana Univ. Press.

Roth, J., & Brooks-Gunn, J. (2000). What do adolescents need for healthy development? Implications for youth policy. Social Policy Report, 14(1), 3-19.

Saleebey, D. (Ed.). (2005). The strengths perspective in social work practice (4th ed.). Boston, MA: Pearson Education, Inc.

Scales, P. C., & Leffert, N. (1999). Developmental assets: A synthesis of the scientific research on adolescent development. Minneapolis, MN: Search Institute.

Scales, P. C. (2001). The public image of adolescents. Society, 38(4), 64-70.

Small, S., & Memmo, M. (2004). Contemporary models of youth development and problem prevention: Toward an integration of terms, concepts, and models. Family Relations, 53(1), 3-11.

Smith, M. (1988). Developing youth work. Milton Keynes, PA: Open University Press.

Taylor, M., & Percy-Smith, B. (2008). Children's participation: Learning from and for community development. International Journal of Chlldren's Rights, 16, 379-394.

Thomas, G. (2009). Global citizenship goes beyond the classroom. ATA Magazine, Winter, 90, 2.

Thomas, N. (2007). Towards a theory of children's participation. International Journal of Children's Rights, 15, 199-218.

Villarruel, F. A., Perkins, D. F., Borden, L. M., & Keith, J. G. (2003). Community youth development: Programs, policies, and practices. Thousand Oaks, CA: Sage Publications.

Young, J. M. (2003). Global education and good citizenship: An examination of student outcomes. Master Thesis Simon Fraser University.

Youth Sector Training Council (1990). Youth sector policy statement: Youth worker, education, and training. Australian Capital Terrtory.

Zeldin, S., Kimball, M., & Price, L. (1995). What are the day-to-day experiences that promote youth development? An annotated bibliography of research on adolescents and their families. Washington, D.C.: Center for Youth Development and Policy Research, Academy for Educational Development.

▮ 인터넷자료

국제청소년교류네크워크 (2016년 11월 20일 자료인출) http://iye.youth.go.kr

한국청소년활동진흥원 (2016년 11월 20일 자료인출) https://www.kywa.or.kr

AVID http://dfat.gov.au/people-to-people/avid/Pages/avid.aspx

DFAT http://dfat.gov.au/

DFID

EACEA https://eacea.ec.europa.eu/about-eacea_en

https://www.gov.uk/government/organisations/department-for-international-development

https://www.gov.uk/government/uploads/system/uploads/attachment_data/file/175349/ics-volunteer-statistics-2012-2013.pdf

https://www.gov.uk/government/uploads/system/uploads/attachment_data/file/287984/ICS-volunteer-statistics-March2014.pdf

ICS 2012-13 Programme Statistics on participating UK volunteers by age and by region

ICS 2012-15 Programme Statistics on participating UK volunteers by age and by region

ICS 2013-14 Programme Statistics on participating UK volunteers by age and by region

ICS http://www.volunteerics.org/

www.gov.uk/government/uploads/system/uploads/attachment_data/file/414721/Inter-citizen-service-stats-2012-2015.pdf

찾아보기

/ 인명 /

저자 소개

■ **천정웅(대구가톨릭대학교)**

미국 캔사스대학교(The University of Kansas)에서 사회복지학 박사학위를 취득하였으며 한국 중앙대학교에서 정치학 박사학위를 받았다. 한국청소년정책연구원 기획조정실장, 한국청소년학회 사무총장, 미국 아이오와 대학교(University of Iowa) 방문학자, 미국 캔사스대학교(University of Kansas) 사회정책분석연구원 Research Manager 등으로 일한 바 있다. 현재 대구가톨릭대학교 사회복지학과 교수로 재직하고 있으며, 대구다문화가족지원센터 협회장, 대구동구사회보장대표협의체 위원 등을 맡고 있다. 대구가톨릭대학교의 주요보직은 국제다문화대학원장, 다문화연구소장, 다문화교육원장, 청소년복지연구소장, 사회복지학과장, 대학원 사회복지학과장 등이 있다. 국제다문화대학원에서 국제이주와 사회통합, 이민정책론, 이민다문화가족복지론 등을 가르치고 있으며, 학부와 일반대학원 석·박사 과정에서 주로 국제사회복지론을 비롯하여 청소년복지론, 청소년인권과 참여, 청소년활동론, 사회복지정책론, 사회복지행정론, 지역사회복지론, 고급통계자료분석론, 질적 연구방법론, 사회복지법제론, 인간행동과 사회환경 등을 담당하고 있다.

1980년대 중반 이후 30여 년간 청소년학, 사회복지 및 영성복지 등과 관련한 이론과 실천, 양적/질적 연구방법론 등에 관한 연구, 강의 및 저작활동에 진력해오고 있다. 한국전통사상에 관해 특별한 관심을 갖고 있으며, "적극적 관점의 청소년개발", "차세대 청소년학총론", "청소년인권과 참여", "청소년멘토링", "청소년복지론", "다문화청소년활동론", "지구환경레짐의 정치경제학" 등의 저서와 "청소년 참여의 유형화 연구", "청소년정책의 발전적 특성연구" 등 다수의 국문 저서와 논문이 있다. 또한, "Best practices in community-based prevention for youth substance reduction", "Causal relationships between service outcomes and satisfaction, service utilization, and demographic characteristics: A path analysis" 등 단독저자로서 SCI, SSCI 등재 영문저널에 게재된 영문논문을 여러 편 갖고 있다.

2003년 미국에서 "세계청소년학 아카데미(World Academy for Youth Studies)"를 창립했으며 2006년에는 한국 청소년복지의 발전을 위한 "청소년학 월드포럼(World Forum on Youth Studies)"을 제안하여 격년마다 세계 주요 국가를 순회하면서 국제컨퍼런스를 개최하고 있다. 2015

년 6월에는 대구가톨릭대학교에서 "Homo Nomad & Young People"을 대주제로 제4회 월드포럼 국제학술대회를 11개국의 참가자들과 함께 개최한 바 있다. 한국사회복지질적연구학회 편집위원장, 글로벌청소년학회 편집위원장, 한국청소년연구 편집위원 등을 역임했으며, 최근에는 국제사회복지학회 회장, 글로벌청소년학회 회장을 맡아하고 있으며, 한국시민청소년학회 회장을 역임하고 영성과 사회복지학회에서 차기회장으로 활동하고 있다.

■ 이채식 (대구한의대학교)

서울대학교에서 교육학박사를 취득하였으며 대구한의대학교 청소년교육상담학과교수로 재직 중이며 청소년문화, 청소년프로그램 개발 및 평가, 청소년복지론, 청소년정책 및 행정, 부모교육론 등의 과목을 담당하고 있다. 미국미네소타대학에서 visiting scholar로 있었으며, 대구한의대학교 학생생활상담센터장, 대구한의대학교 청소년문제연구소장 등을 역임하였으며 대구한의대학교 인재개발처장, 미래를 여는 청소년학회 이사, 한국인권법학회 이사, 한국치안행정학회 이사, 대구광역시북구청소년회관 이사 등을 맡고 있다. 주요 관심분야로는 긍정청소년개발(PYD), 지역사회청소년개발(CYD), 청소년 참여와 청소년리더십개발(YLD) 등이며 꾸준한 연구 활동을 하고 있다. 주요 연구로는 청소년리더십기술의 영향요인에 관한 구조분석, 지방아동청소년정책의 현황과 과제, 적극적 관점의 지역사회 청소년개발 정책방향 등이 있으며, 저서로는 역량중심의 청소년지도설계, 청소년문화론, 적극적 관점의 청소년개발, 청소년문제행동론 등이 있다

■ 안명선 (창원문성대학교)

안명선 교수는 대구한의대학교에서 청소년학 석사와 대구가톨릭대학교에서 사회복지학전공으로 박사과정을 수료하였다. 2005년도부터 창원문성대학교, 대구한의대학교 등에서 사회복지실천기술론, 인간관계론, 인간과 사회심리, 아동복지론, 사회복지조사방법론, 사례연구 등을 강의했다. 현재는 대구가톨릭대학교에서 강의활동과 함께 비영리민간단체 해맑음문화활동센터 센터장, 사회적기업(주)해맑음 대표, 경남범죄피해자지원센터 상담분과위원, 창원시보건정책위원 등을 맡아 활동하고 있다. 대표논문으로 "한국의 공적개발원조(ODA) 평가와 청소년국제교류활성화의 과제"(2015), "현실요법적 놀이치료프로그램이 비행청소년의 공격성과 자기효능감에 미치는 효과"(2008) 등이 있으며, 저서로는 역량중심의 청소년지도 설계(2013) 등이 있다.

■ 박주현 (호산대학교)

박주현 교수는 대구가톨릭대학교에서 사회복지를 전공으로 석사 및 박사학위를 취득하였다. 대구가톨릭대학교 외래교수를 역임했으며 호산대학교에서 사회복지조사론, 사회복지행정론, 사회복지정책론, 사회복지실천론, 사회복지실천기술론, 사회복지법제론, 노인복지론, 아동복지론 등을 강의하고 있다. 박사학위논문은 청소년의 주관적 안녕감에 대한 내적발달자산의 영향관계와 지역사회 사회자본의 매개효과에 관한 구조분석이며, 대표논문으로 "새천년개발목표(MDGs) 15년: 달성수준과 한국의 과제"(2016), "다문화가족지원센터에 종사하는 결혼이주여성들의 업무경험에 관한 질적 사례연구" (2015), "청소년 체험활동의 참여시간과 참여만족도가 공동체의식에 미치는 영향: 학교생활적응의 매개효과를 중심으로"(2015) 등이 있으며, 다문화와 국제복지 및 청소년복지에 관심을 가지고 연구하고 있으며, 국제학술대회와 세미나 등을 통해 발표하고 있다. 연구보고서는 한국청소년정책연구원에서 공동으로 연구한 "청소년기업가정신 함양 및 창업활성화 방안연구Ⅰ"(2014), "청소년이 행복한 지역사회 지표개발 및 조성사업 연구Ⅲ"(2015) 등이 있다. 저서로 현대사회와 문화다양성 이해(2015), 다문화 글로컬 생활세계(2015), 사회복지개론(2016) 등이 있다.

■ 이지민 (대구한의대학교)

이지민 교수는 대구한의대학교에서 청소년지도학 석사와 복지관리학 청소년 전공으로 박사과정을 수료하였다. 현재 대구한의대학교 청소년문제연구소 연구원, 학생생활 상담센터 객원 연구원, 한국인권법학회 이사로 활동하고 있으며, 동 대학에서 청소년 문화론, 사회조사 방법론을 강의하고 있다. 대표 논문으로는 "청소년의 부모 진로지지, 진로역량이 진로준비행동에 미치는 영향; 진로태도 성숙의 매개효과"(2014), "청소년의 차별경험이 수치심과 공격성에 미치는 영향"(2014), "영화 세리와 하르에 나타난 다문화 청소년에 대한 기호학적 분석"(2015), "청소년 조직과 학교 연계 네트워크 활성화 방안"(2015), "청소년이 지각한 차별경험과 자기수용이 인권의식에 미치는 영향"(2016) 등이 있으며 청소년들의 참여와 시민성에 대해 관심이 많다.

비판청소년학 총서 5

청소년지도방법론: 적극적 관점

초판발행 2017년 9월 10일 **1판 1쇄 발행** | 2020년 9월 10일 **1판 2쇄 발행**
2022년 3월 10일 **1판 3쇄 발행** | 2024년 3월 10일 **1판 4쇄 발행**

지은이 천정웅 이채식 안명선 박주현 이지민
펴낸이 최용구 | **펴낸곳 도서출판 신정**
주소 (04316) 서울시 용산구 원효로 89길 19 (원효로1가)
전화 02)3211-4782, 0266(영업부), 3211-4783(편집부), 3211-4784(팩스)
이메일 sjbook2002@naver.com | **홈페이지** www.sjbook.co.kr
등록 2001년 5월 11일 제13-702호
기획마케팅 최용구 장만동 최충구 송대용 | **책임편집** 석기은 황가연 | **표지** SDY

ISBN 978-89-5912-415-2 93370
정가 18,000원